直播时代

快手是什么 II

快手研究院　著

中信出版集团｜北京

图书在版编目（CIP）数据

直播时代 / 快手研究院著 . -- 北京 : 中信出版社，
2021.3

ISBN 978-7-5217-2757-9

Ⅰ . ①直… Ⅱ . ①快… Ⅲ . ①网络营销 Ⅳ .
① F713.365.2

中国版本图书馆 CIP 数据核字（2021）第 023759 号

直播时代

著　　者：快手研究院
出版发行：中信出版集团股份有限公司
　　　　　（北京市朝阳区惠新东街甲 4 号富盛大厦 2 座　邮编　100029）
承 印 者：北京诚信伟业印刷有限公司

开　　本：787mm×1092mm　1/16　　　印　　张：28.5
字　　数：340 千字　　　　　　　　　　彩　　页：4
版　　次：2021 年 3 月第 1 版　　　　　印　　次：2021 年 3 月第 1 次印刷
书　　号：ISBN 978-7-5217-2757-9
定　　价：75.00 元

视频的表达方式，打破了文字表达的门槛，也打破了文化的界限，让更多的人有机会表达、有机会被看见。那些原来沉默的大多数，可以不沉默；那些原来普通的人，可以不普通；那些原来平凡的事物，就不再平凡。

—— 快手科技创始人兼首席执行官　宿华

从感性的视角来看，虽然算法特别强大，但我不觉得未来一切的事情都由算法决定，人和人之间的感情还是非常有力量的。我非常相信人和人之间的信任，或者感情的连接，这是非常有价值的。

—— 快手科技创始人　程一笑

本书 7 个要点

1. 视频是一种可以极大释放生产力的科技手段，是推动内外循环和消费升级的新基建，正在改变一切。直播不是一种延伸和补充手段，而是一个时代。视频和直播会缩短时空，成就更有温度和信任感的社会。商业会重构。商业新物种爆发期将到来。

2. 直播电商"消费者→主播→产品"的链条，是从消费者出发，与商家连接的迄今最短、最有效的模式。

3. 直播电商还在全球范围内快速演进。精准化、个性化、品牌化是方向，是大规模的消费升级。

4. 直播电商正在重塑供应链。规模化 C2B，根据需求重新定义产品，改造和激活工厂。

5. 对各地政府来说，直播电商是不可忽视的机会，可以把本地资源嵌入一个更大的市场中。

6. 对企业和行业来说，直播并非临时之举，而是未来的一种常态，需要高度重视。

7. 直播电商是扶贫和乡村振兴的好手段，是内生动力，是长效机制。

快手的社区演变

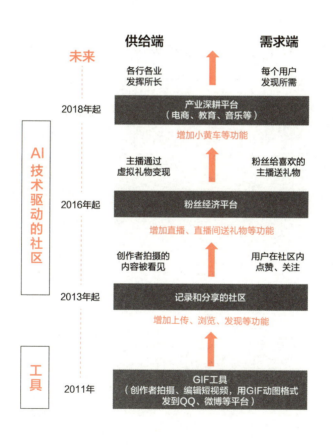

2020 年上半年，2 000 万人在快手获得收入，其中很多在偏远地区。

直播 | 目
时代 | 录

序言

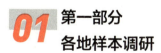

第一部分
各地样本调研

**02 第二部分
各行业样本调研**

03 第三部分
快手生态（上）：基础设施快速更新

04 第四部分
快手生态（下）：品牌崛起

05 第五部分
新基建、内循环

**直播 | 序
时代 | 言**

本书出版之际，恰逢快手 10 周岁和上市。书的序言是快手两
位创始人的文章，一篇是宿华在上市仪式上的讲话，一篇是
一笑为本书写的序。

让每一个人发现所需，发挥所长

宿华　快手科技创始人兼首席执行官

（本文是宿华在 2021 年 2 月 5 日快手上市仪式上的致辞）

各位朋友，各位同学，大家好！

很高兴能和大家一起见证这个时刻。在快手很早期的时候，我就想象过我们上市的情形。今天这一刻，和我曾经的想象，有些一样，也有些不一样。在我的想象中，敲钟的应该是快手的忠实用户，而我和一笑则会留在工位上写代码。

今天来了 6 位来自世界各地的社区用户代表，代表了我们数亿的创作者和用户。是用户一路陪伴着快手的成长，而快手，也一直坚定地和他们站在一起。一会儿我们将请这几位用户代表来敲钟。

2011 年，快手开启了短视频时代。我们通过十年的不懈努力，让视频的表达方式被更多的人接受和喜爱。这打破了文字表达的门槛，也打破了文化的界限，让更多的人有机会表达、有机会被看见。那些原来沉默的大多数，可以不沉默；那些原来普通的人，可以不普通；那些原来平凡的事物，就不再平凡。

当无数的人和内容连接在一起之后，逐渐展现出多元而真实的社会，他们之间相互作用，构建起一个有很强生命力和演化能力的生态。在这个生态里，不断涌现出新的商业模式，重构商业系统和行业结构。我们的直播业务、视频电商业务就是这样一点点长出来的。我们的创作者从中获得了尊重、理解和信任，也从中获得了物质回报，从而更进一步促进了创作；我们的用户从中获得了更多的精神和物质的消费选择，也获得了更多的情感共鸣和温暖陪伴，从而更进一步促进他们的社区认同。

在过去的一年，我们产生了超过 130 亿条视频，成为这个社会发展、民众获得感提升的有力见证；有近 9.6 万亿分钟的消费时长，相当于 1 800 万年的人类历史光影；有超过 2 000 万人在平台上获得了收入，获益者涵盖从一线城市到偏远地区的个体、群体、行业、机构；产生了超过 3 000 亿元的 GMV，有趣地逛、放心地选、信任地买成为社区多元生态的重要组成部分。我们已经帮助了很多人在利用科技改善生活，我们也将会帮助更多人，在数字时代更好地生存和发展。

在这一切的背后，是我和一笑创业开始就确定的一种信念：对人的尊重，对劳动和创造的尊重。我们帮助人们发现所需，发挥所长，希望有恒心者有恒产，有恒产者有恒心，希望打造一个最有温度、最值得信任的社区。我们选了 1024 作为我们的股票代码。1024 是 2 的十次方，它代表了一行行的程序代码，代表了科技的力量，代表了先进的生产力。我们希望用科技的力量，让劳动和创造释放更大的能量，让价值创造者得到更好的回报。我们会一直坚持为用户创造长期价值，为社会创造长期价值。

今天的公开上市，对我们来说，是接受公众考验的新起点，更是我们迎接更多更大机遇和挑战的新起点。我们会继续砥砺前行，推动社会变得更好，个人变得更幸福。

最后，我想借此机会，感谢快手的每一位用户，感谢一起奋斗的每一位伙伴，感谢过去和未来的投资人，感谢背后支持我们的亲友，感谢生我养我的村庄和城镇，感谢1024，感谢这个充满机遇和挑战的时代。

谢谢大家！

打造最有温度、最值得信任的在线社区

程一笑　快手科技创始人

　　快手创立有 10 年了，最初它是 GIF 工具，然后逐渐变成一个国民性的短视频和直播平台。这 10 年里，我们一直在思考和坚持的是，我们为用户、为社会创造了什么价值，未来如何创造更多社会价值。因为只有创造社会价值，我们才有价值。

　　我们创造的社会价值主要体现在效率提升上。我们做的短视频、直播、分发，都是把供给端和需求端更好地、更高效地进行匹配，以提升信息交互的效率，实现我们的使命：帮助人们发现所需，发挥所长，持续提升每个人独特的幸福感。

　　发挥所长比较核心。因为这个世界上有很多生产者的产品特别好，只是他们不太会卖，不知道怎么吆喝，或者不太知道怎么在电商平台上做网店。而快手的存在为有好产品但不知道怎么卖出去的人提供了更好的平台。

　　那么，为了承载这个使命，我们最终要达成什么样的状态或画面，即我们的目标或愿景（Vision）是什么？我想是"打造最有温度、最值得信任的在线社区"。

为什么用温度和信任这两个词？我觉得，随着社会越来越往前发展，很多事情都在发生变化，尤其是 2020 年暴发的疫情，让人和人之间的关系变远了，跟朋友聚餐或者一起出去玩的机会少了很多，感觉人情味变淡了，缺少了一点温暖感。人毕竟是社交动物，对于温度的渴求非常强，温度是不应该随着社会的发展变淡的，所以我觉得，一个大的社区特别应该给人"有温度"的感觉。

关于信任，我自己有感受，如果在与别人谈合作时，还没建立起信任，心里就会犯嘀咕，只能小步尝试，发现他没骗我后，再多加一点合作。如果我信任他，就可以合作深度更深。我觉得，信任是商业社会最重要的东西，可以降低我们交易的成本，是很多事情能不能顺利推动的特别重要的要素。

我们的平台不仅仅是娱乐的社区，而且正越来越深地介入交易的环节，渐渐影响老百姓的日常生活，无论是买东西卖东西，还是本地生活服务。我在想，用户信任我们的主播吗？如果他们相信，我们的交易循环也好，未来也好，就会打得特别开。如果他们不相信，其中的信任成本就会特别高，影响整个交易的循环。所以我们希望可以在平台上构建一个有非常高信任感的社区，这样我们做各种各样事情的顺畅度会特别高，会让我们的未来打得特别开，更好地为社会创造价值。

两个特别重要节点

说回到快手这 10 年，一路走过来，还是幸运地顺应了视频发展的趋势，不断增加新技术功能和社区内容，从记录和分享的社区到粉丝经济平台，再到现在的产业深耕平台。近 5 年，我特别想提到两个重要的时间节点，一个是 2016 年我们开始做直播，有了自己的商业模式。之前大家担心我们能不能活下去，现在已经证明了这个商业模式是成立的。

2016 年以前，大家基本都是在 PC 上做直播，当时手机做直播还是挺卡的，还有挺多技术上的难题，大家对手机能不能做直播这件事情还不太确定。这也是定佳（快手首席技术官陈定佳）加入快手时做的第一个项目，他非常顺利地把这个项目搞定了。

另一个重要的时间节点是 2018 年，直播电商开始了。我们可以为更广大的人群提供服务，为生产者端提供更好的销售方式，而且极大地降低了销售成本。对我来讲，这是特别正向的事情。

最开始，直播电商的供应链还处于比较初始的状态。尤其是2017—2018 年，消费者刚刚经历微商时代，对微商的意见还是挺大的。我们这时来做直播电商，大家就会想，你卖的东西能为消费者创造真正的价值吗？所以要不要做直播电商，当时的内部争议确实挺大。我们之后进行了深入思考，在直播中卖标品想让消费者满意是非常难的，但是卖非标品，用户满意度就会高得多。

让我特别震撼的是卖玉这件事，有一次我问电商部门的同学，玉在商场加价率多高？他说 10 倍。我说这个行业不太对，一个东西应当有一个合理的加价率，我为什么要到商场去买一个销售价在出厂价之上加了 10 倍的东西呢？我觉得这个行业应该可以被改变。现在，在我们的努力下，玉的利润空间已经相对合理了。

过去，我们更多地是对整个供应链进行改造。对快手来说，现在特别大或特别好的一个变化是客单价在往上走，用户买便宜的东西是试试你的东西行不行，客单价往上走意味着用户对于商家的信任度在提升，用户越来越愿意在我们的平台上买贵的东西。

2020 年，我们的电商业务有所突破，我觉得在电商上我们做得最对的地方是把卖家服务评级系统、用户购买了商品之后的评价指标、用户满意度指标真的做起来了，至少是在往上走的趋势中。大幅提升用户满意度，这是我们在做交易类业务也好，或者其他业务也好，最应该思考的事情。也就是说，我们和用户之间的信任度，是不是通过交易变得越来越深了，这才是我们未来真正的大机会。

我已经看到一个方向，我们电商业务在从产业层向内容层走。我认为电商应该成为内容层的一部分，是一个有特别强的"逛"的属性或者有内容属性的业务。虽然说今天电商还没能做出特别强的"逛"的感觉，但是我坚信一定可以做出来，这也是特别大的期待，期待再过半年，电商业务可以在内容层站到一个特别坚实的地位。

重构 10 亿用户的消费决策

我们在电商等产业结合方面做了一些工作，但我相信，直播时代的潜力还远没有发挥出来，我们目前还在很早的阶段。

我认为，视频＋算法＋经济，如果做得好，完全可以重构用户的消费决策，推动下一轮信任机制的创新。打造最有温度、最值得信任的在线社区，这其实也是直播时代给我们的难得大机会。

我们回看整个商业时代的变化历程，最开始是小商品时代，小的时候我家门口经常有几个菜农过来卖菜，每天都是他们几个人，我妈妈就特别相信他们卖的东西是靠谱的。20 世纪 90 年代，渐渐进入产品时代，我记得那时开始有可口可乐这样有品牌的产品出现。因为它是一个牌子，所以我愿意买它，这是对品牌的信任。

再下一个时代是商超时代，2000 年前后，在我生活的范围内出现了沃尔玛、7-11 这样的商场和超市。里面卖的很多东西我没有见过，有品牌也有散装的东西，但我认为，这么大的商场，不至于卖一些假冒伪劣的东西。

到了平台时代，比如淘宝，通过用户点评构建了信任关系。我在淘宝看到评分是 5 分的店铺时，会觉得挺靠谱的。

从小商品时代到产品时代，到商超时代，再到平台时代，每次消费决策的改变都是一个特别大的生意，每个时代都出现了特别巨大的公司，我相信直播时代可以重构信任，这也是一个特别大的时代的开始。

一个普通用户来到快手这个平台，最初可能是因为"爽"，但他为什么在这里长期留下来，我觉得还是因为有信任和有温度。打造一个最有温度、最值得信任的在线社区，重构 10 亿用户的消费决策，这是我们的梦想，也是对社会更加有价值和意义的道路。

关于公域和私域

面对这个时代机会，我们要打造最有温度、最值得信任的在线社区，这里面有很多挑战和不确定性，但也有一些确定的点，需要我们努力做好。其中有一条是我们要去发挥好私域的力量，把公域跟私域结合好。

我特别相信，得生产者得天下。我们应该更加坚定地站在用户这边，站在生产者这边。毕竟平台不生成内容，生产者是整个内容行业的根基所在。我们要跟生产者站在一起，就需要公域跟私域相结合。

大家肯定会有这样的疑问，为什么在算法如此高效的情况下，平台拥有这么强的分发力的时代，我们依然要做私域。从感性的视角来看，虽然算法特别强大，但我不觉得未来一切的事情都由算法决定，人和人之间的感情还是非常有力量的。我非常相信人和人之间的信任，或者感情的连接，这是非常有价值的。当然，我们要做私域并不是要放弃公域，而是要走一条公域跟私域相结合的路。

私域有很多地方给我特别大的感动。我关注了一位主播，他说话有京腔，应该是北京通州人。他每天开播的时候实际上没有太多的人观看，大概 100 多人吧，基本是北京周边的一帮人。有一年端午节，他说要回馈一直看他直播的人，要给粉丝送粽子。他说："我家有三轮车，我就从北京绕一圈，把粽子给你们送过去。"我当时特别感动。这个兄弟回馈用户的方式和其他主播不太一样，别人回馈用户是发点红包让大家抢一抢，他是自己蒸了粽子，骑着三轮车给大家送，真的绕了北京一大圈，大概送出去五六十份。看他直播的那些人都说，这个兄弟特别靠谱，两斤粽子也没有多少钱，20 元左右，但是给人的感受特好。我觉得，这种感觉只有私域才能带给我们。

给我们送粽子的主播，无论他卖什么东西，都有非常高的信任基础。我知道他是一个什么样的人，他不至于骗直播间的 100 多人，如果他骗了这些人肯定就没饭吃了。我觉得，只要这样的人越来越多，就会开启另外一个大的时代，这个大时代是基于粉丝经济重构整个信任体系的。我现在看到一些苗头，但这样一个大的方向还是要靠大家共同努力去达成。

从管理复杂度来讲，肯定是公域好管得多。原因是谁行谁上，不行拉倒。但是私域有一个特别复杂的问题，相当于主播有了自己的一点产业在那里，你到底是管还是不管，用什么样的方式管，难度特别大。

一个比较共识的结论是，我们做到了有恒产者有恒心，但还应该做到有恒心者才有恒产。还是要管好，不能允许主播和 UP 主做伤害用户的事，要引导他们有恒心。

我坚信把私域管好这样一条路是正确的。举个小例子，前不久，我带着宿华和一些同事又去了我的家乡，又看了二人转。现在外面广场上已经没有二人转表演了，都是在电影院里演的，环境特别"高大上"，门票不便宜，靠前一点的位置大概 200 元一张票，而电影在我家乡只要二三十元一张票而已，这意味着二人转在我家乡已经成为一种特别高雅的文化和休闲娱乐方式。过去，二人转给人的印象并不是这样。看来这些生产者还是可以被改变的，或者只要有机会都是可以变得更好的。

我认为，把私域做好并管好，让更多生产者"绽放"，可以让社会有更多温度和信任。

坚持用户利益优先原则

要实现我们的愿景，坚持用户利益优先这一条，无疑是必须要做到的。以我们的电商为例，我们的电商叫作体验型电商，在满足用户需求方面，比货架电商要高一些。这会涉及一些用户利益和公司利益冲突的问题。

在我心中，用户利益一直都是排在第一位的。我始终坚信用户利益优先原则，因为有用户利益才有公司利益。我在公司内部一直强调这件事情，一个很重要的原因是，大家很容易因为重视公司利益而忽视用户利益，无法平衡好两者的关系。

还有，各个部门因为看到用户利益的不同方面也会产生冲突，比如，视频团队会看到用户在视频上消费的利益，直播团队会看到用户在直播业务上的利益，电商团队会看到用户在电商业务上的利益，我觉得这些不同利益视角需要进行平衡，让用户利益最大化。

如何看待用户利益第一，我曾经在内部给同事们分享过两个案例。

第一个案例是一位主播在直播时卖了一些劣质酒，用户买了酒后很不满意。我们在复盘时发现，一是我们团队没有把控好商品质量，没能让用户买到放心的产品；二是事件发生后，我们团队对相关主播的处罚力度不够。这不符合我们用户利益第一的价值观。

第二个案例是快手上有一位主播拉着三轮车，经川藏线从四川步行去西藏，展示自己的路途特别辛苦，并由此得到粉丝的关注和支持。有一天有路人路过，在微博上发布了一个爆料视频，原来他不是自己拉着三轮车走路，而是前边有汽车拉着他，他拍一段徒步的视频就上车了。针对这个案例，我对团队提出了批评，这相当于欺骗用户感情。这样的事情，我们要发现真相，其实并不容易，但只要发现一定要特别严格地处理，应该封号，因为欺骗用户的感情是大事。

我认为，避免用户利益受损优先级排第一，公司利益排第二。

非标品比较适合快手去做

再回到具体的电商业务中，我们经常被问到，快手电商与其他电商平台有什么区别？我们还是应该做适合我们做的事，非标品比较适合快手去做，因为它比较适合直播展现，而且在其他电商平台卖得不一定好，所以，我们并不是抢了谁的生意，更多是制造了一种新的商业模式，主播和粉丝之间因为互信而产生购买行为。

非标品是一个大类，是一年交易额在几万亿元的市场。服饰肯定是其中最大的，然后还有珠宝。这种非标品是比较适合在快手上通过直播展现销售的。

　　珠宝市场可能是一个比较好的例子。这是比较明显的增量市场，之前大家买珠宝对于商场的信任度没有那么高，有了快手这样的直播平台之后，大家对珠宝的信任度有了很大的提升，相当于变成了"打明牌"，平台为珠宝方面提供信用背书。

　　和其他电商平台交流时，我们也是"打明牌"，说出我们的想法。首先我们非常确定自己不是货架式电商。对于标品，我们愿意跟合作伙伴比如京东、淘宝进行更多合作。非标品的市场空间非常大，我们肯定会做，在这件事上我们与其他电商平台确实会有一些竞争，但我觉得大家各凭本事，谁满足用户做得好，谁就能拿下来。

　　我们和其他电商平台最重要的分割线是在标品和非标品上，我们聚焦在非标品上。对于标品，我们没有特别大的优势，就算去做，也是做成货架电商，那是其他电商平台的优势。

　　非标品不是指白牌，它一样也有品牌。品牌或非品牌是在标品或非标品的下一级。我们迫切希望有更多服饰品类的品牌加入进来。

　　对品牌企业，我们的态度是开放和欢迎的，比如服饰、珠宝类。我们看到，在快手上卖羽绒服，做得比较好的主播会集中在国内几个一线品牌上，这样的品牌变得越来越多，也是一个大的趋势。实际上我们也在采取措施，让更多品类的品牌进来。

　　在中国，大家愿意提标品和非标品这两个概念，跟中国工厂柔性供应链是强挂钩的。没有柔性供应链，"非标时代"是不会来的，这也是供给端产生的变化。用户肯定更喜欢个性化的东西，所以非标品的市场越来越大是一个大的趋势，并且在工厂端、柔性供应链端，技术进步应该会把"非标度"做得越来越高。

聚焦于我们的使命

最后写几句总结，这本书的书名叫"直播时代"，直播提升了信息传递的效率，释放了相当多的生产力，创造了社会价值，是时代的进步。

从实时性、交互性的角度来看，直播意味着整个信息传递方式已经发展到了非常极致的状态，这会是一个长期的过程。未来 VR 和 AR 等技术可能会有很大的进步，也会融合在直播中。

未来在这个长期的过程中，会出现各种各样的机会和诱惑。我们处于分发的重要环节，有各种各样的新东西需要用到我们这样的平台，看起来我们能做的事情确实挺多。但对于一家公司来讲，并不是所有的机会都要抓。我们需要思考哪些是属于快手的，我们坚持抓与我们更近的机会，我们的视野会特别集中在跟快手用户、主播或生产者连接的机会上。

作为平台方，我们要有平台的视野和心胸，还是应该思考清楚我们是谁，应该为用户和社会提供什么样的价值。还是应该回到我们的愿景和使命：打造最有温度、最值得信任的在线社区，帮助人们发现所需，发挥所长，持续提升每个人独特的幸福感。

花10分钟

看看别人怎么想怎么做

快速检索本书的 22 个知识点

本书涉及 148个访谈，共 21 万字。
我们做了一份知识点索引，方便读者快速检索、翻阅内文。

四、快手生态篇

1 快手官方的表态

电商负责人笑古的文章（223 页）；快手商业化电商营销业务负责人冯超的文章（239 页）；品牌营销新阵地（249 页）

2 快手服务商怎么做，怎么想？

遥望创始人谢如栋（257 页）；魔筷创始人小飞（268页）；卡美啦创始人萧飞（277 页）；星站创始人朱峰（286页）

五、政府篇

1 直播能带动地方就业吗？

广东四会翡翠行当新职业（205 页）；临沂相关情况调研（353 页）

2 直播能繁荣本地经济吗？

农产品大县陕西武功的探索（143页）；翡翠直播如何重塑四会（199页）

3 直播怎么扶贫？

扶贫书记张飞（368 页）；清华大学鄢一龙的分析文章（383 页）

4 直播如何推动消费升级？

四位新疆用户的访谈（359 页）

5 政府如何在视频时代加强治理？

中央党校郭全中的分析（399页）

6 直播电商的本质？

魔筷创始人小飞认为直播是商业新基础设施（275 页）；星站创始人朱峰认为直播改变了社会生产关系（288 页）

本书专业术语较多，我们在最后（第417–423页）附有71个名词解释，供读者查阅。

直播
时代

导言
直播经济是什么

　　文字所能传的情，达的意是不完全的……文字是间接的说话，而且是个不太完善的工具。我们有了电话、广播的时候，书信文告的地位已经大受影响。等到传真的技术发达之后，是否还用得到文字，是很成问题的。

　　面对面的往来是直接接触，为什么舍此比较完善的语言而采取文字呢？

　　在"面对面社群"里，连语言本身都是不得已而采取的工具。

——费孝通（《乡土中国》1947 年）

　　我们这几年最重要的认知是一句大白话：视频是新时代的文本。

　　视频不是一个行业，而是一种新的信息载体。影像活生生在那里，比文字更真切。

　　所有行业会因为视频而重新定义。

—— 宿华（在 36 氪年会上的演讲，2016 年）

　　本书有 30 多个鲜活的案例，供读者各取所需。本章的任务是呈现我们的思考过程，以视频时代为对象，做出比较系统的阐释，供读者参考和批评。本章理论性较强，读者或可先行跳过，等有空时再细看。

　　以直播经济为标题，是因为直播这个概念最近比较受关注。我们谈

本文作者何华峰 快手科技副总裁、快手研究院负责人

的其实是更广的概念：视频时代如何改变我们的社会、经济和生活。我们讲的视频包含了快手、Zoom（一款多人手机云视频会议软件）、微信视频通话，也包含拼多多、B 站等正在推出的直播，还有 VIPKID（在线青少儿英语教育品牌）这样的企业提供的直播课。本书的案例以快手为主。

不过，直播是双向的信息即时交互，是电话级别的发明，是视频中特别重要的场景，所以讲直播经济也没有大问题。

我们要回答几个问题。视频时代为什么不只是一阵风，而是会改变一切？文字时代向视频时代的迁徙为什么是必然趋势？视频时代有什么新的特征？视频时代的生态是如何演化的？视频时代的新物种有什么特征？视频时代在数字地球的建设中处在什么位置？

———

2016 年底，宿华提出，视频是新时代的文本，视频会改变一切。4 年后回看，这个洞察是前瞻的。

视频是一种信息的载体。2015 年后，随着智能手机和 4G（第四代移动通信技术）的普及，上网门槛大降，整个社会进入了视频时代。视频时代的数据量比过去呈指数级增加，推动了人工智能技术的发展。过去，文字和图片是主要的信息载体。2015 年后，围绕视频的基础设施逐渐成熟了。

文字是人类发明的传递信息的编码，是间接的沟通方式，人们需要经过培训（识字）才能使用。与文字相比，视频在传递信息方面优势明显：更加生动鲜活，且没有学习门槛。

媒介是人的延伸，用来传递信息和能量。媒介是相互竞争的，一种媒介要战胜别的媒介，被人采用，一定是在传递信息和能量方面有独到之处。

今天，我们的生活已经离不开视频。快手日活跃用户已经超过 3 亿，微信视频通话几乎天天被使用。在接下来的世界，数字化的信息量会不断呈指数级增加，大部分会以视频形式呈现。

我们 2020 年初出版的《被看见的力量——快手是什么》，其实也可以称为"被数字化的力量"。视频对数字世界的贡献在于，把世界上一切可以用眼睛看到的事物都数字化了，这个能力是以前的媒介所没有的。

视频沟通更自然，因而能够取代文字成为日常异地沟通的主流，这个不难理解。但视频会改变一切做何解释？为什么生活、商业乃至各行各业都会被视频时代改造？

这涉及对世界本质的理解。从经济的层面看，世界由一个个交易构成，交易由信息和实物交付两部分构成。信息层面的效率得到巨大提升，会极大降低交易成本，让交易得以在更大的范围内发生，获得更好的回报。自然而然，所有交易会采用新的信息技术，从而改变整个世界。

所有机构其实都是运输信息和实体（比特和原子）的工具。信息层面变了，所有机构也会变，就有了新物种的诞生。历史上这样的事一再发生。

1876 年发明的电话，实现了人与人的异地直接沟通。1976 年，麻省理工学院（MIT）为纪念电话发明 100 周年，举行了一次研讨会，出版了论文集《电话的社会影响》。我们可以从中看到一些有意思的内容：

"贝尔发明的电话最终由玩具变为强化广大组织和经济力量的社会工具。"

"某些家庭电话的使用有助于经济的高效,比如,医生和商人在家办公。另一方面,电话在经济领域(如商业、工业)最终也会有利于经济上的高效。"

"电话进入商业,商人可以迁到地价较低的区域了,但他们还能与自己的商业伙伴保持联系。商人们可以向外迁移,很多公司都是这样做的,或者搬到新盖的高楼的第十层甚至第二十层。"

"电话发明引起的另一个社会变化是办公室里女性的出现,并且现在的数量已经超过了男性……电话与打字机一起摧毁了女性在文书领域求职的阻碍……在世纪之交的广告宣传中,打字员和接线员的工作很有威望,为那些准备进入商界的新潮女性们制作的合身制服引发了一场时尚热潮。"

就像电话、汽车、铁路一样,在视频时代,整个社会会围绕视频建构,形成新的技术 – 经济范式。

在视频时代,不仅过去可以做的事情会做得更好,还可以做到以前做不到的事情。比如,我有个同事说,逛图文时代的服装网店,喜欢一件衣服,往往不知道衣服合不合适,而现在就可以和主播说:"你穿一下,我看看。"主播穿上后,用户觉得合适,就买了。这是文字时代做不到的"奇迹"。

所以,疫情过后,直播不会像一阵风那样过去,直播时代才刚刚开始。

二

数字经济的基础是连接和计算（其实整个人类网络的核心也是这两个要素）。视频时代在这两个要素上都发生了根本的变化。在连接的方式上，是数字化能力更强的视频。在计算方式上，是人工智能。

人工智能和视频是相辅相成的，在快手平台上，每天产生的数千万条视频，被精准地匹配给几亿人，没有人工智能技术是做不到这一点的。但如果没有视频这个场景，人工智能的算法也很难迭代。

视频时代跟图文时代相比，有什么区别？最直观的一点是，视频时代的沟通是面对面的。世界上任何一个人跟另外一个人随时就可以成为邻居，只是隔着一个薄薄的屏幕。

我们回过头来看，很多商业设施，如批发市场、购物商城等，其实都在解决一个空间上的问题。在视频时代，空间上的距离被消灭了。

信息和实物交付构成了世界上所有的交易，这两个因素的变化，带来交易方式的变化，消费会进入一个全新的时代，相应地也会带来生产端等各个方向的变化。而新的商业物种就会出现。

与文字时代相比，视频时代的第一个特征是：更大更快更深。

首先，市场规模要大许多。主要是视频的门槛低，可以连接的人更多。更多的人在同一个平台上，而且有人工智能的推荐技术进行匹配，让交易有可能在更大的范围内发生。

其次，视频是面对面的沟通，让交易更直接，因而速度更快，这会带来整个生产速度的加快。

最后，"更深"指的是，视频让更多的信息被看见，有了更多更小颗粒度的场景，这些场景原来是不具备商业化可能性的，但是现在因为可以被连接起来，具备了商业化的可能性。

比如，中央民族乐团的唢呐演奏家陈力宝，现在在快手上有 80 万粉丝。唢呐是很小众的乐器，以 1 000 人中有 1 个感兴趣估算，全国只有 140 万人喜欢。这些人分布在全国各地。在快手平台上，这些人有机会被连接起来，并有机会与中国唢呐高手陈力宝每天进行实时交流。而对陈力宝来说，每天提供服务，也有卖课、卖唢呐等收入。

快手强调普惠理念。每一条合法视频都会被推荐，会比较公平，整体的流量会被大家享有。这本身也与交易可以在更大、更快、更深的范围内发生有关。让过去没有可能的交易得以发生，让过去没有机会被看见的人，可以被看见。

《被看见的力量》里提到江西山区的蒋金春直播卖土特产的案例。2020 年 9 月，长江商学院金融 MBA（工商管理硕士）的同学到快手总部访问，我们请了蒋金春远程连线对话。蒋金春说当年他的销售额是 500 万元，我们都很震惊，这一年涨得挺快，他说以后的目标是 2 000 万元。他在江西山区，这样的事情，以前是不可能发生的。

三

从我们的调研看，视频时代的第二个特征是：出现了大规模的 C2B（消费者到企业）现象。C2B 是阿里巴巴提出来的，被认为是新经济的趋势，大意是，互联网的发展，让消费者可以发出更多的声音，主导商家的产品。

在微博和阿里生态成长起来的网红是个好例子。她们在微博上与粉丝互动，在淘宝上卖货。

在快手上，每一位主播都是消费者的代表，主播通过视频与用户无缝沟通，尤其是在直播的模式下，主播每天跟用户互动几个小时，此时所有的用户都是实时在线的，大家频繁互动，有什么意见都可以充分表达，让主播知道。然后主播与后端的供应链和工厂沟通，选择商品。

所以，主播与用户的实时在线，主播选品和研发产品机制，加上无数主播在平台上的竞争，数据公司把平台的数据透明化，整个过程为商品和服务提供了实时反馈的闭环，反馈的速度比过去任何一个时代都快了很多。

从连接与计算的角度看，两者都比以前快了许多，这带来的是整个生态的进化速度大大加快。

以临沂的主播徐小米为例，她一年卖的SKU（库存保有单位）高达上万个，一场直播6个小时，截至2020年12月，平均实时在线人数有4.4万。要知道服装品牌Zara（飒拉）一年的SKU才几万个。视频时代的速度比以前快了许多。

主播在直播中了解到用户的最新偏好，这些成了极有价值的商业信息。现在很多工厂做产品，都会去找主播问用户的喜好等问题。

所以，在视频时代，C2B真正形成了规模。视频时代成为C2B的好土壤，在消费者的推动下，生长出更多更精准的优秀产品。

回看历史，C2B其实一直都在，任何产品都是人的延伸，只是过去信息交互的速度没有那么快，生产的反应速度也没有那么快。

我们也可以看到，每次信息加速之后带来的C2B的进展，比如，电话发明之后，出现了通过电话卖保险，当年很多公司把电话号码放在黄页上，与消费者建立联系。在图文年代，淘宝出现了很多C2B案例。今天，这个规模与速度比以前都大了、快了许多，让过去大量没有得到满足的细分场景需求得到了满足。

四

视频时代的第三个特征是：服务化、非标准化（即非标化）。直播时，主播与用户实时在线，面对面交流，让用户的需求可以更好地被满足。商品服务化、非标准化的趋势明显。

非标化源于更细的场景颗粒。在快手主播抹茶 Sweet 的案例中，该账号创始人杜启帅说："一开始我们设计的服装全是高个子女生能穿的，通过粉丝留言，我们才意识到，很多粉丝都是小个子女生，148～162 厘米这个区间大概占到 60%，所以我们后期就主要服务这个群体，教她们怎么穿衣搭配、掩饰身材上的不完美。"

从这个例子可以看到，过去的商业只能在所有场景里截取一部分比较主流的、颗粒度比较大的场景，进行商业化服务。

现在，在更小的颗粒度层面上的消费者可以被看见，可以提出自己的要求，同时因为这些细小的场景可以在更大的范围内被连接起来，并且可以与生产者实时互动，因而有了商业价值。

比如，现在抹茶 Sweet 专注于给身高 148～162 厘米的女性生产衣服，过去不好精准地找到这些人，现在在快手的平台上，可以直接联系到她们，所以就可以进行商业化。

从过去的眼光来看，这就是非标化。

过去的标准化，由于用户与生产者无法直接沟通，会打击生产者生产更好产品的积极性。比如，自己家种植大米，用绿色的方法，和不用绿色的方法生产，从外观上是分辨不出来的，所以价格是一样的，生产者会倾向于生产成本低的产品。现在有了直播，用户可以为绿色大米支付更高的价格，这就鼓励生产者生产出更好的大米。

同时消费者也在观看视频的过程中学会了如何消费更好的大米。这就是服务的加深。

今天的商品，正在向老中医坐堂式的服务发展。老中医先是望闻问切，这是服务；然后开了药方，去抓药，这是商品。这是一个服务化和非标化的过程。

《失控》的作者凯文·凯利谈到网络社会的特点时说，过去是生产鞋子。现在是生产适合脚的东西，而且不断迭代。

从这个角度看，商品其实是服务的延伸，迭代永无止境。

五

前面我们提到，整个社会和经济会围绕视频重新建构。这个建构的过程是什么样的？或者说，视频时代的生态是如何演化的？

这个过程主要是市场的力量发挥作用。先是一些个体偶然发现利用信息的新工具，得到了超额回报。《被看见的力量》其实主要讲的就是这个。然后有更多的机构进来，有的机构会利用信息新工具，得到更大回报。然后，由市场信号引领整个变化。卡萝塔·佩蕾丝在《技术革命与金融资本》一书中说：

出现新的技术－经济范式对创新和投资行为的影响之大，可以类比一次黄金潮或是发现一片广阔的新大陆。对广泛设计、产品和利润空间的开拓，迅速点燃了工程师、企业家和投资者的想象力，他们以试错法尝试应用新的财富创造的潜力，成功的实践和行为由此产生，新的最佳惯行方式的边界也逐渐确定了。

视频是互联网发展过程的一个新阶段，是搭建视频时代的过程，它不是图文的延伸，而是颠覆。这个过程，与 PC（个人计算机）互联网被移动互联网取代，是一样的。

比如，汽车的发明，扩大了人的活动范围，也改变了城市。沃尔玛、宜家就是汽车时代的商业物种。而马车时代便一去不复返了。

在视频时代，直播电商是一个典型。视频时代的商业新物种有七个特征。

从临沂调研（见本书第三章《临沂：快手之城》），我们可以很直接地总结出下面四个特征。

第一，主播与用户面对面交流，消灭了空间距离，营销成本大大降低。商业回归为面对面的交流与交易。

第二，与用户共创，规模化 C2B。主播与用户大量互动，实时获得用户反馈，产品不断迭代，可以更精准地满足用户的个性化需求，也带来更高溢价。

第三，销售半径无限扩大。不再有区域性的消费。每一件产品一上市即面向全国，乃至全球。大量地域性商品将获得全球性红利。

第四，"消费者－主播－产品"模式。较之历史上任何一种商业模式，如百货商店、大卖场、传统电商，商业通路更短更有效率。

总结一下，就是四个特点：链路短，效率高，更精准，更加个性化。

其实，商业新物种还有三个特征。从陈力宝的案例我们可以总结出两个。

第五，社群效应。视频和推荐技术带来更强的"人以类聚"效应。主播与消费者之间不是单纯的买卖关系，而是构成有情感互助的社群。专家型主播崛起，诞生全新的品牌。

第六，知根知底经济。不仅展示产品本身，还展现生产过程和一切相关信息。知根知底经济，是新型信任经济。

最后一个，我简单地提一下。

第七，闲置资源大解放。因为被看见，大量原来无法移动的闲置资源被解放出来，参与交易，如少数民族地区的美景、土特产、民俗文化等。

六

我们给视频时代的商业新物种总结的七个特征，似乎挺新鲜。不过，如果我们从信息化和互联网发展的脉络来看问题，阳光下并没有新鲜事。

我们的观点有两个。

第一，信息化催生的新物种，都具有这七个特征，本质是一样的。

第二，信息化是一个不断演进的过程，不同的阶段，因为信息化能力的差异，新物种呈现出不同的外观形态。

每个时代都有自己的信息化新物种。从麦克卢汉的著作《理解媒介》中我们可以看到，有了电话，很多行业的自由度就大了许多，成为信息化程度更高的商业物种。

比如，救护车和消防车。在电话发明之前，救护车和消防车就是普通的车。当人们可以拨打 120 和 119 之后，救护车和消防车就成了信息化的新物种。

今天，有了移动互联网这个更强大的信息化工具，出租车就升维成了滴滴打车。

所以，信息化不神秘。只是这几十年间，因为互联网的发明，信息化突然加速，能力越来越强，导致新物种源源不断加速诞生。

当新的物种诞生后，老的物种去哪里了呢？如果还在，就成了艺术品。比如，几十年后，现在家里的座机电话可能只能在古董市场看到。今天，纸钞用得越来越少，消费都用微信支付和支付宝，将来也许是央行正在试点发行的数字货币。

视频时代的商业新物种，与传统电商时代的商业新物种，有什么相同点和不同点？

阿里巴巴原总参谋长曾鸣教授从淘宝模式中总结出了 C2B 模式。我们认为，曾教授总结的新物种，和快手上看到的新物种，本质上是一样的，都是互联网时代的新物种，或者说，都是信息化催生的新物种。

区别也是有的。新物种在传统电商时代是个别的、特殊的，但在视频时代，是普遍的，力量也更大。从成交量来看，直播时代的一些头部主播大大超过了图文时代的网红。

七

前面说，新物种的本质都是一样的，都是数字化和信息化过程的产物，有类似的特征，只是广度和深度不同。下一个问题是：信息化为什么会催生新物种？

其实前面谈过，所谓商业机构 / 商业物种，无非就是运输信息和实体（比特和原子）的组织。

所谓数字化和信息化，是商业机构传输信息的能力不断增强的过程，信息的增加会消除不确定性，对应的就是让消费者得到更精准和更个性化的商品和服务的过程。

当比特的运输能力有了大的提升，商业机构自然成了新的样子。

互联网是可以消灭时间和空间的。演化的方向就是，信息量越来越大，越来越精准和个性化，同时是去物质化的。比如，以前我们需要一个闹钟在早上叫醒自己。今天，很少有实体的闹钟了，闹钟变成了手机里的一段代码。

我们发现三条规律。

1. 同一种数据，在其输入、储存、处理、控制、输出的能力提升时，商业效率也会提升，商业新物种就会诞生。比如，临沂的华丰批发市场和主播，后者传输信息的能力高于前者。

2. 一种新数据被大规模利用时，会产生全新的商业物种。比如，GPS（全球定位系统）定位数据被规模化利用后，就有了滴滴打车、共享单车。

3. 在同等的信息传输效率情况下，信息化程度较高的行业会率先被改造。

从互联网的历史可以看到，这种改造是有顺序的，从新闻到娱乐（游戏），然后是电商。信息化程度高的先被改造，程度低的后被改造。表0.1展示了互联网发展不同阶段的代表性产品。

表 0.1　互联网发展不同阶段的代表性产品

互联网发展阶段		期间诞生的典型互联网产品
窄带、文字		新浪、网易、搜狐、 QQ（即时通信软件）、百度
宽带、文字		盛大、淘宝
移动、宽带		微信、手机淘宝
移动、宽带	GPS	滴滴、摩拜
	语音	得到、喜马拉雅
移动、宽带、视频、人工智能		快手

　　信息化进程到今天经历了很多阶段，比如窄带互联网、宽带互联网，从 PC 到移动。今天是视频时代 / 人工智能时代。

　　信息系统有五个基本功能：输入、存储、处理、控制和输出。互联网的发展，或者信息化的过程，就是上述五个功能不断扩展的过程。

　　今天，视频时代 / 人工智能时代是一个新阶段，比起过去，在信息化和数字化能力上，又有了数量级的提升。

八

　　既然信息化程度高的行业先被改造，我们在探讨视频时代的新物种时，可以从历史中找到完整的借鉴案例。

　　大多数人都知道的案例是纸钞。今天的纸钞几乎已经去物质化，中国人民银行已经在内部试点使用数字货币，目前我们在日常生活中几乎都用微信支付和支付宝进行支付，纸钞的使用已经大大减少了。

　　这里我想详述一下图书 / 知识分享这个行业，这是很好的借鉴。我们可以将得到作为例子。

得到的前身是罗辑思维，由罗振宇在 2012 年底创办，当时他在微信公众号上每天发 60 秒的语音。2012 年，微信推出了微信语音功能，这是一个重要的时刻，从信息的提取和传输角度来讲，语音是直接交互，效率高、门槛低。在语音时代出现了一批产品，包括蜻蜓 FM、喜马拉雅等。

当时，很多人不知道罗振宇未来的商业模式。大约在 2014 年底我听他说，他的商业模式是非常清楚的，他已经变成了全中国最大的书店。当时他在语音里向大家推荐一本他认为好的书，一下子就可以卖掉几万本甚至几十万本。他就是网红带货主播。

在文字年代，书是信息载体，它包含了信息和实体两个部分。实体部分，最早被亚马逊革命，Kindle（亚马逊设计和销售的电子阅读器）可以把书送到你手里。而信息部分，罗振宇通过帮人读书，将书里的知识更精准地传递给广大读者。

今天，知识分享行业很火。反观实体书店，在 2020 年 6 月初，中国台湾首家诚品书店台湾诚品敦南店停止营业。

知识分享领域发生的事情，到了信息化能力更高的视频时代，会在更多行业重演。我们预判，临沂的批发市场转型和快手之城的崛起，是大时代的一个缩影。

甚至，如果进一步细看得到的案例，它崛起的路径，到了今天的直播时代，也在不同行业一次次重演。我初步梳理成四步：

第一步，罗辑思维推荐精选过的好书，相当于为品牌带货，以此在自己的粉丝群建立认知。第二步，他开始触及那些已经绝版的特别好的书，相当于涉及了源头好货，这样可以提高自己的利润率。第三步，书只是知识的一个载体，但有大量消费者关心的问题，不一定有现存的好书，这时针对消费者定制的精选课程就出现了，他找到最好的知识达人帮他生产知识，这相当于知识的 C2B 生产。这时，社会上出现了批评的声音，说他贩卖焦虑。其实，罗振宇只是把人们的痛点找出来，提供过去没有的更精准的产品而已。第四步，因为已经平台化，罗辑思维开始去个人化，改名为"得到"。据 2020 年 9 月公布的创业板招股书申报稿，得到的估值是 41.5 亿元。

帮人带货，触及优质供应链并直接给到消费者，根据消费者的需求进行 C2B 定制，再逐步从个人品牌变成机构品牌。今天的直播时代，我们看到很多在走这四步的案例。

<h2 style="text-align:center">九</h2>

前面讲到得到的案例，发生在信息（比特）含量比较高的知识分享行业。对于物质（原子）比重较高的行业，又会被信息化或者视频化如何改造？终局是什么样子？

在快手公司总部所在的北京西二旗，有一家肯德基和一家便利蜂，也许我们可以从中看到更多的未来。

在传统的肯德基餐厅，大家在柜台点餐，后厨现场加工生产。肯德基的生产标准化、信息化做得比较好。每一位员工的作业台前都有一个屏幕。说明生产的智能化已经有了相当的基础。

现在，肯德基有了微信小程序，顾客可以在小程序上直接点餐。到了店里，也没有了下单员这个角色。大家在现场扫二维码点餐。

从这里可以看出肯德基的变化：

1. 实体店其实已经极大地减少了下单的职能，与客户互动的职能其实已经剥离出来，实体店变成了一个生产中心和配送中心；

2. 原来的下单是需要排队的，现在是并发的；

3. 肯德基服务的客户同时来自现实空间和网络空间。

肯德基变成了同时在现实的西二旗和网络空间营业的智能企业。现在它是一家 C2B 企业，而且其生产环节已经数字化、智能化。这和盒马鲜生其实是同一种模式。

肯德基隔壁的便利蜂也是同类企业。里面的所有商品都是数字化的，通过与总部的"大脑"相连接，进行指挥。每个店的 SKU 都是不一样的，每周会进行迭代。有大量的算法工程师，根据数据进行建模，优化效率。

这些店都成了"多栖生物"，在多个平台上寻找最佳服务点，在多个平台上同时进行效率的优化。

我理解，快手这样的平台，其实是给企业提供了成长的土壤。快手的平台是一个生态，有各种各样的人工智能技术，让平台越来越智能。可以最大限度地方便各种企业接入。这些企业在快手这样的生态里，与各个角色一起，为客户提供最好的服务。

对于服装这样比较复杂的行业，通过用户的智能化，推动后面供应链和工厂的智能化。直到所有企业和行业被智能化改造。

这是人工智能不断改造各个行业的过程。

＋

总结一下，人类的历史就是一部信息化、网络化、智能化的历史。其中的两个变量是连接和计算。在通向智能经济和智能社会的路上，目前视频时代是最新的阶段，在连接和计算两个维度，都出现了较大的进步，带来了人的能力的延伸，形成了面对面交流的社会。

技术的进步会改变社会、经济和生活，形成新的技术－经济范式，带来新的商业物种。

在文章的最后，我们还需要提及技术的另一面。技术是中性的，真正要让新的技术造福于人类，还需要有与新的技术－经济范式相对应的治理框架。

我们强调算法是有价值观的，新技术如果使用不当，会对社会造成负面影响。要让社会的方方面面相互协调，摸索出合适的治理框架，让人工智能技术造福人类。

01 直播时代

第一部分
各地样本调研

第一章
杭州：直播之都

- 九堡原本位于杭州城郊，为何会成为杭州直播生态的起点，并集聚如此多的直播机构，成为全国的信息桥头堡？
- 直播电商如何改造商业的各个环节？
- 人工智能＋大数据会如何改造服装产业？

本章篇目

"在临沂，我想找个人聊天都不容易。但到了杭州会发现，这里就是个信息桥头堡。"2020年夏天的一个深夜，快手主播陶子的丈夫吴猛连赶了两个场子，终于在凌晨三点开车回到酒店。

陶子是山东临沂的头部主播，她在快手上的账号叫陶子家，2021年1月初她在快手已有近800万粉丝。临沂现在被称为"快手之城"，涌现出很多粉丝数量过百万的主播。但在2020年夏天，他们纷纷选择到杭州来走播。吴猛和陶子在杭州待了一个月。他们在杭州及周边的各大供应链基地做带货专场，货品覆盖了服饰、鞋、小家电、家纺……

杭州依托整个长三角的服装类、日化类等供应链优势，在全国的直播生态版图中举足轻重。同样让吴猛看重的，还有杭州的人才和高速流动的信息。主播、MCN机构（孵化、服务主播的网红运营机构）、供应链基地、服务商，形形色色的人在这里，交换着直播的生意经。

政府方面也有意把杭州打造成直播之都，出台了多项与直播行业相关的扶持政策。2020年7月9日，杭州市商务局发布《关于加快杭州市直播电商经济发展的若干意见》（以下简称《意见》），对直播电商企业、直播电商园区、主播等进行扶持及奖励。

《意见》提出的目标是，到2022年，杭州市要实现直播电商成交额1万亿元，对消费增长年贡献率达到20%；要培育和引进100个头部直播电商MCN机构，建设100个直播电商园区（基地），挖掘1 000个直播电商品牌（打卡地），推动100名头部主播落户杭州，培育1万名直播达人。

直播圈常说，"九堡离货近，滨江网红多，余杭互联网人才多"。尽管直播业态还在不断演化，但杭州的直播版图已经形成了较为清晰的特色和功能区划分。

九堡崛起（上）：
直播"宇宙中心"成长史

要点

· 以新禾联创为圆点，周边三公里范围内密集分布着大大小小的供应链基地。

· 九堡的区位优势：靠近服装批发市场、工厂和产业带，便利的交通优势，人才优势等。

· 九堡的供应链基地，吸引着全国各地的主播，他们像候鸟一样轮番飞来。

薇娅的"娘家"新禾联创

想要了解杭州的直播生态，得先从它的起点九堡说起。在老杭州人眼里，九堡是位于杭州市东北角的城乡接合部。据媒体报道，短短几年间，在九堡的各个创业园区、写字楼里，已经活跃着近 600 家网红孵化与营销平台，有超过 1 万名电商主播，数百家品牌代理商和供应链企业。

而九堡直播生态的起点，又和"新禾联创"紧密联系在一起。新禾联创产业园，位于杭州市江干区九华路 1 号。2019 年以前，这里常被称为淘宝头部主播薇娅的"娘家"。2019 年以后，因为大量

本文作者为快手研究院研究员杨睿。

供应链直播基地的聚集，这里逐渐被媒体称为"宇宙直播中心"。

很难想象，"宇宙直播中心"最开始是工厂的生产车间。在新禾联创的路边，至今还竖着一块砖红色的石牌，上面的"新星光电"四个金色大字已有些斑驳，透露出年代感。

新星光电，成立于1978年，主要生产家电元器件。其董事长季石安早年从温州乐清起家，2003年把公司搬到了杭州九堡。

据季石安后来回忆，当时九堡周围都是农田。除了新星光电，还有一些企业如西子电梯厂也一路见证了江干区的城市化进程。到了互联网时代，这些企业的命运又赶上了另一波浪潮，故事依旧精彩。

2015年，杭州推动制造加工企业外移，新星光电开始进行厂房搬迁，空出的占地面积达18万平方米的厂区做什么？这成了一个难题。

2015年底，季石安的儿子季建星对新星光电原来的11幢旧工业楼进行改造，另外又新建了两栋商务综合楼，取名为"新禾联创公园"。"新"，继承"新星光电"的第一个字；"禾"，是因为董事长姓季，里面有"禾"，"新禾"也指新兴创业者和刚刚孵化、尚在萌芽期的企业。再加上2015年，全国提倡"大众创业、万众创新"，新禾联创应运而生。

新禾联创在招商时定下了三个方向：硬件加工基地、文创中心和互联网产业基地。

但在当时，只有一些与服装相关的电商企业选择落户新禾联创，例如定位少淑风的女装淘品牌"MG小象"。这些电商企业的故事也大同小异，起初依托九堡附近的四季青女装批发市场和阿里1688平台进货，再一步步与工厂对接，参与到设计和生产的环节中来。

2017年上半年，第一代"淘女郎"薇娅带着她的团队从广州搬到了杭州的新禾联创公园，成为第一批入驻的直播电商。

在她成名后，这里也常被外界称作薇娅的"娘家"。刚搬到这里时，薇娅只租了一间几十平方米的办公室。当年10月，薇娅直播5小时，为海宁一家皮草店卖出了7 000万元的货，"一夜赚下一套房"，一战成名，电商直播也首次破圈进入公众视野。

薇娅播下了这颗种子后，很多供应商从全国各地慕名来新禾联创找薇娅谈合作。薇娅下播常常已是凌晨。有一家足浴城与薇娅的公司在同一幢大楼。供应商们往往会一边捏着脚一边等薇娅下播，互相分享着信息。这也为后面的故事埋下了伏笔。

因为服装类直播电商无心插柳成了主角，2018年7月，九华路1号有了新的名字——新禾联创数字时尚产业园。之后经过2018年、2019年两年的培育，这里成长为九堡地区比较有代表性的直播电商园区，等待着2020年的爆发。

为什么是九堡

"为什么会是九堡？因为这里有天然的基因。九堡靠近服装的批发市场、工厂和产业带。做直播最早是从服装开始的，去市场拿货也比较方便。"新禾联创数字时尚产业园的招商负责人黄益杭如此分析。

在黄益杭看来，九堡一带的直播生态还是从服装行业开始的。这里有区域优势，原先在九堡区域就有大量的服装元素汇聚。四季青、意法、华贸等鞋服市场，包括以前的东大门，曾经都是淘宝店铺、微商挑版拿货的地点。

四季青服装集团成立于 1989 年，是全国最大的一级服装批发市场之一，30 年时间缔造了"13 亿人口，人均 1 件衣服来自四季青"的辉煌业绩。杭州的服装批发业是集聚型的，四季青、中洲、意法等市场，都在一条街上。

从生产端来看，近一点的地方，如杭州东郊的乔司街道、临平小城，聚集了大量小型服装加工企业、物流公司和产业工人，有相对完善的服装加工产业链。以乔司街道为例，其下辖的 9 个村均拥有服装生产厂家，以朝阳村最为密集。

再往远去，杭州周边的服装产业带有很多知名特色品类，比如嘉兴平湖的羽绒服、常熟的商务男装、诸暨的袜子、海宁的皮革等。九堡距离这些产业带不过一两个小时的车程。图 1.1 展示了九堡的区位优势。

图 1.1 九堡的区位优势

"所以这边有大量的服装从业人员，裁缝也好，设计师也好，包括电商运营人员，全部进到这里（九堡）。"黄益杭说。

从事直播电商的"新九堡人"，常常还会提到这里完善的生活配套设施。比如新禾联创园区里有一栋青年公寓，里面有 200 个房间，每间可以住 1～2 人，现在已经住满了。园区对面就是万科的住宅小区，步行只要 5 分钟。商业综合体的一层，有各式各样的美食料理。

除此之外，九堡还有其他区位优势。例如，交通方面靠近杭州东站和萧山机场。另外，九堡还靠近下沙大学城，很多大学生毕业之后会直接带着行李来九堡找工作。

出圈之后，供应链基地聚集

站在风口之上，薇娅的公司扩张得很快。他们的办公面积从开始的几十平方米，扩大到后来的将近 1 000 平方米。到 2019 年，薇娅提出需要 1 万平方米的场地，对接的样品需要一个两层楼的仓库才放得下。新禾联创已无法满足这样的场地需求。2019 年 10 月，薇娅把公司总部搬到了滨江阿里中心，一栋 10 层的大楼，办公面积达 3 万多平方米。

也有一些机构，或是要整合供应链，或是扩大规模，在融资之后陆续搬离了新禾联创。但这里的故事并没有因为"薇娅们"的离开而结束。相反，当薇娅的光芒从这里离开，新禾联创自己走到聚光灯下，逐渐有了"宇宙直播中心"的称号，也吸引了大量供应链基地在此聚集。

以新禾联创为圆点，周边三公里范围内密集分布着大大小小的供应链基地。爱潮尚直播基地，就是其中一家。

王聪荣，福建石狮人，经过十几年打拼，在石狮以及湖北武汉、广东中山和东莞都有自己的服装工厂，已经成为某著名快时尚品牌的核心供应商。

2018 年，王聪荣想在杭州打造自己的女装品牌，于是在萧山博地中心租了一层楼面。但无论从管理还是从供应链角度来看，萧山都有些偏远。2019 年初，他搬到距离萧山 20 公里的九堡，入驻新禾联创，他隔壁楼的 3 层，就是薇娅曾经的驻扎地。

他搬来时，新禾联创已经形成了非常浓厚的直播氛围。2019 年，王聪荣也开始尝试做淘宝直播，一场有十几、二十万元的销售额。尽管当时缺乏经验，仅根据手头上现有的产品来直播，但王聪荣还是被直播的威力震撼到了。他在杭州还有 6 家实体店，实体店一个月的营业额大约三四十万元，而一场直播一天就能卖出实体店半个月的营业额。

温迪，上海人，做传统电商起家。2019 年她像全国慕名而来的供应链商人一样，跑到新禾联创找薇娅谈合作。在一次饭局上，温迪与王聪荣两人一拍即合，决定合作进军直播行业。于是，他们在新禾联创租下一层楼，用了两个月时间装修好，成立了爱潮尚直播基地。

2020 年，快手等短视频平台的主播成为直播基地排期的宠儿。2020 年 8 月，快手主播陶子在爱潮尚做了一场直播，订单量超 6 万，GMV（一定时间段内的成交总额）超 500 万元。

"之前我们跟不少平台的主播打过交道，也跟快手的娱乐主播合作过。但陶子的专场，颠覆了我们对快手垂类主播的认知。这个女人太会卖货了，一晚上能卖 6 万单呐！而且她在镜头前后没有反差，就是真性情的那种人。"温迪说。

在九堡，像爱潮尚这样的基地还有很多。聚集的原因也很简单，这个行业有很多走播，原先做主播自己不会去备货，没有货就去市场档口拿，但又很麻烦。这时就有人发现了商机，帮主播备货、组货。直播间搭好，配上场控、中控等运营团队，主播只要拎包来播就行。久而久之，供应链基地的形态产生了。

"九堡的供应链基地慢慢从 10 家、100 家到 1 000 家，现在已经形成了一个产业带。主播只要拎着包驻扎在这里，想播轻奢也好，运动也好，食品也好，鞋类也好，生活家居也好，珠宝也好，男装也好，全部都能播。"温迪介绍道。

供应链基地解决了传统品牌的一个痛点——SKU 少。以女装品牌为例，一个月一到两次上新，一个季度顶多三四次上新。但在供应链基地不一样，基地可以一次为一位主播准备 100 个款，为另一位主播也准备 100 个款，互相不会撞车。

主播在基地的销售数据往往被称为"战报"，这也是基地对外宣传最好的广告。"就像虹吸效应，只要有好的直播数据出去，其他主播自己都会找过来。"一位九堡的直播基地负责人说。

小贴士

供应链直播基地

供应链直播基地，是指拥有自己的货盘（如衣服、鞋子等），有至少一两个直播间并配备直播运营人员的线下场所。主播可在这里直接选货，选完就直播。

供应链基地要为主播组货，这是一门大学问。主播一场直播带的货被称为一盘货，每场直播的货品分布大致相同：30% 是走量款；20% 是平销款；还有 10% 是调性款，即所谓高客单价的款；20% 是搭配款，例如一些内装、外装的搭配；热门款是指当晚最可能爆单的款，占 10%；此外清仓款再占 10%。

除了组货，供应链基地大多会强调自己的运营能力，尤其是场控和中控。如果把一场直播比作一期综艺节目，场控就相当于导演，要把控整场直播的节奏。他需要在现场"耳听六路、眼观八方"，比如过款节奏、秒杀货品节奏、与主播搭配唱双簧、解说产品功能等。有些供应链基地的老板会亲自担任场控，因为他们对货品最熟悉。中控则是现场后台的操作者，要及时上下架货品、修改库存。

主播一般都认场控。因为他们每天接触太多的商品，对商品本身可能没有那么熟悉。如果场控与主播搭配得好，就能有高产出，主播也愿意一直来基地排期。如果一个基地没有好的场控，主播的GMV 不高，就不会愿意再来。图 1.2 显示了供应链基地可以为主播提供的服务。

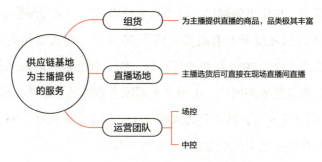

图 1.2　供应链基地为主播提供的服务

不分白天黑夜的创富神话

与新禾联创只隔了一条马路，是另一个直播供应链基地聚集地——西子环球。走近西子环球一带，就能听见"五、四、三、二、一"的声音。不用问，这一定又是某个直播间里的主播正在倒数、改价、上链接，让粉丝们拼手气。

西子环球直播生态的形成比新禾联创晚，但两个园区有相似的故事。前面说到，与新星光电同样见证江干区发展的另一家企业，就是西子电梯。原先，西子环球一期是该公司的办公场地，后因业务扩大而搬离，园区空置。

在直播电商兴起之后，这里也逐渐成为九堡一带的直播中心之一。新禾联创的公共空间大，楼层相对没有那么高。相比之下，西子环球更加紧凑。

"我们这里是先有服装企业，然后经历了网红时代，再变到直播电商。最开始可能是淘宝直播比较多，2019 年下半年开始在快手等平台发力。"西子环球物业运营负责人黄建成介绍道。

2013 年网红经济开始流行，有家 MCN 机构就在西子环球一期租下了一栋楼里的两层，其中很大的面积是用来做服装仓库的。2015 年以后陆续开始有直播。到了 2018 年，与直播相关的企业大概能占 50%。2019 年西子环球的二期工程完成，两栋高耸的大楼刚好遇上直播的风口，吸引了上百家企业入驻。据黄建成介绍，截至 2020 年 9 月，西子环球大概有 150 多家企业入驻，95% 都是直播电商供应链上的企业或者 MCN 机构。

某天下午，黄建成在他的办公室里接待着一波一波的客人。正交谈时，他接了个电话。电话那头一位操着广东口音的男人问，现在西子环球有没有合适的场地, 大概 700 ~ 1 000 平方米。黄建成说没有, 对方仍不放弃:"小一点儿的也没有吗? 附近有没有, 能不能帮忙找一下?"

"发展得太快了, 没有场地给他。开口就要 700 ~ 1 000 平方米, 换作别的地方可能是大客户了。但在我们这里, 就是没有地方能给他。"黄建成有些无奈。在西子环球, 有的直播基地因为扩张太快, 空间不足, 甚至把办公室直接改装成直播间。

在网红经济时代 (2013 年前后), 西子环球的物业价格是 1.1 元 / 平方米; 2018 年、2019 年开始慢慢涨到 1.8 元 / 平方米; 到 2020 年, 根据楼层位置的不同, 已经涨到每平方米 2 元多。

现在还有三四十家公司在排队, 等着进驻西子环球。2020 年西子环球的战略目标是品牌化, 要求入驻的企业自带品牌, 做品牌直播的园区。

每到晚上, 这些大楼全部灯火通明, 直播常常要持续到凌晨两三点。紧闭的窗帘让直播间里的主播和运营团队, 几乎不分白天黑夜, 上演着一场又一场创富神话。

九堡的这些供应链基地, 吸引着来自全国各地的主播, 他们像候鸟一样轮番飞来。夏天时, 临沂的大主播们纷纷来杭州做专场。到了九月, 广州的主播开始到杭州来开工作室。广州的春夏装比较有优势, 到了冬天, 主播缺货, 全部往杭州转。吸引他们的, 除了货, 还有杭州这座城市高速运转的信息。

九堡崛起（下）：
直播如何改变商业各环节

要点

· 四季青由单纯拿货的批发市场变成流行趋势的风向标。

· 直播电商如何精准识别粉丝的需求，背后有一套方法论。

· 直播间里的"秒杀"，正在倒逼后端生产方式发生改变，大量"快反"工厂涌现，服装生产周期被极度压缩。

如果说上一篇是从历史的维度观察九堡是如何一步一步成为"宇宙直播中心"的，那么接下来我们要站在此刻甚至是未来的角度，看一看现在的直播电商呈现出什么样的特点，直播是如何改变商业的。

以九堡地区周边的服装市场四季青为例，在直播电商的生态系统中，它已经从一个原本"拿货"的地方，变成了一个"看货"的地方，成为直播电商的线下"橱窗"。它的定位更接近于流行风向标，而非一级批发市场。供应链基地派出的买手团队，在四季青看到好的货品后，会直接跟源头厂家对接。

此外，直播电商能够用各种方法更精准地测试、收集粉丝的

本文作者为快手研究院研究员杨睿。

消费需求，再倒逼后端的生产方式进行改变。大量"快反"（快速反应）工厂涌现，服装生产周期被极度压缩。

另外我们也发现，在信息密度高的杭州，供应链基地的创办者开始有了危机意识。他们密切关注着直播形态正在发生的变化，也在思索着如何成为直播电商平台上的超级供应链。

四季青市场，从批发到"橱窗"

阿珍是爱潮尚直播基地的一位买手。爱潮尚的买手团队总共有 5~7 人，分布在广州、杭州，平时的工作就是逛街。

第一次见到阿珍时，她刚从四季青市场提回来一个超级大的黑色塑料袋。里面装满了她一下午的收获，包括一些时尚的帽子、流行的配饰。这些饰品主要是给主播直播时做搭配使用的，如果直播间里有粉丝询价，也可以从市场拿货来卖。

四季青市场离九堡约有 40 分钟车程，阿珍对这里的情况如数家珍。这里并不是一座大楼的体量，而是一条街。街上密集分布着意法、中洲、长青等市场，每个市场的定位和风格都不一样，货的来源、价格、调性也都不一样。

这些大厦的每一层，都密密麻麻挤满了服装档口。中洲大厦会有一些韩国货、广州货和泰国货，价格较高。意法大厦卖的主要是杭派女装，用来跑量，基本上都是杭州的女装工厂开的档口，三楼会给网红供货。而长青大厦则主打低价位女装。

根据阿珍的指引，我们也来到了四季青市场。推包车在密密麻麻的档口之间穿梭。精壮的汉子用推包车把从厂家拿来的大包小包的衣服推到档口，再把一包包要邮寄的衣服从档口推到快递点。每个档口的墙上都张贴着招聘"穿版美女"的广告。大一点的店中间，"穿版模特"频繁地换着样衣，给来往的批发商看衣服上身的效果。

在一个档口，老板娘指着一件大衣告诉从外地赶来的客商："这件衣服去年我们这里就卖得特别好。今年到了你们那里一定卖爆，我们这里（反映潮流）是最快的。"这就是传统批发市场的时间差和信息差，而"一批"市场（一级批发市场）作为信息流通最快的地方，是天然的数据汇合处。

在阿珍看来，四季青市场的反应很快。档口里上新的频率很高，基本上一个星期要上两三次新款。如果市场有"反应"，就让它继续爆。如果没有反应，就马上下架，再上新款。

所谓的"反应"，实际上就是指消费者的需求和喜好。四季青是华东一带最大的服装"一批"市场，与上海七浦路、广州白云市场齐名，全国各地的批发商都会到这里拿货。这样也就有了全国的反应数据。"这里是（服装）信息流通最快的地方，全国各地都来拿货，如果补单就是有反应。所以说市场会很快地反映出爆款，这就是快时尚的节奏。"阿珍说。

意法大厦还有专门做单品的档口。比如大衣、连衣裙。"把单品做到极致，就很容易出爆款。一些档口常年就开这一个品类，买版、开发，他们研究得多，肯定会出爆款。"阿珍说。

对于像爱潮尚这样的直播基地，更多地扮演了市场风向标的角色。买手们是去看爆款和方向，而不再是传统的拿货。买手看到好的版，会直接跟源头工厂谈。比如爱潮尚看中某家档口的一款丝绸连衣裙，想给主播组货，就会自己去联系厂家，跟厂家谈直播供货价。

除了批发市场，买手团队也会去商场看大牌女装，包括色系、搭配、陈列、品类、爆品以及流行趋势。看商场的大牌女装店主要是为了积累感觉，而在批发市场则能看到更具体的火爆款式。此外，买手团队也会利用蝶讯网看走秀资讯、利用 INS（Instagram，一款能进行图片及视频分享的社交软件）网站看流行趋势。现在，爱潮尚最常用的还有 AI（人工智能）公司知衣科技的"AI 数据"，能实时抓取全网爆款数据。

前端：精准识别消费者需求

直播圈常说：淘宝一年只有一天"双十一"，做直播每天都是"双十一"。所谓的爆款，其实就是市场需求的集中反映。每个供应链基地，都有自己测试爆款的玩法。

位于西子环球的常来网直播基地，只播羽绒服品牌"雪中飞"。相比女装要求 SKU 多、上新速度快，羽绒服略有不同，其生产周期和销售周期相对长一些，因此通常是现货。

9 月，被常来网直播基地的负责人赵立伟定义为羽绒服上新前的测款期。产品有了真实的市场反馈，到旺季选品时，才能做进一步的研究和设计。

赵立伟测款的方式是选择与大主播进行战略合作。让大主播做一场羽绒服专场，把他们前期已经选好的 100 个款快速过完。不追求主播对货品进行非常细致的讲解，而是提高过品速度。由于大主播的粉丝基数大，一场直播下来就能得到大概的数据。再有针对性地做第二场、第三场直播，一直到第十场，沉淀下来所有需要的销售数据。

2020年9月13日，快手主播瑜大公子为"雪中飞"做了一次专场，当场GMV破1 000万元。赵立伟他们的第一盘货基础款男装比较多，针对这盘货的特性，特意选择与瑜大公子合作。

在羽绒服旺季来临前要精心测品，这是一种多赢的操作。对于直播基地来说，手里有100个款，但谁都不知道哪款会卖得好。每个人的经验和偏好都不一样，即使是一个团队里的人也会持不同意见，因此需要数据来支撑判断。

对主播而言，如果没有基地实实在在的数据，货品没选准，直播带货的时候就有"翻车"的可能。"要让主播在这里'起飞'，货品的结构很重要。99元的长款羽绒服是福利中的战斗机，它就像一场战斗中的炸弹，扔出去必爆。但它是用来保底的，不到万不得已尽量不扔。"赵立伟说。

直播时要对货品结构有一个清晰的定位，刚开场怎么上款，中途怎么上款，哪些是应急款，哪些是保证GMV的款。一场直播，从第四款开始是主推产品，以"雪中飞"为例，就要上"标签产品"，让大家提到这款，都知道是"雪中飞"的；第五款是性价比高的产品。整场直播，要按节奏串起这些产品。

对直播基地来说，前期通过达人测出爆款之后，就有信心深度下单，避免库存积压。赵立伟介绍，第一轮测款期间，他们每款羽绒服向工厂下了1万单。而到了旺季，测出来的爆款可能要下80万单。"如果我不把它的销售表现测得很精准，真的不敢下那样的大单。"到了旺季一旦囤积，会影响到产品的周转，库存积压是对供应链最致命的打击。

通过测试，赵立伟他们会在 100 个款里选出大约 40 个款。"现在这 100 个款都组织生产，到时候可能停掉一半，甚至更多。有些货品下线不做了，只留一些好的货品。按照产品结构，比如短款的、带帽子的、低领的、带毛领的、不带毛领的，再搭配卫衣、裤子，拿到最精准的盘货。"

此外，当销售有足够信心下 80 万单时，面对工厂就有了议价能力。"下 10 万单是一个价格，下 80 万单又是另一个价格。加工费、采购、流水线上的排产率，每个环节都能够降低成本"，他说。

深度测款的方式也有讲究。在选款下单时要有一个定位，如 3 000 件测、1 万件测，基数不一样。如果一款产品的定位是基础款，想要让它跑出大爆款，可能测款时 1 万件都不够，因为还要分颜色、尺码。

即使有现货，也可以开预售模式。如果预售 30 天，消费者还会选择下单，就说明这款产品真的可以跑出量来，有爆款潜质。"这样的产品，即使下 100 万单心里也不慌，而且要马上安排工期"，赵立伟说。

后端：快反工厂的速度奇迹

在直播间里，货品往往在几秒、几分钟内就被一抢而空。爱潮尚直播基地曾经为快手的一位大主播供货，3 个版的短袖 T 恤，只用了 3 分钟就卖出了 8 万多单，创造了 380 万元的 GMV。

这种瞬时销售，极度压缩销售周期，考验的是背后的供应链。

对服装生意来说，最大的痛点是库存。如果不小心备多了货，卖不掉或是退货率高，就有可能把自己弄垮，业界这样的教训比比皆是。如果备货没那么多，但在直播间里爆单，就有可能发不出货，会降低主播的评分，拉低直播基地的声誉。

前端的爆款也在倒逼后端的生产变革。

以爱潮尚和这位主播的合作为例。温迪介绍，从 T 恤的设计到送版给主播，再到直播，只有短短七天时间。在这七天，这位主播的团队还跑去验厂，问温迪货在哪里。温迪指了指工厂里的一堆布说："货在那儿。"

"其实当时我们压根儿还没开始生产。但是主播的团队说，咱们都签死合同了，从下播那一刻开始计算，只有 48 小时的发货时间。也就是说所有的货要在 48 小时内发完，不发完会面临巨额赔偿。"

"我让他们放心。我们的工厂只用 3 天时间就能生产得差不多。主播下播后的 48 小时内，8 万多件订单全部发完。"温迪说。

"我们当时预备生产 13 万件 T 恤，他下播以后，一看他的下单数据显示卖了 8 万多件。当时工厂还在生产，并没有停下来。我们看反馈回来的数据，有些尺码压根不用生产多少。最后其实也就生产了 8.5 万件左右。这相比传统的下订单模式，大大减轻了库存的压力。"温迪介绍。

服饰行业最害怕的就是库存的积压，一旦做尾货清货，有可能连成本都收不回来。但电商行业，尤其是直播电商有巨大的爆发效应，知道销售数据之后，利用快反能力组织生产，可以有效地将库存控制在很低的范围内。

例如，女装的工艺复杂程度高，从备货、面料、辅料、人工到后道工序，整个流程走下来，生产周期比较长。"快反"的概念，就是在面料、辅料已经备货完毕的情况下，利用生产线快速的优势，把一件衣服的工期尽量缩短，比如从 15 天变为 7 天。

在服装品类中，休闲潮牌更容易快反，比如卫衣和 T 恤，可以把版型确定好之后生产出白胚，差别仅限于颜色和图案。卖的时候，根据销售端的情况来确定具体的颜色和图案，可以在很短的时间内就完成生产工序，可能两三天就能出货，四天就发货完毕。

以连帽卫衣为例，可以提前准备好 5 万件白胚。哪位主播来，就喷哪位主播的专属图案。这就是典型的"快反"，胚全部是提前准备好的，直播卖了多少件，就喷多少件。

"快反"实际上是把非标品做成一定意义上的标品。如果是标品，比如自嗨锅、月饼、糕点，只要跟工厂谈好价格，样品上架就行。难就难在做女装这样高频购买的非标品。女装的客单价高，能带动 GMV。但非标品一定是有退货的。

温迪认为，女装的货盘，不可能全部做成标品，但一定要有做标品的供应链，只有这样才能把量给做起来。

直播间速度与激情的背后

杭州九堡一带，供应链基地的圈子是松散的，没有统一的组织或协会。但信息在这个圈子里不停地滚动，哪位主播今天在哪家基地播了一场，战绩是多少，甚至 ROI（投资回报率）是多少，很快就能传遍九堡。这与九堡一带独特的信息交换方式有关。

直播间里，主播们高声喊着，"五、四、三、二、一，上链接"，享受着速度与激情，GMV 一次次攀越高峰。与直播间里的快节奏无关，供应链基地往往有一间被隔出来的办公室，摆着一张茶案。基地的老板坐在中间，烧水、泡茶、倒茶，客人们则分坐茶案两旁。信息就在倒茶、喝茶的过程中传递。来者皆是客，即使是互相不认识的人也可以坐在一桌喝茶。

某个夜晚，一位主播的经纪人到爱潮尚直播基地来喝茶。"月底我有一盘货首发，你要不要做首播？""好啊，这个独家留给我。"这里俨然成了直播电商界的"华尔街"。

晚上八九点，比普通人的饭点都要晚一些，在新禾联创一楼商铺的餐厅里坐下，如果侧耳听邻桌人的聊天，关键词一定是主播、品牌、供应链之类的词汇。饭桌对于新禾联创的人来说，从来就不是一个单纯吃饭的地方，而是一个信息交换的场所。他们交换着彼此的生意经。

有媒体报道，2020 年 7 月，新型餐饮品牌嘭嘭牛杂火锅将店开在了九堡的新禾联创产业园。如今 60 平方米的小店，月流水 40 多万元，日翻台数为 5 桌。

信息在高速流动，从业者更新换代的速度也一样。2019 年，九堡一带的供应链基地倒了一大批。根据西子环球的数据，尽管是 100% 入驻率，但也有 30% 的流转率。在新禾联创，占地一两千平方米的大企业抗风险能力强，相比之下中小供应链企业或刚入局的小品牌，更新迭代速度非常快。新禾联创直播的小微企业，在疫情后更换了 40%。

这是一群最有危机意识的人。

2020 年一个显见的变化是，九堡的直播电商园区都在往品牌方向靠拢。有些园区甚至提出，这一年是品牌战略元年，要求入驻的供应链基地都要自带品牌。此前从市场拿货之类的组货模式已渐渐没有了优势。

一些供应链基地也发现，今年的玩法不一定适合明年，这个行业的更新换代太过迅猛。温迪最近就在思考，做快手直播最终只有两条路。

"第一条路是做品牌。但对供应链基地来说，品牌不在自己手上，永远只是一个中间商。今天帮这个品牌卖，明天帮那个品牌卖。除非手里有主播矩阵，自己的主播控制在自己手中，才能跟进这个事情。"2020年下半年，爱潮尚直播基地开始自己孵化主播，并且锚定中高客单价货品。

在温迪看来，如果他们孵化的主播全部卖中高客单价货品或者卖品牌货，就相当于锁定了快手"二八定律"中的"二"（指快手中的高消费人群），哪怕创造的GMV并不高，也已经占有了这部分份额。

"还有一条路，就是在快手上再造一个SHEIN（跨境女装品牌）。"王聪荣的工厂给SHEIN供货，每天能出一两万件货。温迪打算借助王聪荣身在SHEIN体系的优势，联合SHEIN体系中的供货商，再把设计师端口打开，真正做到小单"快反"。

一个成体系的服装供应链，一定离不开研发、设计、打版、生产、根据整体数据反馈补单。数据不好的产品就直接砍掉，爆款则会返单。"就是这样一个流程，它在不停地滚动。"

温迪举了个例子，SHEIN一款衣服一次最少生产100件。但工厂做100件衣服肯定不赚钱，甚至是亏钱的。人工成本、辅料等各方面的费用都平摊在这一两百件衣服里。它们赌的是后面的订单，一旦卖爆就会大量补单。十个订单中有两个爆款，工厂就能回本甚至赚钱，所以它才愿意接SHEIN剩下的八个订单，否则工厂很难玩得动。

在温迪看来，SHEIN 对供货商该检验的都检验过了，该"教育"的也都"教育"过了。她希望能联合其中的三四家优质供货商，每天出 50 到 100 个款，在全平台上做散发，辐射全网主播，但凡有爆单出现，后面的工厂再持续滚动。

"做超级供应链其实就是面向快手的'八'（指大众用户），而不是'二'。我要能辐射全网的中低客单价的货品，把供应链全部跑通，让主播能一键下单，哪怕一件赚一两元，量足够大也够了。"温迪说。

小贴士

跨境电商 SHEIN 的供应链创新

SHEIN 是一个主打女性快时尚研发、生产和销售的 B2C（企业对消费者的一种电子商务模式）跨境电商平台。欧洲、美国、澳大利亚和中东地区是 SHEIN 的主要海外市场。

据 SHEIN 官网介绍，截至 2020 年 4 月，其销售覆盖全球 200 多个国家和地区。2019 年，SHEIN 日均上新数百款商品，以卓越、敏捷的供应链体系为支撑，日发货最高超过 300 万件。

SHEIN 在招募供应商时提出四个合作条件：供应规模要集生产、研发、销售为一体；发货及时，要求现货 40 小时内发货，备货 5 天内发货；货源稳定，具体体现在库存充足，品质保证，品类中的行业领头羊优先；拥有自主研发和设计能力，新品多于 30 款 / 月。

据媒体报道，2019 年 SHEIN 全面上新 15 万款，平均每月上新 1 万余款，仅一到两个月就赶上了 Zara 全年的上新量。而且，开款速度还在加快。在 2020 年 7 月，SHEIN 仅女装门类平均每天上新 2 000 款（包括部分饰品和旧款）。

SHEIN 官网提及，公司通过深耕供应链管理和不断提升运营实力，逐步成为跨境时尚电商的行业领先者。曾有媒体报道，2018 年一份商业计划书显示，SHEIN 爆款率在 50%、滞销率在 10% 左右。押中爆款后，通过后续追加订单，单件成本就能大幅降低。

知衣科技：
数据为媒，AI 改变服装业

要点

· 直播电商需要不断测试，降低试错成本，不积压库存，这就需要看大量
  数据。

· 与传统电商相比，直播电商的 SKU 更多、对数据反馈的需求更快。

· 服装产业下一阶段的重点，必然是选款和供应链管理。

郑泽宇是美国卡内基梅隆大学计算机专业的硕士，2013 年毕
业后加入谷歌。2015 年 7 月，郑泽宇回国，与几位谷歌前同事一
起创业，有网红电商第一股之称的如涵是他的客户之一。

2018 年 2 月，郑泽宇决定专注于服装领域，创办杭州知衣科
技有限公司，想在服装产业的升级换代中挖掘机会。

本文作者为快手研究院研究员杨睿。

◎ 以下为知衣科技 CEO（首席执行官）郑泽宇的讲述。

我在谷歌做的工作与电商相关，主要负责谷歌电商商品的整理和推荐。

从谷歌出来后，我做了大概两年的人工智能外包，给各行各业做人工智能技术的服务商。在提供服务的过程中，我发现纯外包式的人工智能算法竞争比较激烈，门槛也没有那么高。当时就觉得，还是得进入有一定行业壁垒的领域。

我们曾经为如涵提供服务，接触到了服装行业。这是一个体量很大，但数字化水平比较落后的行业。我们应该算是第一批进入服装行业的科技公司。从服装选款的角度来看，可以说我们是比较领先的。

为什么选择进入服装领域？我们在给如涵提供人工智能服务的过程中，看到了服装选款背后有理性的部分，而不仅仅是纯粹感性的。服装不是一件艺术品，而是一件商品。商品的背后，其实就有很多选款的逻辑，包括爆款的逻辑。

就拿测爆款来说，光靠自己试，再勤奋也只能试有限的款式。无非就是在 100 个款里看哪个转化率最高，转化率最高就约等于卖得最好。我们通过数据化的方式，把别人的数据直接整理出来告诉你，减少你自己试错的成本。

行业的经验派与数据派

刚入行时我就发现，服装行业分为经验派和数据派。

绝大多数人是经验派，遵循传统服装运营方式。服装的流行趋势是被定义出来的：国外大牌设计师每年举行小型闭门会，走秀之后大牌开始出类似款式，然后国内在第一时间模仿大牌。

90% 的人通过看走秀、理解秀场来把握流行趋势。还有蝶讯网、POP 时尚资讯网这类平台，帮助服装行业从业人员了解秀场，国内产业可以从中汲取灵感。

经验派认为，服装是需要提前规划的，市场数据跟自己关系不大。比方说，现在是 9 月，很可能生产的是明年春夏的款式，最近也是今年秋冬的款式。

数据派是新生代，以电商为代表。市场上什么东西卖得好，他们立马组织快反生产，快反周期在 3～15 天。

数据派认为，大品牌设计出来的东西，在未来可能流行，也可能不流行。提前规划很难完全精准，这也是导致大量库存的重要原因。

时代确实变了。过去，大家接收的信息相对统一，现在则越来越个性化。很多 KOL（Key Opinion Leader，关键意见领袖）甚至 KOC（Key Opinion Consumer，关键意见消费者）都会影响到消费者的决策。预测半年之后的流行趋势，难度越来越大。

时代要求你加强快反能力，那么在快反的时候如何知道最近在流行什么？数据就是一个很有效的验证方式。

2018 年，国内服装行业只有很少一部分人有数据思维，这些人集中在电商领域。2020 年以前，知衣的客户大部分是电商。

其实，服装行业有非常强烈的数据需求，因为这个行业非常分散，市场占有率最高的品牌所占的份额也不到 1%。而有些行业是被大品牌垄断的，比如家电行业，一个大品牌可能占有 30% ～ 50% 的市场份额，它自己就有大量的数据，因此对市场数据的需求没那么强烈。

淘宝店和直播电商的相似逻辑：快反爆款

如涵这样的淘宝网红店采用的是快反爆款的逻辑，直播电商继承了这个逻辑，不同于传统品牌的逻辑。

快反爆款的逻辑，是假设现在连衣裙好卖，我就全卖连衣裙。在实际操作中，虽然网红不可能百分之百卖连衣裙，总是会有一些搭配，但是可以做到连衣裙占全部货品的 80% 甚至 90%。

而传统品牌的逻辑是提前规划，但是反应慢，我什么都得有，连衣裙卖得再好，也只有 20% 的占比。

玩单品快反爆款，需要判断哪个货品是爆款，这就要靠测款。看市场上什么样的东西好卖，或者说拿已有的货品去预售。就是不断地去试，看数据，降低试错成本，最终的目标是避免形成大量库存。

如果你有这个货品，你可以去试。如果没有，就从已有数据库里面筛选款式做成样衣进行测款。甚至有很多人是买一件样衣做直播，如果直播效果好，再下单生产。现在的试错成本已经被无限降低了。

2018 年就有一批像如涵这样的网红电商敏锐地利用了快反爆款的逻辑，做成了这件事。

直播的 SKU 丰富、反馈更快

直播电商和之前网红开店的逻辑也有不同之处。

最大的不同是 SKU 的数量。一家淘宝店一个月的 SKU 大概是两三百款，300 款算比较多的。但直播带货一个晚上可能就有 60~100 款。就算一个月只直播 10 天，也需要大概 600~1 000 款。当然主播也可以重复卖同一款产品，但如果粉丝看主播天天卖的都是相同的产品，就很难再想去看下一场。

SKU 多，在快时尚、女装领域是特别突出的。就拿快手的某位大主播来说，如果他每天都卖美特斯邦威，效果肯定一天不如一天。所以主播可以第一天卖美特斯邦威，第二天卖太平鸟，第三天甚至可以选择卖家电，用差别吸引顾客的关注。对主播来说，一定要将粉丝转化最大化，产生最高的价值，所以说 SKU 一定要丰富。

按照这个逻辑，其实服装类目是最容易成长出垂类大主播的。因为这个类目的 SKU 完全能够满足主播每天都播不同款的需求。而其他的类目相对较难，比如一天到晚播家电，一天又能卖多少家电呢？

垂类主播，要不就是自己有好货，比如工厂老板娘；要不就是到不同的基地走播，播不同的品牌。对垂类主播来讲，服装是最有机会的，可以天天播不同款式的女装，做到每天都不重样。男装不如女装，女装销量占到整个服装市场的七八成。

除了 SKU 多，直播电商与传统电商相比另一个不同就是反馈更快。传统电商反馈再快，可能也要两三天的时间。但对于直播来讲，很快就能知道转化率是多少，所以说对数据的需求也更高。

由于反馈快，"解读"这个反馈的时间也要很快。如果没有一个很好的工具，就很难"解读"反馈回来的数据。

比如一位主播一个晚上至少播 6 个小时，总共 100 个款，通常 3 ~ 4 个小时就能全部播完，这个时候就需要返场。绝大部分的主播其实就是靠返场或几个爆款撑销量的。这时主播就要更快地知道哪个是爆款，而这个数据从哪里来？

所以我们现在能看到一些数据服务商的崛起，来支撑如此快速的数据反馈痛点。比如后台看不到实时成交额，只能看到成交件数。成交件数相对来说没那么直观，还是要看成交额，那就需要对每件货品进行单独计算，这就很麻烦。

更进一步，不仅是看成交额，对主播来说还要看佣金、坑位费，计算相应的 ROI。如果按照 ROI 排序，ROI 高，主播对商家有交代，可能就不用再返场了。

服装产业下一局：选款和供应链管理

我认为服装产业下一阶段的重点，必然是选款和供应链管理。

其实服装行业的链条特别长，从前端企划、设计到后端的面料、辅料、排期生产。而这个链条上的各环节信息化程度又极低，有的几乎为零。所以我们希望做一件事，就是让信息在整个链路上流通。

而带动这根链条的核心环节还是选款。现在越来越多的 OEM（代工生产）往 ODM（贴牌生产）转型，我觉得这是个趋势。工厂要自带设计能力，设计就是它的一个核心环节。

品牌要选款，工厂也要选款，如果大家都选到同一个款，这笔交易就完成了。然后再去匹配前端的流量，因为 C 端（消费者）的用户其实也在选款。所以选款这件事，其实是一个核心环节。

所有人选款的逻辑是类似的。虽然每一个消费者都有自己的喜好并且很难被刻画，但无数的 C 端聚合起来的选择，是可数据化的、有趋势性的。我们聚合的就是 C 端选款的趋势。

反过来，数据也可以影响到 C 端，因为这是无数个人数据的汇总，是趋势。同时它也影响 B 端（商家）选款。所以说选款背后的大数据逻辑是趋同或者说是类似的。我们现在做的事就是尽量把所有的数据打通，让大家看到的是一盘数据。

不管是渠道品牌、线下品牌还是供应链品牌，看到的都是这一数据，感受到的都是终端消费者的习惯。

工厂端在此数据的基础上可能还要结合品牌自身的数据。比如某个品牌的消费者就喜欢红色波点连衣裙，但品牌方不建议再做红色波点连衣裙了，那工厂就不做了。可能这个品牌的消费者还喜欢蓝色碎花连衣裙，这时候品牌方可以把信息同步给工厂。工厂知道消费者喜欢什么、这个品牌还缺什么，那它就有了做决策的依据。

品牌也是一样的，知道我现在有什么，市场喜好什么、缺什么，品牌方就能据此决策。当厂家和品牌方的信息沟通对称时，比如品牌方需要这个款式，工厂也有这个款式，决策速度就更快了。不要等到品牌方想要一件蓝色碎花连衣裙，在市场上没找到，再让工厂设计、确认，然后再下单生产，那么这个过程就慢了。

所以说，整个快反是基于行业里所有的参与者在同一个数据库中，由利益方推动的。现在这种转变已经开始了，即 OEM 往

ODM 转变。它们需要这样的数据连通、转变，然后形成一整盘数据决策。

我们现在就希望可以逐步打通各个环节，但所面临的阻力和障碍还是蛮大的，包括工厂的数据化建设、品牌的数据化建设、机构的数据化建设等一整套体系。好在目前我们至少承担了教育市场的角色。

其实现在我们对供应链的管理做得还不多，因为这是需要投入大量精力的。当前面所说的这些事情发生之后，我们就会知道供应链上到底有没有生产能力、有多少生产能力、有多少款式。要把工厂的生产能力和工厂的信息进行同步，才能形成最终的闭环。否则所有的数据和决策都到位了，但没货也不行。

这里存在极大的挑战。首先，工厂端的数据化程度偏低、意愿偏弱——凭什么要告诉你我的生产能力呢？我先把订单拿到再说。其次，有数据它也未必愿意用，就算愿意用，也未必有能力用。图 1.3 展现了知衣未来将在全产业链上的努力方向。

图 1.3　知衣未来要打通全产业链，让各环节看到同一盘数据

芈姐案例：用知衣加快选款速度

快手主播芈姐，是从服装工厂直接转型直播带货的快手电商。其优势是在没有中间商赚差价的情况下，直接向消费者提供高性价比的商品。但随着她在直播电商领域越做越大，加快选款速度、提高开款能力等挑战日益凸显。

为了解决这些问题，芈姐选择了知衣科技的"AI数据"和"炼丹炉"两款产品辅助自己的工作。

芈姐在入局快手电商前，她的服装工厂主要承接品牌代工和批发生产的生意。当她作为快手商家，直接面向消费者的时候，选款速度需要进一步加快。根据"炼丹炉"的统计，芈姐单日直播平均需要上架50～60款商品，在像快手"116购物狂欢节"这样的特殊日子，甚至需要将近100款商品。

这就对芈姐工厂的选款、开款能力提出了巨大的挑战，如何才能跟得上自己直播带货的速度，保证每天都能有足够多的新款拿来直播呢？

知衣的产品"AI数据"收录了全网超20万家服装类目店铺以及数亿服装商品的数据信息，每天都能够为用户提供海量的款式数据更新。

芈姐可以根据自身开款的需求，直接在"AI数据"的海量商品库中进行选款工作。在商品销售数据的辅助下，芈姐就能够更加方便地对爆款商品进行判断，在提高选款效率的同时，还能保证选款质量。

　　另外，因为直播带货还需要多种服装品类的搭配支撑，芈姐需要同时开发不同品类的商品款式，所以"AI 数据"的商品热销榜功能也十分重要。商品热销榜可以让芈姐直观地看到近期任意时间段内所有服装品类下的商品销量排名。

第二章
广州：传统商贸中心走进视频时代

- 广州是传统商贸中心，也是直播电商的主要货源地，本章选取了服装和化妆品两个行业进行观察。
- 在服装行业，有各自做了 10 年电商的真姐和芈姐，让我们来看看她们的观点和打法。
- 在化妆品行业，我们选了两家比较知名的企业：环亚和韩后。看看它们怎么思考、怎么做。

本章篇目

广州是全国性商埠，一级批发市场和配套供应链在此集聚。作为重要的货源地，广州长期为全国的批发零售体系、全球出口体系供货。

淘宝等电商平台兴起后，广州因为货源优势，从全国吸引了一批做淘宝的商人。

如今，视频时代到来，直播电商大潮兴起，广州有何机遇和挑战？对广州商业生态的各个角色，如一级批发市场、品牌企业，分别有何影响？这是大家密切关注的话题。

十年电商老兵真姐：
快手电商的关键是人设和品牌

要点

· 真姐做了多年传统电商，而且身处广州货源地，当他们以新的思维和姿态进入快手时，对其他主播冲击很大。

· 真姐认为快手直播最重要的是人设的建立和品牌的打造，她说自己走品牌化路线，粉丝认可度非常高。

· 未来真姐会对品牌进行分层，一个是平价品牌，一个是高端品牌，每天她会在直播时穿插几个高端款式，慢慢改变粉丝的认知。

真姐和孙朋涛夫妇在电商领域探索了 10 年，有成功也有失败。在图文时代，他们曾"一夜爆红"，成为淘宝电商的风云人物；在直播电商时代，却因为思维惯性而错过了第一波红利。

2018 年 10 月，他们研究了各大平台。最后在真姐生日那天，决定做快手电商。他们有多年电商经验，是专业选手。加入快手后，第一天就上了热门，一个星期的时间就涨了 70 万粉丝。

目前，他们有自己的工厂、品牌，商业模式也一直在创新，有很多心得要分享。

本文作者为快手研究院高级研究员李召。

◎ 以下为真姐夫妇的讲述。

从大学生创业到 34 家天猫店

我俩是山东人，是青岛农业大学的同学，读大学时就开淘宝店。我 2013 年毕业，朋涛高我一届，他为创业放弃了毕业。

2010 年，我们尝试在淘宝卖东西，当时淘宝开店门槛低，不需要多少启动资金和门店费。小打小闹的结果还不错。我们先做淘宝 C 店——普通集市店，积累了资金才转战天猫。2010 年的时候天猫还叫淘宝商城，1 万元就可进驻；第二年变成 16 万元，直接卡掉了很多人。

2011 年"双十一"，我们碰上一个活动爆单，卖了好几千件。青岛没那么多货可发。朋涛在网上发现广州有一些厂家有这个款，他直接订了张机票去广州，想弄点货就回来。广州是一级批发市场聚集地，货非常多。他是那年 11 月底到广州的，结果一看就没回来，直接在广州扎根了。

以前我们主要从青岛即墨二级批发市场拿货，单价会比广州高 5 ~ 10 元。当时来广州进货，更重要的原因还是款式。女装对款式很敏感，即墨的款式相对陈旧，广州的新款、好看的款多。你看快手直播就会发现，我们家的款式还是很新的，应该算是走在时尚前沿的。

我们 2013 年转战天猫，主要是为了做"聚划算"。2013—2016 年团购很火，在聚划算做活动，天猫店比较好通过。C 店也能通过，但是概率低。为了让大量活动获得通过，最多时我们两个人名下有 34 家天猫店，平均每天销量 5 万件，客单价 80 多元。

当时我们是整个阿里女装系的核心合作伙伴之一。电商确实成就了一些普通人的商业梦想，今天卖 100 件，明天卖 1 000 件，慢慢就做起来了。但我们一上来就是爆发式的，从几千件开始，很短时间就做到了几万件，一直稳定了好几年。我们赚了钱并没有拿出来花掉，而是再开一家店，赚了钱又开一家，一家店投 20 万，累积到了 34 家天猫店。

两次失败：网红模式和线上线下店模式

"聚划算"之后，2016 年我们做了类似雪梨那种网红自带流量的网红店。当时的风口就是微博导流量，很多淘宝店铺都往这个方向转，做私域流量，做风格店铺。

我们转型做网红店，一些自带粉丝的网红把外部流量引流到淘宝店成交。但这个项目失败了，因为做网红店有很多不可控因素，我们前后换了五六个网红。有的网红做了一段时间后吃不了电商的苦；有的拍出来的照片粉丝不认可；还有的要去国外拍照，成本很高。我们大概做了一年半就结束了，算是一次失败的尝试。那时候直播电商的体量不是特别大，看直播的人还不是特别多，我们也不太看得上，想集中精力做网红店，搭配微博，还是图文形式的思维模式。2017 年下半年，我们觉得淘宝 C 店不能做了，就准备做线上线下店，即当时所倡导的连锁店——线上可以购买、线下可以体验的女装店铺。这是一个很大胆的尝试，我们的第一个布局，就是在广州万佳、南城、十三行等批发市场开档口，投了大概 2 000 万元。想以档口形式对全国各地优秀的代理商进行招商加盟。跟他们谈，让他们在当地开店。比如我们某个品牌的实体店，可以通过我们自己的App（应用程序）做社区营销。

但是这件事做了一年我们就放弃了。失败的第一个原因是对实体店款式运营的经验不足，因为我们一直是做线上的，而线上、线下的款式是有区别的。第二个原因是广州批发市场的档口租金特别贵。南城一年要200万元，我们在万佳租了一个五年使用权的档口，还算便宜一点；十三行一个档口一个月租金28万元，是最贵的，但利润也高一点。来十三行采购的商人比较有实力，手里有很多店，大订单比较多。我觉得这种商业模式是一个趋势，只是现在还没有人真正做出来而已。以后怎么实现这种体验呢？我认为可以把实体店看作一个分仓，辐射周边十几、二十公里，消费者登录App查看店里现有的款式，直接下单，仓库发货，保证两小时内送达，他们也可以去店里选。这个模式我觉得还是可以做的，而且可以跟直播结合，比如快手也很注重同城项目，未来我可能会这样做。

刚做快手就常上热门

真正认识快手是在2018年10月，当时做线上线下连锁失败了，也认识到未来的趋势一定是直播，我们就在分析各个直播平台。

我们一直在观察快手上的主播，尤其是山东临沂的服装主播，比如陶子家，我觉得这个事情可以做，因为她的销量还不错。我们想了大概一个星期，最后在我过生日那天决定做快手电商。

因为我们身在广州这个货源地，又具备电商思维，所以我们进入快手直播对山东临沂的一些主播冲击很大。他们是从二级批发（以下简称"二批"）市场起家的，确实带动了第一波快手电商直播，但我们是以新的思维和姿态进来的，就会让粉丝眼前一亮。

我们的作品和他们的明显不同，总是上热门，一个星期就涨了 70 万粉丝。我们的做法相当于结合了传统电商的元素，这在当时看来很新颖，很多做"二批"出身的快手主播都说，这个人是干吗的，怎么这么厉害，涨粉涨得好快。于是他们就开始学我们发作品。很多人还私信问我："这个图片用什么软件做的？能不能教我发这种作品，我给你钱。"

这是"一批"对"二批"的冲击。我们是"一批"，自己开过档口，而且在做天猫的时候就已经开始自己生产了。另外，我们的电商运营思维对他们来说也是一个挑战。未来肯定是后来者居上，我们做得还不够好，而且当时有很多电商大咖还没进来。

真姐 Design：走品牌化路线

我们现在是走品牌化路线。其实在快手上我们算是最早做品牌的，从 2019 年开始就为每件衣服打上自己的商标——真姐 Design（真姐定制）。有时候设计跟款式会借鉴当时的爆款，但生产全是自己做。

自产自销，成本其实没有低很多，因为我们把成本加在了面料上。比如在金马、万佳这些市场，一条裙子打包价 50 元，我自己做出来可能要 53 元，但是品质起码高了两个档次。自己生产不止是为了节省成本。如果我做出来的产品跟市场货是一样的，那可能就是为了多一点利润。但我们注重品质多一点，考虑的是做好品牌。

现在粉丝对真姐 Design 品牌的认可度非常高。我做过一个测试，在我的直播间里卖别人的品牌，粉丝基本上不买单。他们来我直播间就是要买我自己家做的衣服，已经不能接受市场货的质量了。

做品牌的核心是设计，设计能力、创新能力是最重要的。我们主要采取的是"买手＋设计师"模式，买手遍布广州的各个市场。我们有自己培养的设计师，现在还在慢慢地磨合。我们的买手团队有 6 个人，跟了我很多年，对款式的把控都是比较厉害的。

其实我们对快手未来的趋势看得很清楚，并不是很多人以为的单纯卖货。我认为快手直播最重要的两点是人设的建立和品牌的打造，两者相辅相成。因为快手是以人为中心的平台，所以在这里人设是第一位的。做品牌也是依托于人的，要让粉丝见到主播这张脸，就觉得可以信任、可以托付。

我觉得直播时代的品牌跟传统意义上的品牌——脱离具体的人的品牌是两个完全不同的概念。传统意义上的品牌可以做到家喻户晓，一提起 ONLY，（大家会认为是）大品牌，肯定品质好、有档次。而我们想做的就是一个属于快手直播间的品牌，就是粉丝买了真姐家的衣服，觉得又便宜又好，认可真姐的品牌，可以放心买。

现在做全网的品牌非常难，我认为也没有意义，因为任何人都不可能把全网的粉丝弄到自己这儿来，只要真姐的粉丝觉得这是一个品牌就足够了，这相当于快品牌。

痛点：要跳出杀价的怪圈

我们也有痛点，就是好的品质匹配不到应有的价格。我们有粉丝高度认可的品牌，却不能提高产品价格。其实快手的粉丝群体是愿意买贵的东西的。

我认为粉丝并不只是想买便宜的东西，而是想买性价比高的东西。如果品牌做起来了，就可以适当提高一下价格。

我们现在卖的是自己工厂生产的衣服，拿出来放在万佳市场卖的都是数一数二的品质，放到十三行也属于好的衣服。我做的东西材料贵、加工费高，即使这样我也不敢卖贵了。卖贵了肯定会有人模仿，在小作坊里换种面料做加工，成本会低很多。一生产出来就杀价卖，让我们有苦说不出。

一些经常看我直播的、有黏性的粉丝知道我们家的东西品质是不一样的。但会有一些新粉，以前没买过我们家的东西，他们的初印象就是我家东西比别人家贵，这样我就不敢卖价过高。我想吸引、转化新粉，就得压低价格，这样一来运营成本就有点让我难以承受。

不过我们通过自己生产和品牌化路线的努力，已经快要跳出杀价的怪圈了。因为我们卖的东西其他人没有，而且已经认可我们家品牌的粉丝不会单看杀价，他们会认为贵几元也是合理的。

未来会对品牌进行分层

未来我们的路线是对品牌进行分层。我们会有一个平价的主营品牌；然后再推出一个高端一点的品牌，也会在直播间卖，每天会穿插几个款式，慢慢调高直播间的客单价。

目前我们要把大号抓起来，毕竟精力还是要放在一个号上。

然后看看这种包装主播的模式(比如跟娱乐圈打通,参加地方卫视的一些节目)是否能行得通;通过包装策划,树立主播在粉丝中的形象,扩大知名度,好把价格往上抬一抬。

我们也想做一个针对快手生态的供应链整合,就是对外输出现在的工厂资源、团队、款式等,给主播供货。主播没有好货源,我们来解决他们的痛点。我们和快手联盟的分销库是不一样的。快手分销库的东西谁都可以卖,赚佣金。但是我们想建立的是一种深度的合作。大家谈好一个框架协议:这件衣服我给你备货,加 5% ~ 10% 的利润,你没有任何的库存压力,只负责卖,一个月至少卖我几个款。

这样做是要承担库存风险的,但我们会尽量控制风险。假如卖得好那么我会再备 60% ~ 70% 的货供快手直播,把供应链全部开放,只要是主播都可以来做。现在没有多少人能做得了极具性价比的产品,为什么呢?他们要不找工厂贴牌,要不就没有开发能力、不懂生产。我们对整套系统都非常了解,对成本的把控也很有优势,包括整个团队的建设,已经磨合了好多年。

快手的发展很快。我觉得从 2019 年下半年开始快手电商时代才真正到来了,这是一个很大的转折,证明快手认可并坚定去做这件事。2020 年的疫情加速了这一进展,我认为经过一年的发展,会淘汰掉很多(商家),到 2021 年就都是能活下来的。

在广州做工厂的经验之谈

我们在广州的工厂成立已经 5 年了,大约有 60 人。生产这个板块也是一个系统，要花很长时间去运作才能顺畅。它涉及的环节太多了。第一，版型。制作一件衣服要经过打版、确定面料、车版、再次试版、再修改、成本核算、面辅料采购、工厂确定货期、剪裁、制作等流程。剪裁时要进行监控，防止浪费，裁完以后上车位让工人做。需要跟单、质检把控品质，最后再出货。

在快手做服饰，做得越大自己的工厂占比就会越小。主播做工厂的目的，主要是加快反应速度，以备不时之需。比如有些款要得比较着急，有自己的工厂就可以更灵活地掌控，先把款做出来。销量达到一定程度的时候，自己的工厂是没办法满足需求的。你既要快，又要反应灵活，以三四十人的小型规模的工厂来配合，比较好调度和匹配。比如我今天有 50 个款，没有办法安排，只能排期。大的工厂要有一个生产计划，至少要排一个星期。对于主播来说，预售一般只有 7 天，怎么做得了生产分析？

源头工厂基本是做代工的，自己做不了品牌，所以处在食物链的最底端，利润很低。一个真正开源头工厂的老板一件衣服就赚两三元，是在生产成本的基础上赚的一点利润。

2020 年由于疫情的原因，很多工厂都没活做，我们就调整战略，在广州番禺区的南村镇找了一二十家长期合作的工厂来配合。我们以前在南村做得比较少，因为这边的工厂之前是做品牌货的，质量好，但工价偏高。南村的工厂比较规范，工人不怎么加班，不赶货。我们以前和海珠区康乐村一带的工厂合作得比较多，但它们只能做到万佳广场的水平，做不到十三行的水平。

如果不受疫情影响，南村的工厂会有大量外贸品牌的订单，比如它们的产能一天是 5 000 件，可能 3 000 件保本，另外 2 000件赚钱。但是现在没办法，连 3 000 件的订单都拿不到了。老板把自己的利润抛了一部分出来，以前赚两元的，现在赚一元就行。这是为了保产能，把工人给养住，那些固定的支出，比如裁剪师傅的工资、尾部打包的开支、厂房租金，都是要付的。

真正的源头工厂是不会做货（销售）的，凡是自己做货的工厂，出来的产品都很贵。广州这边的业态分为好多种，就服装这个行业来说，有一种工厂是自带设计师的，一个季度开发100个款，你挑中以后直接下单，工厂至少会加15%的利润，到主播手里价格就会偏高。不过目前这种工厂很少，大部分的工厂是没有开发能力的。

也有少数近千人规模的工厂，基本上被一些外企或者合资企业的大品牌给承包了。大品牌承包后都有生产排期计划，因为人家要提前做下一期的备货。我们做夏装的时候，人家的工厂已经在做秋冬装了。这样规模的工厂开支很大，老板一天没货做，这一个月就白做了。所以他必须有足够多的销量，才敢把规模做得这么大。

快手黑马芈姐：
我如何做品牌，练基本功，布局未来

> **要点**
>
> · 芈姐在快手第一场直播卖了 200 多万元，很多人说芈姐是一匹黑马，其实她有近 10 年的电商经验，不是突然冒出来的。
>
> · 芈姐在广州有自己的服装厂，工人有上千人，这在快手主播中是非常罕见的。为什么她要自己开工厂，而不是选择大多数人所采用的代加工模式？
>
> · 芈姐卖的基本上是"芈蕊"品牌。芈姐说宁愿自己工厂亏一点钱，也要让三、四线城市的人能穿上跟一、二线城市的人一样时尚的服装。

2019 年 4 月，芈姐开始在快手上直播，当时她有 12 万粉丝。2020 年 6 月，芈姐有 500 万粉丝，6 月 6 日开播 40 分钟，销售额破 1 000 万元；全天订单量超 100 万单，销售额 8 100 万元。2021 年 1 月初，她已经有 900 多万粉丝了。

2020 年 8 月，芈姐分享了自己是如何成为快手"黑马"的。

本文作者为快手研究院高级研究员李召。

◎ 以下为芈姐团队创始人、芈姐的丈夫王陈的讲述。

2019年4月28日，芈姐开始快手直播首秀时，我们只有12万粉丝，当天卖了1万多单，GMV200多万元，算是尝到了快手电商的甜头。本来打算一个星期播一次，后来变成隔一天播一次，到2019年7月才开始每天直播，8月我们拿了"潜力达人"第一名，9月又拿了第一名。

2019年11月的快手购物狂欢节，芈姐两天销售了80多万单，拿了快手服饰类第二名，总榜第四名的好成绩。那时我们的粉丝量在150万左右，却将许多粉丝量超千万的大主播甩在了身后。2020年快手举办"616品质购物节"，6月16日活动当天，芈姐开播40分钟销售额就破1000万元；全天订单超过100万单，销售额达到8100万元。2020年11月，芈姐直播销售额达1.56亿元。

芈姐的迅速崛起，我们总结出以下几点原因：

一是我们有10年电商运营经验，有完备的主播、运营、售后、客服团队和仓储物流中心、供应链等；

二是我们有很好的货源，广州本身就是全国最重要的服装货源地之一，而我们在广州有自己的服装工厂，规模有上千人；

三是我们的产品非常贴近生活，不是那种很夸张的类型。针对快手目前的粉丝人群，品质和价格都有优势。

"黑马"前传：10年电商经验

很多人说我们是快手的一匹黑马，其实我们有近10年的电商经验，不是突然冒出来的。

我到广州是 2004 年，那时候 16 岁，第一次从四川出来打工。中间回到成都温江做了两年女性饰品生意，又到广州，开始做淘宝电商，那是 2010 年，我 23 岁。我们在淘宝一直做得不错，2012 年时，我们每天有 5 000 笔左右的订单，在淘宝应该排得很靠前。

为什么选择广州？广州的核心优势是产品。杭州有阿里巴巴，那边主要做网红、做运营。广州是百年时尚之都，靠近深圳、香港特区，时尚度高，很多品牌都是从广州做起来的。广州这边可以拿到最低的工价，比杭州大概低 8 ~ 10 元，但是工人也能挣到钱。

我们的主线产品有三种：第一种是休闲，第二种是稍微流行一些的快时尚，第三种是气质风情。我们没有单独针对某一类人群，否则会缺少差异化。随着淘宝卖家的增多，不少像我们这样以产品为主线的商家陷入困境。所以我们就转型做供货、做阿里1688 等。

2013 年，我们开始转型做批发。在广州沙河商圈的万佳服装批发市场和东莞虎门的大莹服装批发市场都有自己的档口，主要是给淘宝供货。

后来我们又开始在阿里 1688 平台上做了大概 5 年批发，一直排在前几名，是女装的领头羊。阿里 1688 平台以前只提供展示，大约 7 年前才正式开始提供交易。

小贴士

芈姐创业路

2004 年，到广州打工，后来回成都做线下实体店"哎呀呀"

2010 年，开始做淘宝电商

2012 年，每天有 5 000 笔左右的订单，在淘宝排名靠前

2013 年，转型做批发，在广州的批发市场开档口，主要给淘宝供货

2018 年，开始做阿里 1688 直播

2019 年，开始做快手电商

2020 年，全年销售额超过 10 亿元

因为我们有电商的血液，有一定的运营能力，从淘宝过来，操盘起来非常方便。大概一年时间就做到了产值过亿。我们在阿里巴巴刚开始是做批发的，后来又做淘货源。它有几种横向市场：一是淘货源，是给淘宝的小卖家供货；二是给微商供货的采源宝；三是做阿里 1688 直播。

我们从 2018 年开始做阿里 1688 直播。1688 直播跟淘宝直播不一样，平台流量完全是不同的。淘宝针对的是消费者，1688 针对的是商家。我们在 1688 直播的人气非常高，累计观看人数就有 2 万，芈姐直播间同时在线人数可以达到 3 000 以上。每一场直播的订单都是 1 万单以上，芈姐是当时阿里 1688 的"一姐"。

那时候快手也开始做电商了，但是我们有点舍不得阿里 1688 的平台，所以一直在观望。其实在这之前我早就关注快手了，差

不多在 2015 年前后，那时候快手还没有直播。我觉得快手非常贴近生活，段子很搞笑，不是那种端着的风格。现在大家很少去看明星了，更喜欢看主播。为啥？因为他们更接近我们的生活。

我从 2018 年开始在快手上发视频，主要是芈姐的视频。我们做了 1688 直播之后，很多客户拿货的时候，都要拍一些视频，芈姐相当于一个模特，在各大平台都有她的视频。我们还没有做快手的时候，很多代理商就已经把芈姐的视频转发到快手上，甚至还经常上热门。于是后来我们干脆自己来做。

我们觉得在快手上头部主播一天能卖那么多货，我们应该也不会差。如果我们到快手上挑战一下自己，说不定一年能做 2 个亿、5 个亿甚至 10 个亿。所以在 2019 年 4 月 28 日，就有了前面说的芈姐在快手的直播电商首秀。

因为有近 10 年的电商经验，所以我们有完备的主播、运营、售后客服团队、仓储物流中心、供应链等。在我们的电商团队里，有一个新媒体公司，负责管理公司所有的主播。除了芈姐，我们还培养了 5 位主播，她们都是从零开始，现在的粉丝量从几万、几十万到一百万不等。这些主播现在一天大概能卖 1 万单左右。

仓库有货，还有配套工厂

现在快手上，有的主播有流量，但没货；有的有货，但没有卖货的经验。运营非常重要，不是说货好就一定卖得好，运营得好没有货也不行，而我们是天时、地利、人和都占。毕竟自己仓库里面有货，数量多、种类全、质量还好。

现在我们仓库里有 150 万件货，都是夏季的款。大家清仓的时候我没清仓，还在选择上新，因为我觉得 7 月可以上，8 月可以上，在季节交替的时候还是可以上的。我不怕这个风险，因为我们这么多年一直是做深度库存的，玩顺了，不担心库存压力。我们在广州的仓库有 1 万多平方米，按照我们的仓储物流能力，一天能发 20 万单。

更重要的是，我们有配套的服装工厂。2020 年新冠疫情来袭，珠三角很多服装工厂倒闭、工人失业，但我们的服装工厂却逆势扩张，工人最多时达到 1 000 多人。

这个工厂完全是我们自己的，不是合伙模式。2019 年底，我们在广州番禺开了一个专门做时装的工厂。从选址、建设、装修到投入生产，一步一步走来，平台见证了我们的成长。

广州是全国服装批发市场的源头，而广州的服装生产厂家大部分集中在番禺。番禺这些源头工厂是做品牌的，一直走的主要是线下销售渠道。2020 年受疫情影响，倒闭了一大批工厂，工人怎么办？其中有一些就流入了我们的服装厂，所以我们一下子就做起来了，扩张到 1 000 多人，超出了我们的预期。

1 000 多人的工厂，实际上一天也就做 2 万多件衣服。而我们平均每天的订单量有八九万单。以前我们做淘宝商家、做阿里 1688 直播时，量已经挺大了，但快手直播的量更大。

很多服装主播倾向于与工厂合作代加工的模式，而我们更倾向于自己开工厂。有什么不同呢？比如，你找代加工，一个款的单价工厂至少要乘以 2.5，即 10 元的单价，要给 25 元，其中 10 元是给工人的工资，另外给工厂的 15 元中，10 元是工厂开支，5 元是老板赚的。但对于我们自己开工厂的来说，我只需要乘以

1.5 就行了，即 10 元的单价，只需要给 15 元，10 元是给工人的
工资，5 元是工厂开支，老板赚的 5 元不要了。

所以我们在快手直播有价格优势，能走更多的量，工厂虽然
是亏本的，但整个公司赚钱就行了。

为什么我宁可亏本也要做自己的工厂？自己做可以把质量做
到极致，找人代工质量可能不会这么稳定，不可控因素多。

目前快手上有一种"市场主播"，他们需要到批发市场拿货去
卖。市场里面的档口要赚钱，而且市场主播没有统一的 IP（知识产
权），恶性竞争、互相杀价，你卖 40 元，他卖 35 元；你卖 35 元，
他卖 32 元。他们本身就是市场的搬运工，假如有 100 个搬运工，
消费者看似有很多选择，但他们分不清哪家好哪家坏。

我们卖服装不怎么看同行价格，只看自己工厂的生产成本，
消费者认可的是我们的品牌，自然也认可我们的价格。

做"芈蕊"品牌，练基本功，布局未来

自己开服装工厂，这种模式做得很重。这个选择可能是不明
智的，一般来说，做得越大应该越轻，因为赚钱快。为什么我们
要做这么重？原因在于我要让粉丝知道，我们不是赚快钱，不是
为了收割他们，我们想做得更好、做到极致，所以布局比较长远，
我们看重的是未来。

我希望最后能做到，消费者花几十元就能买到有品质的服装。
现在我们发出的所有衣服，都是"芈蕊"品牌的。

据我了解，目前快手服装主播真正有自己品牌的还不算多。

之所以有这个优势，是因为在快手直播之前，我们就是以打造品牌的形式在做，线下有几十家连锁店。现在“芈蕊”的质量在一步一步提升，风格、时尚度也在加强。我们希望消费者都知道，快手上有一个芈姐这样的服装主播，她卖得很专业，消费者在快手上一样能买到品质很好的厂家货。

我们着眼的不仅仅是当前快手上的这些老铁，我们争取慢慢地把时尚度提得更高。不仅要让一、二线城市的用户在快手上买到时尚的服装，也要让三、四线城市的人能穿上跟一、二线城市的人一样时尚的服装。

除了服装，我们也做了一些自有品牌的护肤品，有自己的注册商标，然后找一线品牌的代工厂生产。

我看重的是粉丝是不是真正喜欢芈姐，是不是百分之百有回头客，而不是这个月有多少新客户。我们要让消费者了解我们，不只是认识芈姐，更主要的是认识“芈蕊”这个品牌。

主播肯定是重要的，有很多厉害的主播，像石家庄蕊姐、徐小米，都是典型的能力非常强的主播。但是在品牌打造、源头工厂以及一些后端力量方面，我们相信，布局越好，就会走得越远。现在做的都是基本功，等一段时间之后，才会看到谁更有后劲。

化妆品企业韩后：
2021 年将全力做直播电商

> **要点**
>
> · 2019 年 9 月韩后做第一场直播，并不顺利，快放弃时，被第二场直播改变了认知。之后经历了萌芽、发展和快速生长三个阶段。
>
> · 2021 年，韩后的人、财、物要全力投入直播电商，把直播作为核心渠道来做。
>
> · 韩后品牌积极拥抱线上，抓住直播电商的机遇，总结出六大经验。

韩后成立于 2005 年，是线上线下全渠道发展的化妆品品牌。2015 年在天猫做到美妆类 TOP5（前五名）国货品牌。

直播电商兴起之后，韩后很早就进行了直播带货的尝试。现在在快手的出货量很大。

2021 年韩后将 All-in（全力以赴）直播电商，快速扩建团队，做好布局，把直播渠道当作一个核心。

本文作者为快手研究院高级研究员李召，研究助理甄旭，特约研究员高龙。

◎ 以下为韩后直播运营负责人的讲述。

三场直播改变认知

韩后在 2019 年 9 月启动直播，最开始是请快手主播带货。第一场直播是一个快手主播用她的小号试播的，播了两三个小时，卖了 20 万元。当时我们想，直播带货也就这样了，挺麻烦的，以后不想搞了。因为后面还有一场，已经安排好了，就想再试一下，预计能够卖 50 万元。

2019 年 10 月 8 日，快手主播大 Mi（账号名为 "MiMi 在广州开服装厂"）来了，这是韩后做的第二场直播，一天就卖了近 130 万元，一下子改变了我们对直播的认知。

韩后的第三场直播是由快手主播阿磊做的，卖了六七十万元。这之后我们请到的好多都是服装主播。他们天天卖衣服，一个月大概安排两场韩后专场，包括山东临沂的几位快手大主播、陶子家、大蒙子，还有超级丹。多数是专场，个别的是混场单链接的合作。快手主播西爷是在 2019 年 10 月播的，经常返场，并且一场比一场数据表现好。

以前我们经常在线下投入百万元做大型活动，要在商场搭台，请人跳舞唱歌，找十几个人去发传单、做推广、卖货。但大 Mi 直播，我一个人接待就搞定了，我发现直播很高效，很快就卖出了这么多货。

做直播的人员投入和具体做法

一年来，韩后做直播经历了三个阶段。前面几个月是萌芽期，我们刚刚进入这个渠道，不断探索。随后我们明白要去建设渠道，就到了发展期。2020 年疫情之后，是迅猛的生长期。目前我们在团队配置、平台扩展方面做了很多调整，销量在成倍增长。

第一场直播时，韩后直播团队只有两个人，现在有三四十人了。我们可调度的资源也很多，一天可以同时接纳 5 个专场直播，每一个专场配助播、运营，每场都是超长待机，从下午 1 点到晚上 12 点。

直播不是依靠主播一个人，而是一个团队在运转。像主要卖服装的主播，如果她播化妆品，对这个专业领域不熟悉，助播就必须配合好。整体的氛围场景、专业的助播、场控，对于直播来说非常重要。我们对直播渠道的态度是：重视、稳健、不激进、长期计划。

韩后在直播方面边干边完善，公司对直播很重视，全力支持直播部门去把它做好。我们把直播当作重要渠道，在一步一步搭建。未来它的体量有多大，天花板在哪，还是走一步看一步。因为直播本身也有很多不确定因素，目前公司主力并不是完全放在直播上，我们是多渠道布局，而不是把未来全部寄托在单一渠道上。

直播是一个未来的生意，究竟在整个集团中占比能达到多少，需要公司整体去把控。韩后本来也不是一个很激进的品牌，这与老板的风格有关系，我们相对稳健。

不管是在目标设定还是在整个执行过程中，我们都是比较稳的。这种稳，会给我们团队体系的搭建、知识的储备预留足够的时间，让我们把地基打好。所以在直播体量增大的过程中，韩后在多个平台运作，依然能够得心应手。

六大经验总结

在直播板块，韩后 2021 年会有一个更大的目标，会快速裂变、扩建团队，对品牌推广、直播渠道的发展，都会进行布局。从人力、财力、物力等各方面全力投入，就要 All-in 直播电商，把直播渠道当作一个核心做起来，放大品牌声量。

经验一：**把直播作为品宣渠道，而不是卖货清库存。**

很多品牌在直播平台只是带货，韩后品牌能做到在直播平台做品宣。韩后品牌是将产品的理念，对技术原料的理解，对用户的洞察力，通过新媒体传递给自己的用户，并不是找主播带货清库存。

韩后多年来匠心打造天然、安全、高效的护肤形象，先塑造品牌价值、产品价值，再讲价格，而不是一上来就是价格便宜，如果这样根本卖不了。目前韩后产品部已经规划好 2021 年春季的产品线，包括什么时候上什么新品，怎么卖，邀请哪些主播首发，怎么去做推广等。吸引"千禧一代""Z 世代"等更多年轻消费者的注意力。

经验二：**制定"最强"直播合作规则。**

在所有聚光灯都聚焦在巨头和头部主播之余。每个公司直播的战略部署都有不同。韩后品牌刚开始没有主攻巨头和头部主播，原因是他们在合作中往往占主导，有的会破价，这就影响了价格机制、合作机制。我们的合作一般是由品牌方来定价，大家按一个规则走，但是头部主播往往有自己的定价机制，不愿意妥协。

所以我们在前期推进时，先把游戏规则定好。大家按规则来，我们就播，否则就不合作。像这样，起初就定好标准和调子，就会避免很多坑。现在我们基本确定了做直播的底线。

经验三：全方位服务主播，做定制化服务。

整个直播现场就像一个市场活动。在线下做大型活动是韩后的长项。我们有专门的活动手册和一套完整的流程。如何做好一场促销活动，是所有韩后员工和推广团队都必须掌握的技能。

一场活动中 70% 的工作是事先准备好的。做直播也一样，包括选品、搭配、话术以及上产品的顺序、人员的配合都要提前做好准备。因为有线下的经验，直播时我们的细节做得也很到位。

我们把主播当作代理商在维护，我服务好他，让他定期返场，比开发一个新主播要好。

经验四：加强人员投入，培养自己的主播也是一条路。

我们也邀请专业机构给团队做培训，公司每年在人员培养的投入上很舍得。快手官方的会议，我们都积极参加。

外请的主播带货是一条腿，自己培养主播也是一条腿，两条腿走路靠谱一点。我们打算把助播培养成主播，因为他们之前就是从我们的线下渠道调上来的培训老师，懂产品，又懂消费者的心理，只要在卖货节奏、配合流量投放的节奏上把控好就可以了。能不能成功培养主播，也需要去探索和试错。不可能一天就有那么多的粉丝冒出来。

经验五：兼顾线上线下价格，从消费者出发。

我们和主播合作第一场后，第二、三场的销量往往都会不断攀升。这是为消费者服务的逻辑。品牌方最注重的是长久稳健的发展，包括粉丝的认可。消费者才是真正的上帝，我们用心把产品、服务做好，把每一个环节打通，优化消费者的体验感。我们的发货速度还要再次升级调整，争取把售后做得更好。我们的客服团队、供应链团队也是如此，争取把后链路做得更好。

经验六：生产快反要跟上，供应链管理要跟上。

直播对生产快反的要求更高，对产品迭代、供货周期要求都特别高。之前可以按季度规划，现在每半个月就要进行调整。但相对服装而言，将化妆品搬到直播间后对产品的调整还没有那么快。比如，我们从 2019 年到现在有两三款爆品一直在卖，价格没变，产品也没变，但照样卖得好，用户回购率高。

目前公司找云仓发货，需要有人去做整个供应链的管理。我们的产品有矩阵，哪些是主推款，以及需要备多少库存心里都有数，其他款就是有的卖就可以。我们一场直播上 20 个链接，加上化妆品的退货率没有服装那么高，所以货一般不会积压在云仓。

环亚总裁吴知情：
直播很好，要赶紧去做

> **要点**
>
> · 广州环亚是全国最大的化妆品集团之一，疫情之前没有在直播业务上重点发力。疫情改变了认知，直播成为公司一个重要的发展战略。
>
> · 环亚跟快手的头部主播合作直播，效果都非常不错，单场直播带货的销售额最高有上千万元。
>
> · 环亚认为，为了在直播中留住老用户，降低营销成本，品牌方需要建立自己的私域流量。

2021 年，环亚集团成立刚好 30 年。它是全国最大的化妆品集团之一，拥有美肤宝、法兰琳卡、FACE IDEAS 等诸多品牌。

环亚在全国拥有大量的线下经销商和数万个网点，因为兼顾线下经销商的利益，环亚没有在电商和直播业务上重点发力。2020 年初的疫情改变了这一切，环亚内部进行了一场巨大变革，直播成为公司的一个重要发展战略。

吴知情是环亚集团的总裁，也是公司的创始人之一。2020 年 9 月，吴知情在广州环亚介绍了她对直播电商的一些思考。

本文作者为快手研究院高级研究员李召，研究助理甄旭。

◎ 以下为吴知情的讲述。

疫情改变了一切，直播成为企业发展战略

2012年环亚就开始布局互联网电商业务，进军数字化营销。但环亚是一家拥有30年历史的老牌化妆品企业，以传统的 CS 渠道（Cosmetic Store，指由化妆品店、日化店、精品店系统构成的销售终端网络系统）起家，在全国拥有大量的线下经销商和数万个网点。环亚需要兼顾线下经销商的利益，所以没有在电商和直播业务上重点发力。

2020年初，突如其来的疫情改变了这一切。整个消费领域陷入困境，大部分线下消费濒临停滞，多数消费场景几近消失。一时间，自救、复苏、回血、转型，环亚内部进行了一场巨大变革。其中，企业重点往线上方向发展成了公司上下的共识，而直播成为一个重要战略利器。

疫情期间，环亚将快手、小红书等新媒体平台作为主要营销阵地，通过网红、明星、知名美妆博主等的高频推荐，给品牌和产品增加热度，运用互联网、物联网、大数据等新技术，实施精准推送和精准营销，扩大了产品销售网络。

在直播这一领域，环亚打造了自己的独特直播生态，从明星、网红和品牌 BA（Beauty Adviser，美容顾问）三层架构入势直播热潮，形成了一张规模触达潜在消费者以实现增量的"网"。环亚连续在快手、抖音、淘宝等主流直播平台开启了多场直播活动，联合李佳琦、薇娅、小伊伊等头部大 V（在网络上十分活跃，有大量粉丝的公众人物），与黄圣依、王祖蓝等艺人合作直播带货，

将不同圈层的目标消费者融合起来，促成销售转化。

作为成熟的品牌方，之所以去找头部主播进行带货，不仅是因为看中了他们有庞大的粉丝群体，而且在于很多优秀的主播就是天然的"BA"，他们懂得如何与消费者沟通互动，用通俗易懂的语言将产品的卖点挖掘出来。品牌方可以借助主播的影响力，触达和影响更多的群体。而且可以将直播的素材剪辑成不同的视频，在各大平台分发传播，扩大品牌的声量和知名度。

直播是销售手段，也是售后服务渠道

当然，我认为直播作为一种新的销售渠道，非常重要，但不是全部。对企业来讲，要有自己销售的主阵地，比如天猫旗舰店和线下的 CS 渠道。直播销售额在销售总业绩中应该占到 20% ~ 30%，最好不要超过 30%。

因为直播带货的逻辑是建立在主播的人设上的，而不在产品本身。同样一个头部主播，可以为不同的美妆品牌带货，消费者因为信任主播才去购买产品，但是他们对品牌不一定有忠诚度。另外，直播带货往往要求低价，甚至是全网最低价，很多消费者都是冲动型消费，是冲着便宜去的。如果品牌对于直播的依赖度过大，可能对品牌是一种伤害。

相比其他产品，化妆品尤其需要体验。为了解决这个难题，环亚将以前线下体验型服务的经验和优势嫁接到直播上来。我们不仅将直播看作一种新的销售渠道，而且将其定位成一项服务。我们通过直播，为顾客提供优质的体验以及专业的服务，面对面与顾客进行沟通和感情交流。

我们更多是把直播作为一项服务去运营，主要目的是为用户提供有价值的服务。经过专业的培训，我们打造了一支有专业知识的直播队伍。他们不仅能直播带货，还能为不同的用户提供有针对性的专业知识，例如护肤、头皮护理等，在直播间与用户实时沟通和互动，为他们提供专业的解决方案。同时，我们还在直播间开展线上线下的粉丝或会员活动，会有会员的专享福利。

我们把线上直播当成了"BA 网红化"，我们的直播间成为公司的售后服务渠道，用户有什么问题都可以及时在直播间反馈。我们在与用户沟通互动的过程中，影响更多的用户购买产品，形成良性互动。

服装类的主播容易培训，成本也相对较低，但要培养一个懂化妆品、懂护肤的主播相对困难，成本也高。培养美妆主播，就像培养一名医生，有专业性要求。我们要培养一个化妆品的主播，要培养他（她）学化妆，还要求形象好、会说话，懂得相关的专业知识。

快手能协助品牌方打造"专属私域"

近年来，快手带货变现能力越来越强。我们研究发现，在快手的用户构成中，一、二线城市人群占比 45%，三线城市及以下占比 55%。特别是在三线城市及以下，快手有着其他平台无可比拟的渗透性。

任何生意的逻辑都离不开"人、货、场"。具体到环亚的客户群体，大多数是三、四、五、六线城市的下沉市场，环亚与快手在用户群体上有很大的重合度。我们与快手的头部主播合作直播，效果都非常不错，单场直播带货的销售额最高达上千万元。

在我看来，互联网人口红利已到尽头，流量成本越来越高，往往要投入巨额的营销成本，才能获取流量，吸引用户关注。这在直播领域也有明显的表现。

为了在直播中留住老用户，降低营销成本，品牌方就需要建立自己的私域流量。我们发现快手开设了私域和群聊的功能，品牌方通过直播和视频投放，能够把粉丝沉淀在自己的品牌号里，成为品牌方的数据资产。

快手有粉丝群的功能，在主播的个人主页展示，在搜索页面也有群聊的入口。这是快手对于社交关系的进一步强化，这种粉丝与品牌方之间的联结也是快手高留存率的撒手锏之一。

此外，通过这些功能，我们能够深度了解用户的真实需求、购买动机、消费场景、价值实现以及价格的匹配度，进一步满足其需求，也能洞察行业发展趋势。这样不仅能支持新品开发，而且能为精准营销打下坚实的数字化基础，提升公司整体运营效率，降低品牌方的费用。这就让企业具备了一定的数字化营销能力。

在新时代，企业只有拥有了数字化能力，通过直播、知识内容、导购等方式，连接和深度服务用户，为用户提供定制化的个性服务和产品，才能屹立于时代潮流中，不被淘汰。在这方面，我看好快手的发展，期待能够与快手有更加深入的合作。例如，利用快手的内容和大数据为快手的客户定制产品，或者联名推出美妆产品等。

第三章
临沂：快手之城

- 临沂的批发市场走出了全国第一批快手电商主播，目前临沂也是全国快手电商主播最为集中的城市之一，为什么是临沂？为什么会是批发市场？
- 徐小米是临沂的头部主播，也是后起之秀，从创造日销上千万元的纪录到日销破亿元只花了半年时间，她的成功秘诀是什么？她是如何超越同行的？

本章篇目

　　山东临沂有 136 个专业批发市场，其中华丰国际服装城是全国
著名的服装批发市场，也是临沂第一家专业批发市场。

　　临沂的服装批发市场诞生了全国第一批快手电商主播，目前临
沂也是全国快手电商主播最为集中的城市之一，短短几年间，临沂
涌现出大大小小数万名主播，其中活跃的主播数千人，陶子家、大
蒙子、超级丹、徐小米等主播在全国都有很大影响力。

　　当地人自豪地说，"直播电商看快手，快手电商看临沂"，临
沂成了名副其实的快手之城。

　　临沂直播电商经历了草根崛起、企业化运作和实体巨头加入三
个阶段。如今，头部主播都在升级迭代，探索新的模式，发展自己
的品牌。

　　临沂在直播时代的探索，可供其他城市借鉴。

**本文作者为快手研究院高级研究员李召，本文为作者 2020 年 4—11 月多次
在临沂调研的成果之一。**

临沂：
从批发市场到快手之城的历程和启示

要点

· 临沂很多档口老板娘摇身一变成为大网红，一场直播销售几百万、几千万甚至上亿元，他们是如何从夫妻档转型做企业的？

· 一位主播销售额超过当地几家企业的总和，临沂卖场的大佬们从怀疑到恐惧，然后纷纷杀入直播电商，他们能成功吗？

· 主播直接连接源头好物和消费者，作为全国最大的市场集群之一，临沂136个批发市场如何转型？

"11点02分，徐小米直播带货突破1 000万元！"

2020年4月28日晚，临沂顺和直播电商科技产业园顶楼天台，山东稻田网络科技有限公司（以下简称稻田网络）创始人宋健，临沂服装卖场大佬刘义林、杜滨，以及一些供货商，都在低头刷看稻田网络主播徐小米在快手的直播，一位员工随时传送当晚销售的后台数据。

当销售额突破1 000万元时，大家举杯庆贺这一新纪录的诞生。当晚，徐小米直播6个多小时，卖出28万多单，销售金额超过1 200万元。而在仅仅半年后的11月2日，徐小米一天的销售额突破了1亿元。

作为快手主播，徐小米是后起之秀。临沂早期知名的大主播有陶子家、大蒙子、超级丹、贝姐等，被称为"四朵金花"。

临沂是全国著名的快手主播聚集地，他们大多是由传统批发市场商户转型而来的。

草根崛起："二批青年"成第一批主播

临沂有 136 个专业批发市场，8 万多个商家，30 多万名从业人员。在众多的批发市场中，华丰国际服装城（以下简称华丰服装城）最为有名，是临沂市乃至山东省第一个大型专业批发市场。

在 2018 年之前的十来年里，临沂的批发市场生意十分火爆，华丰批发市场有过一段辉煌的历史。

临沂第一批快手主播陶子家和大蒙子，以前都是华丰服装城的头部商家，陶子家主要做女装，大蒙子主要做男装，一年营业额都有几千万元。尽管那时她们的实体店生意很好，但也面临两个问题。

一是服装批发的销售半径有限，区域局限在山东南部和江苏北部。华丰服装城是二级批发市场，需要到全国各地的一级批发市场拿货，比如广州的万佳广场、十三行等，然后通过华丰服装城销售到临沂下面的市县，以及鲁南、苏北部分地区。

二是服装批发商和零售大卖场之间的交易机制往往会导致欠账和库存。批发商的货卖给卖场时收不到现钱，要等卖场卖完货才能结账，导致批发商现金流周转困难。另外，卖场卖不掉的货要退回来，造成大量库存，这就成了"二批"们的最大痛点。

除此之外，卖场完全可以绕过批发市场，直接从广州等一级批发市场拿货，甚至直接从源头工厂和品牌方拿货。

多种因素影响下，华丰批发市场的生意越来越难做了。就在这个时候，陶子家、大蒙子等"二批青年"发现了一个新的销售渠道，那就是快手。

早在2017年，陶子家就接触了快手，发现快手不仅是娱乐的工具，还有大量的买卖信息，可以通过快手卖货。

2018年夏天，陶子家开始集中精力做直播带货。最初她的主要目的是销售自己的库存，发现效果非常好，一天就能卖几百单，比华丰批发市场的销量还大。于是她的重心逐渐从批发转向了直播带货，最后彻底放弃批发，走向专业的直播电商之路。2019年"双十一"活动期间，陶子家两天销售了40多万单，总营业额2 000万元，是当时直播电商的"临沂一姐"。

"我印象太深了，在快手第一天卖了100元，直播间只有5个人，播了几天人气就上来了。"大蒙子第一次通过快手卖货是在2018年5月底，因为她在华丰批发市场干了十年，在服装领域很专业，又有货源，所以销量很快就在快手爆发了。她说："那时候太牛了，身后几千件货，咔，都卖没了。最开始是微信接单，后台几十个客服，非常壮观，后来改用快手小店，接单能力更强了，2019年6月18日，我一天卖了10万单，营业额几百万元，震惊了很多同行。"

陶子家、大蒙子等"二批青年"通过快手直播，一方面解决了以往和零售大卖场之间的欠账以及自己的深度库存问题，另一方面突破了以前只能销往鲁南、苏北区域的局限，把产品卖向了全国。

"我当时印象特别深，甘肃和内蒙古的老铁买了我的衣服，我感到很新奇，因为以前做批发的时候只能把货卖到周边市县，现在突然间在快手上找到了那种发光、发热的感觉。"大蒙子说。

通过直播，陶子家、大蒙子等人直接连接源头好货和广大消费者，从"二批青年"变成了快手主播。批发市场里一个个档口的狭小空间已经不适应新的商业模式，2018年，陶子家第一个放弃华丰批发市场的实体店，开设了自己的直播工作室，全身心投入直播电商。

她的做法被很多"二批青年"效仿，例如"四朵金花"中的大蒙子、贝姐等，华丰批发市场成为孕育直播电商的母体、电商主播的发源地。

"我们几个人在快手上干得好，临沂批发市场，尤其是华丰市场，大大小小上千商户都跟着我们做直播了。"陶子家说。

企业化运作：徐小米后来居上

与"二批青年"出身的陶子家、大蒙子不一样，徐小米以前是做微商的，她最辉煌时带过2万人的微商团队，后来微商衰落，团队欠下大量债务。2018年9月，她受大蒙子影响，决定做快手电商。图3.1是徐小米在快手上的主页。

"我是偶然看到大蒙子做快手很厉害，就去找我的老板宋健，但他不相信，觉得是骗人的。"徐小米说。在她的坚持下，宋健同意让她去尝试，第一天就卖了1 400元。宋健发现徐小米能卖货，而快手电商发展持续稳定向上，所以他们决定全力以赴，让徐小米把直播当成企业来经营，而不是当成一门生意来做。

图 3.1 徐小米在快手上的主页

临沂早期的主播，包括"四朵金花"在内，基本上是夫妻档起家，老婆当主播，老公管经营，所有事情一把抓，一个人管所有流程。而徐小米所在的稻田网络从做快手的第一天起就是正规的公司化运作，主播只负责选品的最后一关和直播卖货两件事情，其他问题均由公司相关部门分工协作。所以，稻田网络在最初半年时间一直处于亏损状态，宋健称之为"战略性亏损"。

徐小米的销售额一直在稳步增长，到了 2019 年 6 月，业绩直接翻番并开始赢利。稻田网络在 2020 年春节时统计，2019 全年销售额达到 1.2 亿元，已经超过了"四朵金花"。

2020 年 4 月 28 日，徐小米直播带货 1 200 万元，在全国服装电商直播中业绩排名第一，在临沂电商圈应该也算是一个事件，引起临沂其他主播的关注和思考。

"宋总把企业框架做得很扎实，徐小米的出现，给了我们这些主播一个新的思路，真的值得我们这些夫妻档好好思考。"超级丹说。

超级丹在快手有 900 多万粉丝（截至 2021 年 1 月初），是临沂粉丝最多的主播之一，也是全国鞋类的头部主播，她认为自己在销售和粉丝积累方面比较成功，但在夫妻档转型为企业各方面发展比较滞缓。

"我们做快手这几年都处在很紧绷的状态，累到崩溃的边缘，没有时间暂停去思考。有人说要站在未来看今天，为明天做打算，但我们已经好久没有站在未来看今天了。"超级丹说。

"徐小米为什么成功？未来什么会影响她的发展？我也一直在思考企业可持续发展的问题，我觉得有三点：一是主播，二是产品，三是团队。"宋健说。

稻田网络有 300 多人，6 位主播，其中徐小米占了 80% 的销售额。截至 2020 年 4 月 29 日，单纯服务徐小米的有 178 个人。宋健说："我们一开始就是把直播电商当作一个事业在做，把稻田网络当成一个公司去规划，在制度上比较规范，在分工上更加细致。"

为了稻田网络的长远发展，宋健找了上海一家人力资源公司帮他提炼企业文化，梳理公司内部架构，规划部门的整体流程，建设公司制度、关键流程，以及分析接下来发展当中会遇到哪些障碍，比如主播业绩翻番之后怎么卖？企业架构还能不能支撑得了？想要业绩继续翻番，需要把哪几点做好？这家公司服务过一些世界 500 强企业，稻田网络是全国第一家请他们去做顾问的直播商家。

临沂的一些头部主播也在进行企业化转型，陶子家说："我们现在已经有完善的财务系统和一个财务团队，像会计、出纳、助理会计都有。我们的人员架构、组织团队是非常完整的，是真正往公司化发展的。我们的后备力量已经很完善了，足够支撑我们做 n 多个品牌。"

实体巨头加入：临沂直播商会的成立

徐小米的成功，直接影响了临沂的一批服装卖场大佬加入快手直播，比较典型的有刘义林、吴军、杜滨等人。

山东百成汇董事长刘义林是临沂服装市场发展历程的见证人，也是临沂市服装零售大卖场模式的开创者，他 18 岁时开始摆地摊卖衣服，在华丰服装城做了 8 年批发商。2003 年，他在沂南县开了临沂市第一个服装零售商场。

"当时临沂批发市场辐射鲁南和苏北，到批发市场拿货的就是一个个小档口，我是第一个从批发市场出来开大卖场的。"刘义林说。目前百成汇旗下有近 100 家商场，很多是上万平方米的大商场。员工最多的时候有 2 500 人，年销售额超过 10 亿元。

刘义林是临沂第一个在县城里开卖场的，而贵和商贸董事长吴军则是临沂第一个在乡镇开卖场的。2004 年，他在临沂义堂镇开了第一个占地几百平方米的服装商场。

"我们开店第一天就赚了 2 万元净利润，第二天又赚了五六万元，从那一刻开始我就知道，以连锁的模式，集中采购，连锁发展，这个生意一定能做。"吴军说。

"刘义林、吴军当时是躺着赚钱，以前我要买一件衬衣，你店里有，但我要买一条裤子，你店里没有，我就要去另一家店买，买完裤子还想买鞋，又得去另一家店。突然间，有人开了一个大卖场，里面衬衣、裤子、鞋都有了，男士的、女士的，连童装都有，这种一站式购物的大卖场模式一出来，临沂的实体店一下就火爆了。"大蒙子说。在小摊、小贩向大型超市、商场转型的阶段，刘义林、吴军掌握了销售终端，而华丰市场的陶子家则是供货商，"那是刘义林、吴军大卖场的黄金时代，也是我们批发商的黄金时代，更是华丰市场的黄金时代。"她说。

"刘义林在传统商业时代也算是一个行业的先锋。从空间的维度看，刘义林的商场位置好、流量大，所以他就是那个时代的徐小米，那个时代的网红。"宋健说，"直播时代是去空间化的，实体店的地段优势大为弱化，大卖场商业模式过了它的黄金期，商业革命进入了下一个阶段，陶子家、大蒙子、超级丹就是直播电商时代的行业先锋。"

陶子家、大蒙子等人的成功不仅带动了很多批发商转做快手电商，也引起了刘义林、吴军等卖场大佬的关注，纷纷开了快手号。不过，与"二批"商家不同的是，他们并不是自己去经营直播，而是让手下的业务部门尝试去做。因为"一把手"并没有特别重视，所以员工往往干着干着就放弃了。

山东丽都服饰董事长杜滨旗下有五十多家商场和服装门店。刚开始他并不看好直播电商，而是花了很多精力走高端定制的道路，创办了国内一线品牌——我依我家。直到有一天徐小米说她一个人能卖过他和刘义林等三位服装大佬时，杜滨才真正意识到直播电商的威力。

"大约在 2019 年 9 月，徐小米说：'请三位老总小心了，我小米下一年就超过你们了。'当时我们不相信，感觉有点好笑，刘义林还说：'小米，你太狂了。'但我们一看到快手上的数据，又感觉有可能，这时候我们有点恐慌，也在思考，我们下一步应该怎么做。果不其然，2020 年徐小米一个人创造的价值，真的超过了我们几个股东、四五千名员工所创造的价值。"杜滨说。

刘义林、杜滨、吴军等发现徐小米越来越厉害，又重新重视起快手来。

"我们卖场比人家晚了一步，优势变劣势，今天只能搭上一趟末班车。之前我们做卖场的时候，觉得我们是牛的，今天就感觉自己是'小白'，只好跟着徐小米、大蒙子学习了。"刘义林说，他决定全身心投入，把直播作为"一把手"工程来抓。

2020 年疫情期间，临沂的服装门店都关闭了，杜滨发动旗下 50 多家商场的工作人员做快手，他说："人家在疫情期间选择在家避风险，我选择了逆流而上拍快手，拍的几个段子都上了热门、涨了粉丝，不但把库存销售一空，而且还探索出了直播电商的模式。"

"2019 年 9 月我做了一个决定，就是把快手账号停了，现在肠子都悔青了。"吴军说。本来他和陶子家、大蒙子、超级丹一样，是临沂最早一批做快手的，但也和刘义林一样没有给予高度重视。因为担心直播影响线下实体店的销售，就把快手账号停了。"这是我最大的决策失误，现在我不得不重新规划，专门成立直播电商公司，建直播间和仓库，像宋总和徐小米一样规范化运营，全力以赴做快手电商。"

2019 年 11 月，临沂几位服装大佬刘义林、杜滨等联合成立了卖播集团，杜滨成为这家直播电商企业的董事长兼 CEO。

2020 年 8 月 24 日，临沂市工商联短视频直播商会正式成立，刘义林、杜滨、吴军等服装企业代表以及徐小米、大蒙子、超级丹等主播代表均是直播商会的创始人，刘义林当选会长，杜滨当选执行会长。

"我们原来做实体经济，身边有好多伙伴，都渴望通过直播让产品销售出去，让未来不再迷茫，我们成立直播商会的愿景就是与大家共同进行商业变革。" 8 月 24 日，杜滨在临沂市工商联短视频直播商会成立大会上说，"我们都是从零开始，直播领域充满了危机和商机，这个领域没有高手，只要用心和坚持，大家都有自己的一片天地"。

直播基地：批发市场寻求转型

2018 年，陶子家等人最早做快手时，华丰市场是支持的，但是当看到直播电商的价格优势给实体店带来的冲击时，华丰市场改变了态度。

"我们决定在快手上卖货的时候，从来没想过有一天会不做实体店了。不让我们在市场直播，没有办法，我们是被逼出来的。" 陶子家说。

2018 年，陶子家第一个放弃华丰服装城实体店，开设了自己的直播工作室，从 100 多平方米的出租屋，到 2 000 平方米的工作室，一步一步走来，目前她的直播运营中心位于临谷电商科技创新孵化园，一栋四层的办公楼，加上位于马厂湖工业园区的仓库，总共 2 万多平方米。

陶子家等人被迫从华丰服装城"出走"，另一些人却看到了机会，成立了专门的直播电商基地或者园区，把主播请进来。

陶子家公司所在的临谷是临沂一个标志性的电商直播基地，其前身是兰华集团旗下的轻纺食品城，也是一个传统的批发市场，里面有 20 多栋 20 年前建的旧厂房。2019 年，兰华集团抓住临沂大量主播崛起的机遇，将这些独立的厂房改建为一栋栋直播大楼。

2019 年 10 月 18 日，临谷一期正式开园，陶子家、超级丹等成为首批入驻的主播。目前加上西边的二期工程，园区拥有 30 多栋直播大楼，几十位主播入驻。

"原来轻纺食品城整个园区一年的租金不到 900 万元，改造成临谷直播基地以后，每年仅临谷一期的租金就能拿到 2 400 多万元。"临沂市电子商务公共服务中心主任、新谷数科创始人聂文昌说。聂文昌是临谷电商科技创新孵化园最初的运营者，在临沂是较早认识到直播电商基地和园区价值的人。

快手直播电商崛起后，临沂传统商贸物流企业顺和集团决定建立新型直播电商园区，2018 年 12 月顺和集团将顺和家居城五楼改造成顺和直播电商小镇，这是临沂第一个直播电商基地。

顺和家居城的演变过程也是临沂批发市场转型的一个缩影。2014 年，这栋大楼跟红星美凯龙合作，打算搞家居建材批发市场，2015 年，杭州一家互联网公司入驻建设淘宝生态城，2016 年，又和青岛富尔玛集团合作改为家居生态城，但都没做起来。2017 年，顺和集团决定自己经营，改成顺和家居建材批发市场，也做得不好。直到 2018 年 12 月，将顺和家居城五楼改成顺和直播电商小镇，与此同时，顺和集团的另外一栋楼——与顺和家居城隔街相望的顺和母幼用品城也建立了直播电商基地。

2019 年，顺和集团创始人赵玉玺之子赵国强接管顺和家居城和顺和母幼用品城，决定将两栋大楼整合为顺和电商直播科技产业园，其中 10 万平方米的顺和家居城为产业园第一期，5 万平方米的顺和母幼用品城为产业园第二期。

"临沂有 136 个专业批发市场，竞争压力太大，现在传统市场不好干了，商户赚不到钱，一撤柜商场就空了，所以大家都在寻求转型。顺和家居城是临沂最早一批转型做直播电商基地的，转得比较成功，现在产业园入驻率在临沂是最高的。"顺和电商直播科技产业园董事长赵国强说。

现在临沂已经有十几个直播基地或者园区，都是从批发市场、工业园区或者传统商场转型而来的，其中顺和电商直播科技产业园和临谷电商科技创新孵化园是比较有代表性的。

临沂的直播基地为主播提供了直播和运营的场所，也提供仓储和物流服务，还会为主播提供数据、运营以及供应链等服务。赵国强说，顺和直播产业园经过两年的摸索，目前正在升级迭代，主要做了以下三件事：

一是建设 6 万平方米智慧云仓项目，配备自动分拣设备和自动仓储，建成后日配送单量可达到 20 万单；

二是做一个优选供应链，因为顺和集团是临沂六大商贸物流集团之一，有遍布全国的供应链和智慧云仓，可以为主播提供价廉物美的产品；

三是为主播提供 5G（第 5 代移动通信技术）共享直播服务，

利用5G网络将顺和在全国各地的智慧云仓中的产品情况实时传送至主播们的直播间，实现"足不出临沂、选品全中国"。

"运营直播园区不能局限于眼前，也没有一劳永逸的事情，直播园区或者基地要为商家提供更多的服务，不只是物理空间，还有相关的产业延伸，无论是直播电商，还是延伸行业，要不断迭代、创新和升级。"聂文昌说。他正在临沂做一个升级版的直播园区——中国新谷直播总部基地，占地56万平方米。对于这个新项目，他们打算打造品牌，让耐克、阿迪达斯等各个品牌进来。

在临沂批发市场和传统商场转型的过程中，杭州、广州等地的一些机构和企业也参与进来，赵国强介绍说："临沂主播多，物流发达，全国各地的机构现在都在往临沂去，魔筷在临沂兰山区建了一个直播基地，遥望在临沂河东区建了品牌商场，卡美啦也准备在临沂建供应链基地，京东、顺丰都在临沂找地建仓。"

陶子家认为，在直播电商方面，华丰服装城本来也是有机会的，它的顶楼、四楼、五楼都是空的。如果当时华丰服装城专门拿出一个空间改为直播工作室，可能会成为临沂直播电商业态的引领者，但是目前这个机会被顺和、临谷给抓住了。

华丰服装城也在转型，市场里面已经有30%搞批发的业主兼顾做直播了。华丰服装城一位做运营的负责人还曾到临谷参观，看陶子家如何直播。陶子家说，直播电商是一种趋势，作为一种新的业态，堵不如疏，批发市场也需要转型。

小贴士

临沂主要的直播基地

- 2018 年 12 月　顺和直播电商小镇（顺和直播电商科技产业园一期）、顺和母幼电商直播小镇（顺和直播电商科技产业园二期）
- 2019 年 9 月　临沂惟业直播基地
- 2019 年 10 月　临谷电商科技创新孵化园
- 2020 年 6 月　云智谷供应链直播小镇
- 2020 年 11 月　中国新谷直播总部基地
- 2021 年　遥望科技临沂电商直播产业基地

产品升级：注重品质，孵化品牌

经过一段时间的发展，临沂商家已经在朝着品牌化方向发展。

宋健说："孵化自有品牌是稻田网络 2020 年很重要的战略，我们有一个自主化妆品商标，叫'江南印象'，徐小米在销售时，这个产品卖得比一些大牌还好，我们正在对'江南印象'做第三次升级，准备将它打造成快品牌。"

稻田网络也有两个服装类品牌，一个叫"全生"，一个叫"皆秘"。皆秘目前以内衣为主，都是自己找工厂生产的。另外还有其他的品牌正在筹备，涵盖小家电、洗涤、食品、家居等品类。

"自己的品牌，在品质上好把控，又有定价权。品牌对于公司发展更重要，这是未来主播的核心竞争力，是竞争壁垒。临沂的主播要转型，品牌化是必须要走的路子，越早越好。品牌孵化需要时间，而时间差就是竞争力。"宋健说。

卖播集团也打算孵化一些品牌，例如化妆品有"花冠"，洗涤类有"三只小鱼"，家居类有"好家生活"。刘义林说："做品牌是我们下一步的发展方向。如果我们跟不上形势，将来肯定会被淘汰的。"

快手主播西爷认为自己 2018 年从实体店转向直播电商经历了几个阶段，第一阶段是过渡阶段，一边做实体店，一边做直播电商；第二阶段，看清直播电商是大势所趋，将所有实体店关掉，全身心投入直播电商；第三阶段是品牌化阶段，采用超级工厂的模式，联合一些著名品牌，例如宝娜斯、U.S. POLO、袋鼠，推出西爷联名品牌款。

"因为我是做设计的，每一种服装都会根据粉丝的需求进行改造、重新设计。"西爷说。2020 年 4 月她参加广东时装周，大大提升了粉丝对品牌的认知度，享受到品牌化带来的红利：对其他人来说的销售淡季，她的销量反而高了很多，服装类客单价达到240 元左右，家纺类超过 400 元。她说："我们的品牌转向是将自己提升到时装的高度。"

在临沂，陶子家、大蒙子都开始发展自己的品牌。陶子家在广州有自己的工厂，在杭州有合资的公司，目前正在发展一些全品类商标；大蒙子从 2019 年冬季开始重视品牌规划，她自己的服装会挂上"大蒙子"的牌子，未来会有自己的中高端品牌。

"我们一直想做自己的品牌，要做品牌就得先做好品质。品质做好了，老铁才会认可我们的品牌，认可我们的主播，复购就会更频繁，更愿意购买客单价高的商品。"大蒙子说。

临沂直播电商大事记

·1987 年 10 月 临沂第一家专业批发市场——华丰批发市场开业，现在临沂有 136 个专业批发市场。

·2018 年 6 月 "二批"商家陶子家离开华丰批发市场，专做快手电商，其他"二批青年"效仿。陶子家、大蒙子、超级丹、贝姐等头部主播被称为临沂"四朵金花"。

·2018 年 12 月 临沂第一个直播电商基地——顺和直播电商小镇成立。现在临沂有几十个直播基地或者园区。

·2019 年 11 月 6 日 快手购物狂欢节活动期间，陶子家两天卖出 40 多万单，营业额近 2 000 万元。

·临沂快递行业协会公布，临沂快递单量 2018 年是 85 万单 / 天，2019 年猛增至 200 万单 / 天。

·2020 年春节后 临沂一批实体经济企业进入直播电商行业。

·2020 年 4 月 28 日 徐小米 6 小时销售 28 万单，销售额 1 200 万元，创造临沂直播电商新纪录。

·2020 年 8 月 24 日 临沂市工商联短视频直播商会成立。

·2020 年 9 月 19 日 首届中国（临沂）919 直播节成功举办。

·2020 年 11 月 2 日 徐小米销售额破亿元。

快手头部主播徐小米
是如何炼成的

要点

· 临沂那么多厉害的主播，徐小米为什么能后来居上？

· 徐小米如何打造人设，如何选品，如何搭建团队？

· 徐小米所在的稻田网络如何看待下一步的竞争格局？

2018年9月26日，徐小米第一次在快手直播，卖出了1 400元，这让她产生了信心——在快手上是可以卖货的。2020年4月28日，徐小米一个晚上卖出1 200万元，创造临沂直播电商的销售纪录；2020年11月2日，徐小米直播近9小时，销售额首次破亿元，粉丝数量也从4月的150多万涨到650多万。徐小米在临沂并不是最早做直播的，但她后来居上，超过"四朵金花"，成为临沂直播电商的"一姐"。

"直播改变了一代人的命运，我只是其中一个而已。"徐小米说。对于自己的成功，徐小米认为她是在恰当的时间恰当的地点做了适合自己做的事情，她背后的老板宋健，对徐小米及其团队的发展起着至关重要的作用。2020年4月以来，宋健多次分享他从做微商到做直播电商的历程和打法，以及徐小米如何从一个直播的旁观者到日销破亿元的头部主播。

◎ 以下为稻田网络创始人宋健的讲述。

我们做直播电商是如何弯道超车的

我们是从微商转做快手电商的。微商当时也是新的业态，2016 年，我们看到好多人做得很好，也就跟风做了。

微商和直播电商是两种完全不同的商业形态。

刚开始做微商还可以，后来越做越不行了。我认为是微商的业态不太健康。微商跟传统生意一模一样，是代理制。我卖给你要加钱，你再卖给他要加钱，他再卖给下面的人还要加钱。虽然产品质量没有问题，但每一层都要赚点钱，最后到使用者手里价格就高了。

微商是向下赚钱，直播是向上赚钱——就是压低供应链的利润。供应链原来可能要加 30%，但直播就不行了，只能加 5%，因为主播给粉丝加的也只有 5%，所以产品到消费者手里性价比就高了。

直播是直接面对 C 端，商品直接到消费者手上。微商拿 1 000件商品，自己是用不了的，要再往下卖，实际上商品都在渠道里面转，很不健康。

微商做不下去了，总得找个出路。当时徐小米听说大蒙子在用快手拍段子，一天就卖几千单。旁观者和参与者的感受永远是不一样的，当时我是怀疑的，因为朋友圈里炫富的特别多，怎么可能一天卖这么多，我觉得不可思议。

徐小米说，咱也试试吧！2018 年 9 月 26 日，小米只有 400个粉丝就开始直播，第一天卖了 1 400 元，还不错。第二天卖了2 000 元，第三天 5 000 元，第四天 8 000 元，第五天就超过

10 000 元了。

我一看徐小米能卖货，就跟她说，先不要管赚不赚钱，只要能有出单量，有转化率，相信未来一定能赚钱。2019 年 2 月 5 日是春节，那一天我算了一下，总共亏损了 54 万元，但是我亏得很开心。我们 500 万元销售额，才亏了 54 万元，这种亏损可以叫战略性亏损。到了 2019 年 6 月，我们的业绩直接翻番，做到了单月销售额 700 万元，是前几个月销售额的总和，从那个时候，我们开始赢利了。2019 年 11 月 6 日的快手购物狂欢节活动，对于我们来说是一个翻天覆地的变化。这一次为期三天的活动，徐小米卖了 600 多万元，加上公司其他主播一共卖了 800 多万元。

到 2020 年春节，我们统计，2019 年销售额做到了 1.2 亿元，这是我比较开心的一年。之前的五六年，真是历经坎坷，干什么都是稍微有点样了，最终却是失败的。那时徐小米销售额实际上已经超过了临沂其他主播。我们的合伙人刘义林一直叫徐小米低调，但这之后没办法低调了。在临沂，大家做得怎么样，其实数据都是公开的。

在做直播电商之前，徐小米是靠信用卡活着的，每个月有一半的时间都在思考，这六七张信用卡应该怎么倒一下。2020 年 7 月，十几家媒体去我们公司采访，有人问徐小米，你现在生活幸福指数怎么样？小米说，我现在是没时间花钱。她曾经私下跟我说，一直觉得像做梦一样，生活不太真实。她非常感谢快手，直播真的改变了一代人的命运。

徐小米为什么成功？未来什么会影响她的发展？我也一直在思考企业可持续发展的问题，我觉得有三点：一是主播，二是产品，三是团队。

徐小米作为主播的三个特点

临沂早期的主播，包括徐小米能做起来纯属偶然。我觉得在2019年之前，这些人赚的其实是运气钱，实力只占了一点点。

陶子家、大蒙子等主播是有先天优势的，她们之前就是做服装批发的，本来就有进货渠道，在快手卖一下试试，卖不掉也没关系，还可以做传统的批发，没有太多试错成本。

最早做快手的人很少，平台有很大的流量。但这么多人去尝试，为什么只有陶子家、大蒙子、超级丹和徐小米脱颖而出？因为她们人设好，比如说陶子家性格很直爽，有话就说，直播间很多人喜欢她。

我们公司最开始有6位主播，中间有几位主播被淘汰，只留下徐小米和"叮叮穿搭"，后来增加了几位主播，瑞子是徐小米带出来的徒弟。小米的销售量占了80%，每天销售额在400万元以上。叮叮和徐小米是同时起步的，但是差距非常大。徐小米粉丝数现在是650多万，叮叮是50多万（截至2020年11月），业绩一直起不来。讲实话，在产品搭配、团队运营和后勤服务上，我是一视同仁的。所以人才是最重要的，都备一样的货，但是结果差距太大了。

好多人问我：你到底是如何把徐小米培养起来的？说实话，我也不知道。但我觉得徐小米能走到今天，一是抓住了直播这个机会，二是她真的是特别适合做主播。

我觉得徐小米就是为主播而生的，她的使命就是做主播。首先她性格外向，有亲和力，她的面相很和气，受人喜欢；更重要的是真诚，没有太多套路，如果玩套路，粉丝是能感受到的，你可以装一两天，不能装一年。小米是不装的，我就是这样的人，生气了就是生气了，这种真性情反而被很多人喜欢；心态也特别重要，小米有耐心和耐力，不像有的人被别人说不好的时候就着急。

2020年6月，小米的心理素质直接上了一个台阶。以前她很在乎人气，有段时间她直播间一直有3万多人，特别是6月16日参加快手宠粉节活动之后人气更高，直播间稳定在六七万人，所以有时人气一下掉到2万就不想播了。我开导她，跟她讲了很多道理，最终她想通了。有一次她播化妆品，直播间只剩下6 000人时还不下播。从此她开始改变节奏，直播讲产品讲得更深了，原来卖1 000件的产品现在可以卖3 000件。

主播一定要往专业选手上转换，靠技术来卖货。有的人卖货是靠激情，讲不透产品，比如卖面条，有的人可能说："这面条可好吃了，大家来买吧！"就结束了。但专业选手要讲，小麦是产自山东的还是东北的，经历了多长时间的日照，从麦子到面条是怎么制作出来的，等等。

团队构成：178人为徐小米服务

直播电商的核心是销售，销售的核心又是主播。徐小米直播间有十几个人，有助理主管、拍照上架组、跟播助理、后台助理、货品助理等。外面的人看到更多的可能是徐小米，但在公司内部来看，主播个人能力只占到了40%；公司最重要的环节是选品，作用占到了50%；其他管理、后勤占10%。

我们一开始就是把直播电商当作一个事业在做，把稻田网络当成一家公司去规划，在制度上比较规范，在分工上更加细致。供货商为其他主播供货，往往不知道找谁对接，但是到我们公司，男装有男装的采购，女装有女装的采购，职责非常清晰。我们注重团队建设和企业规划，这跟我的经历有一定关系。我以前做过企业营销策划。快手主播开始是靠运气赚钱，接下来要靠实力赚钱，要具备企业家的思维、管理能力和运营能力。

快手一直在成长，我们也在跟着平台成长，做到一定规模之后，有些部门做大了，就需要拆分，建立一些不同的部门。

第一是选品。我做的第一个比较好的决定就是较早地建立了选品团队。临沂很多主播都是夫妻档，采购可能除了爸爸就是妈妈，或者是老公，或者是弟弟，再往外就不敢扩了。因为选品和采购是比较敏感的工作，主播会担心产品是不是最低价，是不是被人拿了回扣。在这个问题上，我可能比其他人好一点，我相信采购人员不会拿回扣。

最先独立出来的是采购部。采购部又拆分出四个小部门负责四大品类：服饰、美妆、食品、日用百货。采购部现在有 20 个人，对选品需求非常严格，每类产品都有各自的标准。

第二个是仓储。我们有自建仓库，也跟云仓合作。自建仓库占地 1 万平方米，在顺和直播科技产业园的负一楼。云仓在临沂西边，那里给了我 6 000 平方米场地。用云仓是因为自有仓储有限，我现在会让一些标准件、简单的货品入云仓。

2019 年"双十一"之前，我们投了 100 多万元，上了聚水潭系统。这个系统相对来说比较智能，会指导人干活。当时我用了近一个月时间，强制实施才把这个系统搞定，要不然未来发展一定会受限。

仓储也要拆分，有验货组，还有信息组，商品来了之后全部信息要进入聚水潭系统。

还有打单组，快递都要打单并审核单据。订单打出来之后就到了拣货组，按照单子去配货。然后就到了打包组，打包组人非常多，单为小米打包的就有 36 人。

打完包就到了快递环节，快递直接上门来收，现在与我们合作的快递有申通、中通、百世、邮政 4 家，我们一天平均发货 5 万单，2020 年 4 月 28 日徐小米一晚卖了 28 万单，11 月 2 日卖了 200 万单。

发完货之后就到了售后环节。售后部有快手小店后台组，是用文字的形式与客户沟通的；我们留了电话，所以还有电话组。

我们实行无理由退货，虽然退货率很低，但因为量很大，每天的退货都需要有人整理、拆包、验货。残次品就分到次品仓，要么退给供货商，要么就自己处理。因为大小不合适而退货、质量没问题不影响二次销售货品的需要二次整理入仓。

仓储部分还设置了一个岗位叫理货员，专门整理仓库。

货是永远卖不完的，比如剩下十件八件怎么办？如果还占一个库位，空间成本就会提升。理货员对尾货、单品进行集中整理，调拨到散货区。散货区货品的质量是没问题的，但也得处理，只好亏本卖，用来做新主播的孵化，因为新主播一上来也卖不了太多。

另外还有退件组，有整理服装退件组和整理其他品类退件组；还有一个归位组，将商品放回原来的库位。

第三是运营。我们 2020 年才建立起运营部，目前临沂好多主播团队还没有设立这样的部门。早期没有老师可以教，就是投钱涨粉，也没有计算过成本，只是看销量、看流量。任何平台的流量都一定是越来越贵的，我们在快手的涨粉成本也在提高，2020 年 8 月我们投入了 459 万，涨粉 89 万，算下来涨粉成本为 5 元 / 个，而且复购率、转化率远远大于其他平台。

运营部最重要的职能是数据分析，我们会根据数据分析的结果做一些调整。第一个分析就是每日价格结构分析，我们把价格分为 0 ~ 30 元，30 ~ 50 元、50 ~ 100 元、100 ~ 200 元、200 元以上五个等级。我们通过数据分析发现，徐小米业绩高的时候，一定有几款价格在 100 ~ 200 元和 200 元以上的商品，占了业绩中很大的一部分。以前主播不敢卖贵的东西，100 多元、200 多元、300 多元及以上的都不敢卖。2020 年 8 月 16 日，一款 688 元的衣服徐小米卖了 2 500 件，单品销售额 100 多万元。我们还做了一个价格测试，有一款套装，本来定价 490 元，以往为了好卖，会把价格压到 390 元，这次我跟小米说，你就试一下按原价卖，我们上了 1 000 套，最后全部卖完，这说明快手客单价和粉丝购买力发生了变化。

另外，我们通过产品结构分析也找到了一些规律，比如徐小米业绩比较高的时候，一定是服装、美妆、食品和百货四个品类的产品都有，尤其是百货必须要有。

过去两年，我们从十几个人发展到现在 300 多人的团队，其中包括 6 位主播，单纯服务徐小米的团队有 178 个人（截至 2020年 4 月 29 日，见图 3.2）。小米一直在成长，她的团队构成也一直在变化，比如选品人员，2020 年 4 月是十几人，8 月增加到 20多人。

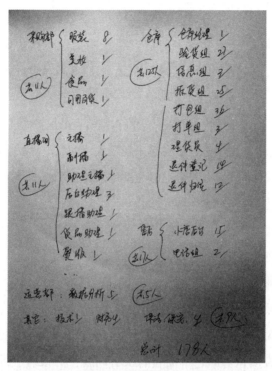

图 3.2　稻田网络为徐小米配置的服务团队（2020 年 4 月 29 日）

选品要经过三关，质检也要经过三关

市场一直在变化，我觉得从 2020 年开始，直播行业的从业者应该深入思考产品定位问题。

2018 年直播电商还处于萌芽阶段的时候，大家抱有一种尝试的心态。一件衣服 9.9 元、19.9 元，就试一下呗！有的人觉得还不错，也有人觉得不太好。没关系，试错成本比较低。如果花 195 元买衣服，试错成本比较高，平台也没有保障，很多人就不想试了。

从 2020 年开始，很多消费者愿意购买性价比更高、品质更好、客单价高的品牌货。目前，徐小米的客单价并不高，但是一直在提升，两年里提升了不少。

快手平台也陆续出台政策，提高对消费者的保护力度。快手官方提倡七项标准，说明直播平台越来越正规，商品的品质会越来越好。

其实快手平台越严格对主播和商家越有利，只有跟着正规的平台，直播电商才能够走得长远。

其实我心里也一直有根弦，就是市场在变化，产品要跟着变化。我们在产品定位上没有被落下，一直跟着快手的节奏往上走。所以稻田网络才能做到今天，实现弯道超车。

为了保证产品的质量，我们设置了三次质检流程。

第一次质检是在服装到仓库验货的时候，核对数量是其次的，主要是检查质量。颜色、面料有没有问题？有没有脏的？质检员要把残次品挑出来，直接放到次品仓。我们的质检员很厉害，一件衣服两个袖子颜色稍有差异都能检出来。打包员也起到质检的作用，有一次发了 500 件毛衣，因为都是黑色，质检员没检出来，打包员打包时用手一掂，感觉有件包裹轻了一点，一检查发现领子和别的不太一样，高领掺了一件低领。

除了质检以外，我们的每件衣服都是有身份的。厂家会有吊牌，但是我们的仓库还会将另外一个身份贴，单独贴到衣服上。

第一次质检完，把单子交给信息员入库，比如来 1 000 件衣服，其中 900 件合格的产品信息会被直接录入系统生成 900 个条码纸，这就是我们单独的身份贴，然后还会有 20 多个人在贴条码纸时再检查一遍，也就是说在销售之前，我们的商品都要经过两次质检。

公司 300 名员工，仓库就有 100 多名，其中 20～25 名专门负责质检，人力成本是很高的。

经过两次质检以后就开始出版。货到了直播间，主播最后看产品的时候，还会进行一次质量把关，看样品和大货是不是一样的。我们会有一个人专门去抽检，抽了样品给主播穿。我们还有一个专门熨版的人，熨完挂好，主播拿去直播。

有的顾客可能会怀疑主播穿的和卖的不一样，在我们这里是绝对不可能的。因为主播的样版都是从大货里面随机抽取的，主播穿的时候感觉衣服和样版不一样，立马就撤掉。我宁愿不卖也不会欺骗消费者。主播试穿的环节，其实就是第三次质检。

直播完就会根据订单出单配货，之后打包、发货，整个过程就完成了。主播穿什么我们就发什么，不会存在货不对版的情况。

我们质检要经过三关，选品也要经过三关。

首先是对各品类采购进行初步筛选，接下来是采购总负责人筛选，最后到主播那里还要再过一关。产品到徐小米那里，基本上只有 20% 能通过。而且产品到了直播间，如果直播助理在顺版的时候发现衣服有质量问题，比如线头杂乱的也会直接联系采购部门把产品筛掉；小米在直播时如果感觉上身效果不好，会告诉粉丝不要买。

因为有严格的质检和选品环节，我们的成本相对来说比其他主播会高很多。服装利润本来就是很薄的，我们的运营成本就占到 20%，这就是为什么前几个月一直在亏损。

我们很自豪的一点是，供应商敢把好的产品供给我们。好的产品成本肯定会高，但是我们宁愿成本高，也要卖好的产品。

我在选择产品组合的时候，排在第一的绝对是质量，第二是商家的服务能力，最后才是利润。如果先看利润就可能会忽视质量和商家的服务能力。直播电商能持续发展下去的核心一定是商品。顾客买单是喜欢你、相信你，拿到货发现质量不行，人设和信用就崩塌了。直播电商一定要以产品为导向，粉丝跟主播之间的信任关系是通过好的产品和服务建立的。表3.1展示的是稻田网络的质检和选品流程。

表 3.1　稻田网络的质检和选品流程

质检流程	第一次质检	产品到仓库验货时，主要就是检查质量，质检员会把残次品挑出来，放到次品仓
	第二次质检	稻田网络每一件产品都会有单独的身份贴，在贴条码纸时会进行第二次质检
	第三次质检	直播间主播最后看样品时还会进行质量把关，看样品和大货是否一样，还有专人负责抽检
选品流程	选品第一关	对各品类产品的采购进行初步筛选
	选品第二关	采购总负责人挑选出可以上直播间的产品
	选品第三关	主播最后决定哪些产品可以直播销售，通过率一般为20%

直播电商如何改变传统生产和销售方式

直播正在改变传统的生产和销售方式，例如2020年4月28日，徐小米总共卖了28万单，其中吹风机卖了六七千单。有时候我们的熨烫机都能卖一万多单。批发商很难有这么多存货，甚至连生产厂家都没有这么多存货。

我们曾经帮一个品牌商带货，他一直做传统电商生意，说自己做电商很成熟，让徐小米帮着卖卖试试，结果一试卖出了2万单，品牌商直接崩溃了——他服务不了。传统电商和直播电商都要发货，但传统电商一般发100单，直播电商一下子要发2万单，他就搞不定了。

在传统销售模式下，厂家是通过线下渠道，在各地招经销商、代理商。经销商是订货制的。做日用百货、小家电的经销商都是多品类的，代理了很多品牌，但每一种品牌的货都不会太多，像小米一下子卖一两万件，他们的服务就没有办法跟上。而且这还算少的，2020年11月2日，小米卖了200多万单，销售额上亿元，更是传统电商无法想象的。

直播电商除了订单量很大之外，每天上架的货品种类也非常多，这也是过去无法想象的。在传统网店一件货品可以卖一个月，甚至一两年，但在快手上就不行，每天都要换很多件货品，随时在变化。

每天都要上新是直播电商的特点。如果不上新，主播的人气、产品的销量就会下降，这是我们做了一年多快手总结出来的。

第一，多个SKU，直播电商这种产品结构拉动了更多的源头工厂的销量；

第二，每天要上新，直播电商也倒逼生产厂家不断创新，开发更多、更好、更新的产品。

原来可能一两家工厂就能满足一家网店的需求，但是现在一位主播可以拉动很多家工厂的生产。

拿服装来讲，徐小米每场直播差不多有80个款。SKU比直播上的款要多，因为一件衣服4个颜色3个码，那就是12个

SKU。以前产品的变化周期很长，种类比较少；现在要根据消费者的需求随时调整产品，种类比以前大大增加，产品更迭的周期大大缩短。

我要保证徐小米产品的上新量，只要是时装，我不允许它在直播间出现超过三次。一般是两次，最多三次。这件衣服进来之后，小米卖过两次，剩下的再好也不能卖了，一般会交给小米带的徒弟来做降价销售。

过去卖服装就是卖服装，现在卖服装的同时也要卖美妆、食品、百货甚至家具、房屋，一切皆可直播。临沂贵合商贸的吴军本来是做直播卖服装的，但他投资了一个集成房屋项目，利用直播卖房子，生意特别好，都忙不过来。我相信，小米去卖沙发、房子也是可以的，只不过没尝试而已。

直播非常重要的特点就是它的及时性和互动性，这是一个很大的变化。传统经济时代消费者的需求在某种程度上是被压抑的，直播电商时代消费者可以直接面对主播，需求得到充分释放，如果主播将信息传递给生产厂家，商品种类将得到极大丰富，产品更新迭代速度会更快。

这应该是C2M（用户直连制造）模式，C端的要求逼着厂家创新产品、提升质量。

直播电商实际上是按需生产。我们是根据消费者的需求选货。粉丝随时可以评论自己需要什么，主播会跟他们互动，而我们有专门的团队分析这些信息。

我们发现，一位主播就相当于一个商场，针对粉丝的多种需求，直播电商跟传统电商采取的是完全不一样的做法。原来是做一个单品，做深度，而现在我们要做宽度，是360度，所有的产品都可以卖。我觉得未来小米还可以卖汽车。沈阳二哥不是一次直播卖了288辆车吗？这个数据太厉害了，赶得上一家4S店了。我觉得直播有无限的可能，它就是一种工具，要看谁在用它。

直播超出了所有人的想象，一个人可以创造一个公司的价值，在临沂找不到几家像小米一样日销售额在上千万甚至过亿元的企业。

商业革命已经进入下一个阶段

直播电商要健康发展，一定要有竞争。实际上徐小米也不是什么奇迹，如果不进步，很快就会被其他人追上。

临沂市工商联短视频直播商会会长刘义林在传统商业时代也算是一个行业的先锋。他在2003年做了一件大事，那个时候县城电影院不景气，但位置挺好的，刘义林就把临沂市沂南县电影院租下来，改造成服装大卖场。他是整个临沂第一个干服装大卖场的。沂南这个服装商场占地近3 000平方米，年销售额最高在4 500万元，是非常不错的。

那个时候位置即流量，大家都到城里的商场买东西，流量就在商场。从空间的维度上看，刘义林的商场位置好、流量大，所以他就是那个时代的徐小米，那个时代的网红。直播时代是去空间化的，实体店的地段优势大为弱化，大卖场商业模式过了它的黄金期，商业革命进入下一个阶段，陶子家、大蒙子、超级丹就是直播电商时代的行业先锋。

刘义林也是摆地摊、做批发出身的，并没有异于常人的经营才能。他在沂南电影院开服装店也是偶然的机会，其实谁在那里开店都赚钱，但刘义林运气好，敢干，善于把握机会，而且将这种模式复制到其他地方，他最多的时候开了 100 多家商场，年营业额达到 10 亿元。但是新时代来临了，他也开始面临前所未有的挑战。

直播电商时代也是一样，我认为，在 2018—2019 年做起来的一批主播，包括徐小米，更多的是靠运气，那时平台流量大，而竞争相对没那么激烈，只要进来，并且具备基本的技能和能力，比如供应链的能力、管理的能力，踏踏实实做事，都不会太差。随着市场变化，大家要做一些调整，C 端也在变，需求变的时候商家也得变。

任何行业在萌芽的时候，变化速度都是非常快的，每个月都会有新的变化，所以每个月甚至每天都要关注变化，并相应做一些微调。2019 年有些人没有注意到粉丝需求往上走的变化，2020 年这种变化更大了，有些人没跟上这个变化也就落伍了。当你的体量到达沸点的时候，就要做大的调整，比如团队的建设。原来一天卖 50 万元，现在能卖 150 万元，这就要求团队做出组织架构、职能部门的调整，比如货品要上 ERP（企业资源计划）系统，而不再是用家人就可以搞定了。

徐小米做快手电商是受了大蒙子的影响，但徐小米的成长也推动了大蒙子这些头部主播的发展。徐小米刚开始做快手电商的时候，直播间才 10 个粉丝，那时陶子家、大蒙子的直播间都已经有四五千甚至上万粉丝了。现在徐小米的直播间平均同时在线有上万粉丝，订单量也超过了她们。2020 年 8 月 16 日，徐小米直播 6 个多小时，卖出 2 175 万元，人气一直很稳定，保持在六七万的粉丝量。

为什么仅一年多的时间，徐小米就反超了她们？这种竞争会引起她们的思考，促使她们做出一些转变，比如更加重视品控、售后、客服、员工管理、团队建设等，竞争会让这个行业越来越好。

我觉得，直播电商已经进入新的阶段了，2020 年快手上进来了一些传统行业的老板，比如临沂排名前几位的服装卖场大佬都杀入了直播电商，联合成立了卖播集团。

这些大佬级别的人进来可能会改变直播电商的生态，但也一定会交学费。直播电商和传统商业玩法是不一样的，逻辑也是完全不一样的。所以直播电商行业的教育和培训还是欠缺的。我觉得未来一两年内，直播教育板块会有非常大的市场空间。

未来还会有新的"徐小米"产生

未来会不会有下一个"徐小米"，我的答案是，一定会有的。

举个例子，临沂某文化公司签约了一名服装搭配的主播，她原来自己干，一天卖三五万元，签约之后首播就突破十万元，平时每天都可以做到五六十万元，2020 年 8 月 16 日做活动卖了 140 万元。

这位主播之前没什么团队，也没有资金，更没有选品，所以财务、后勤、发货、货品都搞不定。公司给她在产品上做了区别定位，叫轻奢时尚。有些服装换一个人穿是不好看的，但这位主播跟这一服装定位非常搭。

时装分为很多类，现在小米的定位是大众时装，陶子家、大蒙子的定位是大众休闲。这位主播定位的时装更精致一点。她脸型小小的，长相也比较精致，身材比较瘦，适合她的那种衣服往往不适合身材偏胖的人穿。

根据定位，每一个品类都会出现新型主播，我刚才提到的这位主播就从公司拿到了足够多适合她的货。这部分消费者特别多，所以她的产出超出了一般的主播。

按照徐小米原来的坑位产出（坑产），直播间每 1 000 人只能卖到 10 万～20 万元。现在这位主播直播间 1 500 人一晚上的坑产为 40 万～50 万。原因在于：第一是客单价高，第二是有深度，有深度的原因是主播的人设，还有她讲解产品比较到位，粉丝结构群体特别垂直。

现在的直播有好多领域没有被深挖。我觉得未来一定会有其他定位的主播成长起来，甚至比小米更厉害。

现在我也挺担心一件事，徐小米做到现在这个高度，接下来如何突破。我一直在居安思危，做一些组织建设、企业文化搭建的工作，也找了上海的一家人力资源公司帮我梳理，在接下来的发展当中会遇到哪些障碍。

我觉得这是一个不可逆转的时代。未来三五年之内，没有什么会在零售层面替代直播。尤其是 5G 普及之后，传输速度更快，画面更清晰、更真实。因为有了 4G 才有了快手，有了草根的加入，才把直播电商这个市场带动起来。

今天传统行业的大佬一定会加入直播电商行业。你看，董明珠也直播，各个地区的市长、县长不都在搞直播吗？ 2020 年疫情改变了很多人的习惯，因为疫情的持续时间长。一个人一次直播购物可能改变不了什么，但是几个月下来消费习惯就在不知不觉当中养成了。2003 年非典疫情，人们对网络购物的接受度提高了，那是电商的一个转折点，2020 年疫情对于直播电商来说也是一个转折点。

坏事后边有好事，危机里边有机遇。

我如何为徐小米选品

凯丽是稻田网络选品部两位负责人之一，她是专门为徐小米服务的，以下为凯丽的讲述。

服装对选品的要求特别高，款式、质量、价格三个方面都要考虑。主播要卖适合粉丝区间、年龄跨度的东西。

徐小米卖的服装来自广州、杭州、武汉、郑州，还有东北、河北，其中以广州最多，因为广州的衣服时尚，款式更新换代快，性价比高。

从服装板块来说，徐小米选货和其他主播有两个重要的不同之处。

第一，我们有针对性地去寻找匹配徐小米风格的东西。徐小米的风格偏时装。快手刚开始做服装的时候，很多人卖休闲风格的衣服。徐小米的形象偏女人味一点，走时装风格，对品质要求较高。一件白 T 恤，可能面料不一样，售价有些许不同，其实差别不是太大，但是对于时装来说，第一款式要好看，第二要有设计感，哪个地方收口，哪个地方腰线高，要求非常严格。

第二，核心的还是商品的质量。一些产品的风格、款式都适合徐小米，但是质量一般，我们也不会选它。我们要求细节完美，因为这是决定顾客满意度的重点。小米真的是在用质量说服顾客。我们的利润很低，刚开始做快手的时候亏了一些钱，快递费、人工费等都超出了预算。

从美妆版块来说，我们只做国内一、二线品牌，或者一些国际品牌。品牌美妆一般品质不会差多少。化妆品几百个品类，有些适合 30 岁以下的群体使用，有些适合 25 岁以下的群体使用，要针对我们粉丝的年龄段进行选品。

百货家居类我们也会从源头选择质量过硬、有品牌、稍微自带流量的产品。小家电类的选品一般产自浙江宁波慈溪一带。

我们选品部会去全国各地选货，主要是跑服装。因为服装是非标品，一个设计师就是一个风格，"玩"的是款式。服装更新换代速度比较快，每天都在上新。而化妆品和百货类以标品居多。化妆品不可能每天上新，有些名品几十年都在做。

其实整个直播电商行业都缺好货，我们也缺，小主播更缺。为什么缺好货？货没有天花板，供应链没有标准，品质没有最好只有更好。

第四章
武汉：崛起的快反工厂集群

- 一件简单的棉服 130 秒即可完成，为什么武汉工厂的快反能力全国第一？

本章篇目

武汉崛起：
当中国第一的快反能力遇上直播电商

要点

· 一件衣服从设计到交货，7 天完成；一家工厂 15 天可以生产 10 万件直充羽绒服；一件简单的棉服 130 秒即可完成。目前，武汉工厂的快反能力全国第一。

· 大规模快反能力使武汉成为直播电商的主要货源地，全国直播电商的冬装，包括棉服、羽绒服和夹克，60% 都是湖北的工厂生产的。

· 武汉人敢备现货，武汉交通发达、汇集了大量年轻的产业工人，具备快反的基本条件。之所以能够做到这么快，与工厂采用 JIT 单件流生产模式有关。

很多人不知道，武汉是全国最大的梭织类服装生产基地，也是直播电商的主要货源地。全国直播电商的冬装，包括棉服、羽绒服和夹克，60% 都是湖北的工厂生产的。

更多人不知道的是，武汉服装行业的生产速度非常惊人：一件衣服从设计到交货，7 天完成；一家工厂 15 天就可以完成 10 万件直充羽绒服的订单；一件简单的棉服、羽绒服的生产，130 秒即可完成。这种大规模生产的快反能力目前是全国第一的。

本文作者为快手研究院高级研究员李召，研究助理甄旭。

湖北动感一族服饰织造有限公司的工厂每年生产服装数百万件，是武汉典型的快反型企业。动感一族公司总部位于武汉市汉正街龙腾第一大道的蓝宝石座，工厂位于距离武汉 80 公里的仙桃市。在距离武汉 40 公里的汉川，还有 20 多家合作的卫星工厂和 1 个集散仓库。

总部、仓库、工厂形成了动感一族三位一体的格局，这也是汉正街很多大型服装企业的模式。本文所讲述的武汉服装业快反模式，就是以武汉汉正街商家的公司总部为中心，半径 100 公里范围内的各个工厂以及配套的仓库形成的一种生产模式。

◎ 以下为该公司创始人柯法良的讲述。

武汉是直播电商的主要货源地

我是石狮人，干了 25 年的服装行业，2012 年来到武汉市汉正街发展，创办了湖北动感一族服饰织造有限公司。目前公司发展得还算不错，有自己的品牌，男装叫"动感一族"，女装叫"优势"。我们是汉正街比较大型的服装企业，在湖北、江西、福建和广东都有公司和工厂。

我们在广东的工厂，生产的服装以千万件计，以春夏装为主，包括 T 恤、连衣裙，这些属于针织类，单件价格低一些；在湖北的工厂，每年生产服装几百万件，以秋冬装为主，包括棉服、羽绒服、夹克，这些属于梭织类，单件价格更高。

今天我们在湖北汉川的仓库向全国各地发送了 4 万多件服装，

从早到晚都没有停过。这些货有发给连锁店、商超的;有为品牌企业代工的,如快鱼、冠军、森马、贵人鸟、德尔惠等;也有发给直播带货主播的,其中以快手主播居多。

我们给快手某头部主播供货。前几天我们生产的一款羽绒服,他卖了20多万件。最近他看中的两款羽绒服和一款夹克,是我们开发出来的"蓝天白云"系列,性价比很高。

很多人认为,做羽绒服最厉害的是浙江的平湖。因为平湖做羽绒服的时间比武汉早,尤其是为海澜之家、波司登、优衣库等几个品牌做代工,在国内把品控做了起来,把羽绒服市场做大了。

其实武汉羽绒服对直播电商的供货量远远超过平湖。武汉在走上坡路,产量更高、品质更好、配套设备更全。

武汉因此成为直播电商的主要货源地之一。现在直播电商的冬装,包括棉服、羽绒服和夹克,60%左右都是湖北的工厂生产的。快手上卖199~299元价位的羽绒服,绝大多数也是在湖北生产的。

主播可以在杭州、广州、临沂直播,但要拿现货,肯定要来武汉。一是武汉的生产能力非常强,汉正街管委会的数据显示:汉正街时尚男装销量占据全国市场份额的40%,梭织类服饰产能、销量在全国排名第一。二是生产速度特别快,武汉的快反能力,目前在国内是一流的。

为什么武汉能形成快反能力?

快反源于"单件流"生产模式

在汉川,工厂可以上午上线生产,下午出成衣,当天运往仓库发货。一件简单的棉服、羽绒服可以 130 秒完成生产，一家工厂 15 天就可以完成 10 万件直充羽绒服的订单。

为什么我们能够做到这么快？这与工厂采用了"单件流"生产模式有关。

动感一族的仙桃制衣厂车间有 20 多条生产线，每条生产线前面都有一个 JIT（Just in Time 的简称，准时生产体制）单件流生产看板，上面记录了目标产量、人均产量和倒计时等数据。倒计时以秒计数，倒计时结束一件衣服就做完了。然后重新计时，周而复始。

传统的服装生产线采用"包流模式"，就是一个工人做了很多件，包成一捆，包了很多捆之后再交给下一个工人接着做。用纸来打比方，假设这条生产线今天要生产 20 件服装，第一个工人负责 10 道工序，他要在纸上从 1 写到 10，写完 20 张纸后再交给下一个工人。

包流模式下，一个工人交给下一个工人的是一叠纸，但是单件流是一张纸。工人 1 完成工序后在纸上写 1，递交给工人 2，工人 2 完成工序后写 2，递交给工人 3。而且这个任务是重复的，我是工人 1，我在纸上就一直写 1，递不出去的话就堵住了路。

包流可能是 3 天后交接，灵活性很大，工人没有紧迫感。但单件流是 3 秒就有人催你交接，就像背后有人逼着你，不跑也得跑。有人催和自由把握进度，哪一种模式的效率更高呢？

为了适应单件流模式，加快生产速度，我们把一件服装的生产流程分为几十到一百多道工序，流水线上的每个工人负责一道或几道工序，工人需要在规定的时间内完成，然后迅速交给下一个工人。表 4.1 为湖北一家工厂的羽绒服生产工序表。

表 4.1 湖北一家工厂的羽绒服生产工序表

款号：2022-1薄款　数量：　件　特殊时期上浮10%　组号：21/22/23组

序号	工序	单价	序号	工序	单价
1	分片/验片/拿框/配片/拿片		58	车面帽侧棉*2	
2	黄平面里门筒*2		59	车面帽中棉*1	
3	前袋上贴贴衬/烫衬*2		60	车面帽中缝及放条带*2	
4	里袋唇/袖带盖贴衬/烫衬*4		61	压面帽中缝及0.6线*2	
5	拉链缩水*1		62	车面帽沿棉*1	
6	度位剪弹力绳*1		63	上面帽沿及留弹力绳位*2	
7	前下节口袋位扫粉*2		64	穿弹簧扣一端*1	
8	袖排扫粉*2		65	穿弹力绳弹簧扣一端及订位*2	
9	车前中于前下及压0.1线*2		66	车面帽头棉*1	
10	车前中于前中及压0.1线*2		67	车面帽头于面帽*1	
11	模板车车拉链袋及放垫布*1		68	车帽里帽棉*1	
12	剪开拉链袋唇角*1		69	车帽沿帽里及打刀口*6	
13	车拉链于拉链垫布*1		70	定帽带条及翻帽*1	
14	刊拉链袋0.1线一圈及折放垫布*1		71	合讲面肩侧缝及对位*1	
15	前面袋拉省*4		72	拼接下摆内贴及放棉走定*2	
16	前袋里拉省*4		73	比位上下摆内贴及压0.线*1	
17	车前袋插色拼块*2		74	比位上面帽*1 （有棉）	
18	车前袋上贴袋布*2		75	上拉链及对位*1	
19	落实样版面前袋*2		76	车里筒帽里及放棉*1	
20	接实样线放衬布车前袋面里及窗口*2		77	修翻里筒*1	
21	翻前袋及挑角*2		78	里门筒压0.6线*1	
22	压前袋口 0.1明线*2		79	上里门筒*1	
23	车前袋于前片及留袋口位*2		80	上面袖及对位*2	
24	模板车车前袋盖及放棉*2		81	订商标四方*1	
25	修翻前袋盖*2		82	车商标贴面里*1	
26	前袋盖压 0.6线*2		83	翻压面标贴*1	
27	前袋盖走定宽度实样线及修剪*2		84	车里袋唇/袋贴*2	
28	车前袋盖于前片及压0.6线*2		85	开里袋成型及夹商标贴及剪*1	
29	车后中于后下节及压0.1线*1		86	车里挂扁棉*1	
30	车后上于后中及压0.1线*1		87	车里挂扁于里布及压0.1线*2	
31	折订袖袋盖织带*1		88	写剪洗水唛*1	
32	模板车袖袋盖及放织带*1		89	合拼里肩侧缝及夹洗水唛*2	
33	修翻袖袋盖*1		90	车里袖底缝*2及留门口	
34	袖袋盖压0.6线*1		91	上里袖及放带条*4 （有棉）	
35	袖袋盖走宽度实样线及修剪*1		92	拼接挂扁耳及剪*1	
36	车袖袋盖及压0.6线*1		93	套里帽领及夹挂耳*1	
37	面袖袋拉省*2		94	套里摆*1	
38	里袖袋拉省*2		95	套门襟及修剪*2	
39	车袖袋插色拼块*1		96	走定面里领*1	
40	车袖袋面里四方及窗口*1		97	肩侧缝定位*4	
41	翻袖袋及挑角*1		98	里袖口打折*1	
42	车袖袋口宽度线*1		99	套袖口*2	
43	车袖袋于面袖及定三角*1		100	翻衣服*1	
44	车面袖插色拼块及打刀口*4 （24个刀口）		101	压门襟0.1线*1	
45	面袖拼块缝压0.1线*4		102	转角帽沿0.1线*1	
46	车袖底缝*2		103	转角压帽沿宽度线*1	
47	模板车车袖祥及放棉*2		104	双针车收下摆*1	
48	修翻袖祥*2		105	车面门筒面里及放棉*1	
49	压袖祥0.6线及蒂版清剪*2		106	修翻面门筒*1	
50	折车袖排异色拼块*2		107	压面门筒0.6线*1	
51	袖排异色拼块压折压0.1线四方*2		108	面门摆定宽度实样线*1	
52	合压袖排0.1线及放棉*2		109	面门筒切止口*1	
53	订袖祥*2		110	上面门筒及压0.6线*1	
54	车袖排缝及包袖排*2		111	里袖封口及反车一段*1 （有棉）	
55	走定袖排一圈及翻*2		112	落实样版面面袖袋*1	
56	面袖排打折*2		113	面袖袋位扫粉*1	
57	上袖排*2 （注意宽窄）		114		

厂长签名：　　　　　　　　　　　　　　　总经理签名：

一个工厂需要多少条生产线，每条生产线需要多少人，可以根据款式、工序的复杂程度灵活分配。例如款式复杂的羽绒服可能有 120 道工序，那么每一条生产线配 25 个左右的工人，每人负责 4~5 道工序。

在单件流模式下，仙桃工厂能做到一条生产线生产一条简单的裤子用时 50 秒，复杂的 60 秒；夹克 80 秒；简单的棉服、羽绒服 130 秒，复杂的 180 秒。刚上线的工人需要的时间会多一点，大概 200 多秒。

另外，为了不影响生产，有人请假时，会有什么工序都能做的"万能手"代替。单件流是高强度生产，只有年轻人才能受得了，当然产能也高。

流水线上的工人很辛苦，但收入比以前提高了很多，一般月薪 7 000 元左右，高的 10 000 多元。在汉川，很多工厂就是一个院子，院子里面有厂房、有宿舍。这里的工人一般是自己开车上下班，车也不是很贵，工人买得起。

快反和武汉人敢备现货相辅相成

武汉人，第一个特点是快，生产快、速度快、反应快。第二个特点是胆子大，有现货、敢备货。

武汉是全国很著名的现货市场，客户不用提前订货，有钱随时买得到现货。而广州、杭州主要是订货模式，订多少做多少，要卖的时候可能没货了，要货需要提前订，周期就很长。所以各地的很多现货订单都交给了武汉。

2014 年以后，武汉的男装市场快速增长，厂家敢备现货，备多少货就卖多少货，所以才能形成现货的快反能力。

做现货面临很大的库存风险。虽然说订货也有库存，但现货的库存是难以把控的。库存多了，要不要卖掉？卖库存就卖不了新货，不卖的话，库存堆在那里，又不能下新货订单，这就形成一个死循环。库存多了，厂家受不了，就想怎样把库存控制在最少，所以现货订单就倒逼了武汉工厂的快速反应能力。

客户要 5 000 件货，是一下子做 5 000 件放在仓库里，还是把 5 000 件放在流水线上，每天生产 1 000 件？肯定是选择放在流水线上进行快反。你今天报单，我三五天给货，货其实是在生产线上的。

武汉的快反能力，和武汉人敢备现货是相辅相成的，这一点特别适合直播电商。因为电商发货是有时间限制的，几天之内必须发完货，但是又有很大的不确定性：第一，在直播前，主播并不知道能卖多少货；第二，主播卖完了又不知道会有多少退货。如果备货太少，怕不能按时发货，被消费者投诉；备货太多，又怕产生库存压力，造成资金流转问题。

但是武汉不一样。主播直播的当天，工厂就已经在线上生产了，还可以根据退货率反推，灵活决定批量下单的数量，后续再根据主播的卖货量随时补充。所以，快反是一个很好的解决整个直播供应链库存问题的方式，既可以解决工厂的库存问题，又可以解决主播的库存问题。

快反也是对生产物料供应的考验，包括与生产线的匹配。一旦生产线启动，一天需要几万米布料，如果没备货，肯定快不了。在有坯布的情况下，生产周期最短也要七天，再短就会出问题；

没有坏布更惨，后面所有的生产都没法进行。

武汉的优势在于，汉正街有很多服装面料、辅料供应商，加工厂可以直接拿到原料。谁家有库存就先拿一部分，过两天再拿一部分，先给生产线供应上，这样就能实现快反。武汉的布行也跟全国的服装产业链有联系，今天订了布料，后天就能从浙江柯桥发货。

我们石狮的服装业衰落，就与缺乏快反能力有关。石狮人做棉衣，可能自己压三五万件，但武汉人不会。再比如说面料，石狮动不动就要订货，7 天拿到了，可能颜色不好，需要重新返缸，生产周期就被面料给拖住了。还有福建晋江的运动品牌，以前的生产周期往往是半年，每年 3 月份下后半年的订单，碰上好卖的货，没有快反能力就赶不出来。所以除了安踏以外，晋江的品牌都在走下坡路，倒闭了很多企业。

快反与武汉优越的地理位置有关

武汉敢做现货、发展快反生产，又与武汉优越的地理位置有关。

武汉位于全国的中心，是高速铁路网的枢纽，交通方便，物流发达，水陆空运输都十分便捷。

2020 年 11 月 1 日，从汉口火车站发出了全国首条高铁货运专列。这趟列车专门服务于电商运输，到达北京仅需要 4 个多小时（见图 4.1）。

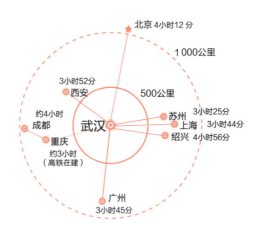

图 4.1　武汉与全国主要城市的高速铁路网，形成"半天生活圈"

　　湖北省内的交通也很便利，从汉正街到周边工厂、仓库，只有两三个小时的车程。很多汉正街商家的配套工厂，就在武汉周边 100 公里以内的卫星城市，主要是武汉以西，像汉川、潜江、仙桃、天门、监利，其中汉川新河镇就有 4 400 家工厂（见图4.2）。配套仓库主要集中在武汉以西 40 公里的汉川，像我们动感一族这样的仓库，还有 80 多家。

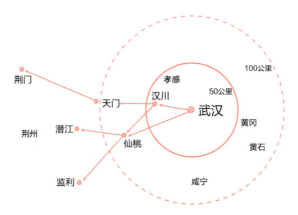

图 4.2　快反工厂分布在武汉周边 100 公里左右

快反离不开原材料，湖北不产布料，但这里距离原料产地或者集散地很近，苏州盛泽、绍兴柯桥、广州的布料，很快就可以运到。王俊霖是汉正街的布料大王，也是我们石狮人，2003 年就到武汉来发展了，他们家的梭织材料从盛泽运过来，晚上 10 点装车，第二天早上 9 点到，其他的材料运过来也只需要一天左右。

现在中国的交通很发达，做生意都是全国性的，只要货品能够流动起来，主播在广州还是杭州，其实都无所谓，武汉都可以供货。我们公司在杭州九堡有一个直播基地，里面的服装很多都是在武汉生产和发货的。

上百万工人为快反提供充足劳动力

快反需要大量的年轻劳动力，湖北刚好具备这个条件。

全湖北有 100 多万名服装产业工人，其中汉川有近 40 万人，仙桃有 15 万人，潜江有 12 万人，天门、荆门一带也比较集中。我们汉川仓库所在的新河镇就有 30 多万名工人，发工资那一天场面很壮观，几乎整个新河镇都在堵车。

从工人的工作效率看，相对来说，湖北比其他地方要高。湖北这边服装加工厂的工人，年龄大部分在 20 ~ 35 岁，而且现在还有很多年轻人在学习做服装。其他地区的工人，做同样的款式，产能可能只有这里的 60%，甚至 30%。

湖北有服装产业带，有产业工人的基础。潜江的工厂规模大，产业也比较完善，上千人的工厂就有好几家。在仙桃，几十人、上百人的工厂也很多。

潜江张金镇的幸福集团是湖北服装业的发源地，以前幸福集团在全国就很有名，现在湖北服装工厂的老板，很多都是从这家公司出来的。幸福集团规模大，体系完善，品控做得好，给森马做过代工。就是在潜江，森马的生意才开始突飞猛进的。以前帮幸福集团做代加工的工厂、工人，慢慢在仙桃做大了。

沿海劳动密集型产业在向内陆转移，很多在外地工作的湖北人也回到了老家。服装产业的迁移，最开始是工厂从福建、广东和江浙一带搬到武汉，后来从武汉硚口区的古田路一带迁移到黄陂区的盘龙城，现在又从武汉周边搬到卫星城市，如距离市区约40公里的汉川、80公里的仙桃，以及天门、潜江、荆门等武汉以西的城市，基本上搬到工人家门口了。

现在，湖北加工厂的工人，都是周边过来的。逢周末休息，他们开着车就可以回家。

此外，武汉还有一个很大的汉正街商圈。有载体、有市场，产业就能做起来。

湖北单件流模式的起源

要点

· 武汉快反工厂的形成不是一蹴而就的，从传统包流生产模式到单件流生
产模式，浪力奇是武汉快反工厂转型的典型代表。

· 从大型服装批发市场到全国著名的男装一级批发市场，武汉直播电商还
有很大的发展空间。

浪力奇：采用单件流生产模式的先行者

湖北浪力奇服饰有限公司是汉正街比较大型的服装企业，公
司总部位于汉正街龙腾第一大道红宝石座，仓库位于湖北汉川，
工厂则分布在武汉东西湖区、汉川、潜江等地，工人有千余人。
浪力奇是湖北较早成功地把传统包流生产模式改为单件流生产模
式的服装工厂。

◎ 以下为湖北浪力奇服饰有限公司总经理郑保平的讲述。

原来我们工厂也是采取包流模式，几天才做一件衣服，天天
亏钱。大概六七年前，我去另一家加工厂参观，看了工厂的流水

线生产，非常震撼，这家加工厂是湖北最早采用倒计时单件流生产模式的企业之一，几十秒就能生产一件衣服，现在这家工厂已经不在了。

我回去后立马把自己的服装工厂的生产模式改了，最先改的是位于武汉东西湖区的浪力奇工厂，改革后效率提升了接近一倍。以前做磨毛的风衣，一条生产线最多只能做八九件，现在人均能做十七八件。

第一家工厂改造成功后，我们开始在所有工厂推广单件流模式。2014 年一整年，我跟咨询公司合作，把浪力奇的六七十条生产线都改了。现在我们每年生产冬装 500 多万件、裤子 200 多万条。

因为效率提升很快，湖北其他工厂也跟着改。现在超过 60% 的湖北工厂都采用单件流生产模式。

武汉要抓住直播契机突破发展瓶颈

龙腾第一大道是武汉市龙腾置业有限公司开发的大型服装批发商城，目前是全国著名的男装一级批发市场。龙腾第一大道的男装批发以中高端为主，大约有 1 100 家入驻商家，分布在金座、银座、红宝石座、蓝宝石座等大厦。

◎ 以下为龙腾第一大道商家管理负责人黄晓宇的讲述。

我以前做市场招商运营，2010 年从钱江集团接手龙腾第一大道。当时靓仔装、时尚男装最多，占市场 1/6 的份额，其他全是内衣、童装、体育用品。

有生存空间的地方就有生意。武汉做内衣是"二批"市场，"二批"生存能力差，做不出成绩。我们就专做男装，把其他品类都淘汰掉，花了三年时间改造升级了整个市场。

现在，武汉做时尚男装的企业有 1 500 家左右，高、中、低品质都有。其中龙腾第一大道有 1 100 家左右，以中高端为主，占到市场的 4/5，成了全国著名的男装一级批发市场。入驻的上千商家，每一家都有源头生产工厂，大多数是自己开设的，也有一些是合作的。

快手电商主要是首先抓住了汉正街做时尚男装的这批人，他们在生产、成本、价格、款式上都是不可代替的。

每个平台都是靠大的供应链做起来的。武汉以生产为主，有强大的供应链。但是武汉缺少电商人才，货的出口难找。武汉的服装市场遇到了瓶颈期，唯一能突破这个瓶颈的就是直播电商。这从另一个角度也说明武汉直播电商的发展空间是很大的。

第二部分
各行业样本调研

第五章
直播 + 农产品

- 陕西武功凭借其物流、电商人才等优势，正在探索"买西北、播全国"模式，利用直播将西北各地的新鲜瓜果销往全国，屡造爆款。
- 农产品直播，正在倒逼武功的供应链、仓储、物流等，朝着更适应直播电商的方向发展。

本章篇目

陕西武功样本：
"买西北、播全国"的探索

要点

· 鲜果直播对基础设施投入要求高，要有专业的生鲜仓库和设备，可进行自动化分拣，能有效实现鲜果的标准化，降低售后率。

· 直播电商比传统电商的链路更短，供应链集中了从地头采购、入库、分拣、包装、快递等流程。

· 西北地区好的主播匮乏，挖掘主播要多条腿走路：培养自己的客服团队成为店播，做培训业务以孵化主播，签约当地农民、返乡大学生等做主播，全公司对接外部主播。

2020 年 8 月下旬，正是猕猴桃快要成熟的季节，两个来自新疆的快手主播，跑到位于陕西省武功县电子商务园区内的西北网红直播基地寻找货源。

其中一位主播原来在新疆吐鲁番做干果批发生意，看别人在快手上直播卖货能赚钱，也加入其中。他们在快手上把新疆的干果销往其他省份，但因为疫情，新疆的快递暂时发不出去，不得不出疆找货。

本文作者为快手研究院研究员杨睿，研究助理陈亦琪、甄旭。

像这样找货的主播还有不少，他们都不约而同地选择了武功。

陕西省咸阳市武功县接近中国版图的几何中心，曾是古丝绸之路上一个重要的商贸中心。自汉代起，丝绸之路在咸阳境内两条主干道之一的"南道"，就是从长安出发，经咸阳、兴平、武功，过凤翔、陇县，一路西行，至兰州再接河西走廊，通达西域各国。

2013 年之后，武功县因发展"买西北、卖全国"的电商模式而逐渐出名，成为新疆等西北各地农产品，尤其是干果，销往中原、东部沿海地区的跳板。这里也不断聚集了分拣线、仓储、物流、电商人才等要素，一个本来几乎没有规模工业发展的农业大县，如今已成为"电商大县"。

如今，当电商进入直播时代，武功也再次走在西北前列，发力直播电商、社交电商。除干货外，不少西北地区的生鲜产品也成为直播平台上的爆品。民勤蜜瓜、武功猕猴桃、大荔冬枣等都爆过单，创造了生鲜水果行业的销售奇迹。

武功在电商直播领域的快速发展，有其传统的电商基因，更有当地切中时代脉搏、快速迭代升级的努力。

这里有西北地区相对密集的电商人才，有背靠新疆、甘肃等地的优质货品，和很有吸引力的物流、仓储优势。但与传统电商相比，直播还有一套自己的逻辑——对主播的要求高、单品爆发快、对后端供应链的考验更为苛刻。

为此，当地政府积极建设培育直播电商的支持体系。2020 年6 月 21 日，由陕西省果业中心、武功县政府主办的西北网红直播基地启动。农产品电商领域的龙头企业西域美农专门成立了一家子公司——陕西惠农电子科技商务有限公司，投资 1 000 万元，承担基地的运营工作。这是西北首个直播基地。

基地启动当天，由武功县政府、快手科技、陕西惠农等共同主办的为期三天的"快手上的乡味——西北篇"系列活动也同步启动。"陕西老乔小乔父子档""榴莲大叔""水果大叔""爱做饭的莹莹姐"等粉丝过百万的快手主播在现场分享了自己的直播带货心得。

从"啥都没有"起步

在成为"西北电商第一县"之前，陕西省武功县还"啥都没有"。用当地人的话说，"一没产品、二没技术、三没氛围"。

情况的转变发生在 2013 年，新上任的武功县领导提出，要利用武功的几个基础条件，打造西北电子商务第一县。一是接近国家版图几何中心和"一带一路"重要节点的区位优势，具有强大的境内和周边的铁路、公路、航空立体交通保障能力；二是农业产业尤其是部分西部时令水果的产业基础；三是各种具有历史文化特色的手工艺品产业；四是当地作为劳务输出大县，有大量返乡创业人才。

当时武功本地很多人对于电商是什么都讲不明白，更不用说怎么做。那一年，原本在新疆开过网店的李春望，看到武功的新规划，背着双肩包，只身一人前来考察。

此番武功之行，李春望是想为自己的公司西域美农找一个能容纳从采购、仓储、生产到销售一条龙的地方。此前，他已从新疆辗转来到西安落脚。新疆冬季漫长，一旦下雪封路，货常常一个星期都运不出来。而关中腹地差不多是整个中国版图的几何中心，把新疆的干果运到这里存储，再发往全国，有得天独厚的地理优势。但李春望在西安始终没找到合适的仓库，于是他把目光投向了正在招商的武功。

当时武功县的工业园区，大部分还没有企业入驻，长着荒草。武功县政府为了积极招商，也给出了非常优惠的政策。2014 年 4 月，西域美农的生产及仓配物流中心正式落户武功。

在李春望的带动下，一批原本在新疆做干果生意的企业纷纷选择落户武功。然而就像如今很多人不理解直播一样，当时武功县发展西北电子商务第一大县的规划，也遭遇了不小的阻力。很多人觉得，"新县长来了，不搞一些大事情，成天找一些卖枣、卖核桃的电商企业开会，不务正业"。

反对声很快就偃旗息鼓了。据阿里销售平台统计，2014 年武功县农产品交易增速在全国县域电商中排名第十一位，农产品销售额超过 2 亿元，在全国大枣、核桃、杏干、椰枣类目销售排名第一，全国干货类目销售排名第五，一跃成为陕西县域农产品销售第一名。

就这样，在新疆的货品销往全国时，武功成了必经的一站。

"买西北、卖全国"

"买西北、卖全国"的定位，与李春望的个人经历有关。

学生时代，这个安徽人曾在青海支教，对青海物产有很深的感情。大学毕业后被分配到新疆克拉玛依油田做项目经理，长期生活在新疆。2008 年他开了一家淘宝店，专营新疆特产，希望让更多人知道新疆的好东西。但苦于新疆的物流等不可控因素过多，这才有了前面辗转西安、落户武功的故事。

扎根武功后，李春望依然带着采购团队在西北地区一直走、一直看。结果发现，不仅是新疆，在甘肃、陕西、青海这些西北省份，还有很多不为人知的好货，像洋县的黑米、米脂的小米等。

就这样，像陕西渭北苹果、石榴、核桃，陕北红枣、杂粮，以及新疆瓜果、干果，西藏牦牛肉等特色农产品货源集聚武功。武功带动了陕西省乃至整个西北地区 400 多种特色农产品的电商交易，电商也成为武功县域经济发展的新动能。

"买"西北的关键在于懂货，"卖"全国则不得不注重物流体系的搭建。武功同样利用优惠政策吸引快递企业入驻，逐渐壮大物流优势。

由于电商企业能够保证稳定的发货量，因此也就有了与快递企业议价的能力。物流方给西域美农的价格目前已经降到 1.2 公斤以内 1.6 元、3 公斤以内 2.2 元。这个价格甚至让浙江一带的客商感到惊讶——西北的物流费用竟然如此低廉。图 5.1 展示了武功县的"买西北、卖全国"模式。

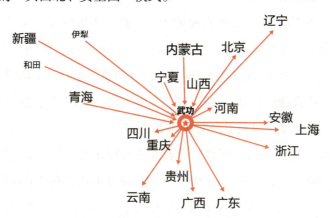

图 5.1 武功县"买西北、卖全国"模式

新疆的库尔勒香梨要想运到其他省份，仅物流就需要五六天。但是，从新疆拉一车货到武功只需要一天左右。由于货量大，单位运输成本也会降低，到武功后直接送到冷库冷藏。由于这里接近全国版图的几何中心，公路运输、铁路运输和航空运输也比较发达，到其他地方基本仅需两三天。

截至 2020 年 7 月，武功有电商企业 328 家、物流快递企业 40 余家，发展村淘 105 家，培育个体网店 1 200 余家、微商 3 000 余人，带动就业 4 万余人。2019 年，全县电商销售额达 41.22 亿元，对 GDP（国内生产总值）贡献率达到 10% 以上，助力全县农民人均增收 862 元。

西北网红直播基地

近年来，武功县又在"买西北、卖全国"的基础上探索"买西北、播全国"模式。

早在 2015 年淘宝做直播内测时，西域美农便开始接触直播。但因为带货成果不显著，以及直播氛围还不浓厚，中间便停滞了一段时间。直到 2019 年 8—9 月，西域美农开始做淘宝店铺直播，才和一些直播达人有了对接。到 2020 年初，他们发现这些达人也开始在快手等短视频平台上做直播。

2020 年 5 月初，李春望带着武功县领导去杭州、义乌等地参观了一圈。回来之后，他们把原来已经落灰的西北农产品体验城重新装修，打造了 18 个直播间。短短二十来天时间，西北网红直播基地建设就已基本完工。6 月 21 日，西北网红直播基地正式启动。

传统电商平台的流量获取越来越难、获客成本越来越高，做直播让传统电商尝到了甜头。"我们是一家农产品电商公司，肯定要找各种渠道对接产品。快手等平台本身的流量很大，加上现在成本低，不说找达人带货，单我们自己做短视频和直播带货，观看量和免费的曝光量就很大。"西北网红直播基地负责人李秀娟说。图 5.2 展示的是直播给水果买卖带来的流通模式的转变。

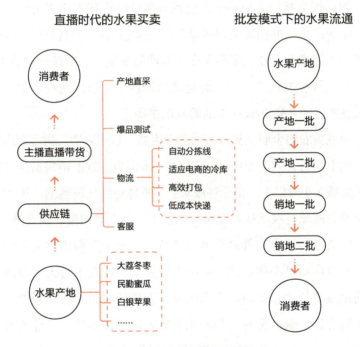

图 5.2 水果直播改变流通模式

现在的西北网红直播基地，原来只是陈列西北农产品的展览馆，坐落在武功县工业园内。

如今，直播基地的门口竖立着"零成本商家入驻"的易拉宝。直播基地的大厅，被做成了一个卖场的形式，聚集了陕西、新疆、青海等地的产品。西北地区比较有名的企业和品牌方，都可以免费入驻，以农产品为主，例如陕西的网红产品"三秦套餐"（擀面皮、肉夹馍、冰峰汽水），还有原产地的水果等。大厅四周有 18 个直播间，还有培训中心、供应链中心等多个功能板块，是西北地区首个专业化的农产品网红培育和直播电商运营服务平台。

西域美农在对接主播时有三种形式：作为网店的西域美农有自己的店铺直播，主要是从自己的客服团队中培养出来的全职主播；作为供应链的西域美农可以和全网主播对接，与包括头、腰、尾部的主播都有合作，尤其是在生鲜产品带货上，擅长产地直采、全网打造爆款的玩法；作为孵化基地的西域美农，现在也和周边村民签约，想要孵化武功本地的农民主播。

西域美农的全职主播，包括淘宝店播、京东店播、拼多多店播等，加上运营，共有 50 个人；店铺主播相当于线上销售员，平均一天要播 8 小时以上。由于客服对公司整体业务比较熟悉，从 2019 年开始，西域美农就从客服团队中抽出一些人培训做店铺直播。

货架电商平台上都是精准的消费者，由于直播比图文介绍直观，所以店播是必须有的。但淘宝店播的问题在于每天从直播间走的销量增长比较平缓，不会出现几万单的爆单。除非跟淘系头部主播合作，例如薇娅曾为西域美农的肉夹馍带货，李佳琦卖过擀面皮，一下子几十万单，工厂要忙好几天。

除了全职主播，西北网红直播基地还会和周边村民签约，带着他们去田间地头拍段子、做直播。这时候，基地就像一个 MCN 机构，会帮农民主播做定位、策划、剪辑，为他们寻找供应链，并和地头代办（即代理人）协商好价格。比如主播摘了多少果子，相应地要给代办多少费用。

　　直播基地有一个村播排期的沟通群，例如河南开封的黄河蜜薯要成熟了，就在群里吼一声。公司安排好车，想去田里拍段子、做直播的主播就在群里报名。一般是五个人、十个人一起去地里拍，相互探讨思路。这些主播的账号都跟西域美农有关。虽然他们是自己拍，但西域美农也会帮助他们剪辑、投流量，最后分佣金。

　　这样的协议主播目前有三十多个，大部分是本地村民，也有十多个是从西安过来的。在直播基地孵化的本地农民主播里，做得比较好的基本上一个月能赚几万元佣金。这也帮助村民提高了收入水平，起到了扶贫助农的作用。

　　比如主播阿远在某短视频平台上有 4 000 多个粉丝，却曾卖出过 8 000 单农产品。她本身就是武功县普集镇人，爆单后收入明显提高。主播小阳是个在读大学生，在快手上有账号，已拥有 6 万多个粉丝。西域美农会和他们签约，发给他们基础工资。

　　西域美农也跟快手的头部主播有合作，例如食品带货主播"猫妹妹"。大主播看到爆单产品，如板栗、红薯等也会主动找过来，西域美农与"MiMi 在广州开服装厂"、小沈龙等都合作过。大主播带货的方式，就是挂西域美农旗舰店的链接。

　　快手主播"大璇时尚搭配"也为西域美农带过货，红枣出了 1 万多单，苹果出了 2 000 多单。垂类的主播"榴莲大叔"在快手上一个人就带了几万单大蒜。

　　目前西北网红直播基地还做了两个千人规模的孵化计划。一个是联合县政府做武功县本地的"千人孵化工程"。县政府动员各个乡镇，由副镇长带头组织报名，学习如何做直播电商。培训采用"2+1"模式，2 天理论加 1 天实操，每周一期。

　　另一个是和陕西省果业中心合作的"百千万工程"，目前在全省范围内招募了1 300多人。"百"是指全省100个果业干部进直播间，"千"是指培训1 000个果业从业者，"万"是指在2020年协助开1万场直播。

从2015年开始，西域美农设立了专门的美农电商学院，在各县做培训，讲怎么做淘宝店铺、微商和社群电商。现在有了直播基地，有很多人慕名而来，想听直播课程，于是直播基地专门研发了短视频运营、主播孵化等系列课程。

此外，西北各地在培训方面的需求也很大。目前，西北网络直播基地已经在给陕西蓝田县、镇巴县、青海平安县，以及内蒙古的太仆寺旗做直播电商培训项目。在培训的同时，西域美农也在筛选人，遇到合适的人选会直接签约，培养素人主播，给予后台和优质供应链的支持。在直播平台上，也会帮素人主播推广流量，通过直播、短视频涨粉。图5.3显示了西域美农寻找好主播的途径。

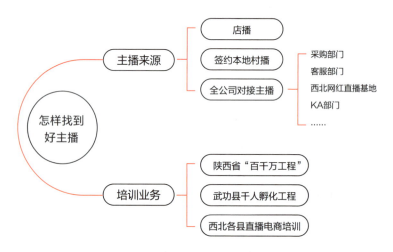

图5.3　西域美农如何找到好主播

直播带货正规军的经验总结：
供应链是核心能力

要点

· 直播间销量可能迅速冲到峰值，对企业的供应链、快速反应能力、团队调配能力、物流、资金流都是极大考验。

· 从传统电商发展起来的物流、仓储、人才，依然能为直播电商所用，但直播电商要求的速度更快、爆发力更强。

· 生鲜产品季节性很强，上架时间可能仅有两三周。新品上架前，可以给老客户发一两千单做测试。得到的反馈好，就继续投入，反馈不好则再优化调整。

　　刘新娟是西域美农的第一代员工，2013 年加入公司，目前负责整个公司的货品调动和存储。她对直播电商的特点及其对后端供应链的考验等有深入的认识和研究。

本文作者为快手研究院研究员杨睿，研究助理陈亦琪、甄旭。

◎ 以下为西域美农供应链总监刘新娟的讲述。

直播带货比传统电商更需要完整的供应链

做生鲜直播对供应链的要求极高，因为直播爆单特别快。

我们做传统电商时，打造一款爆品需要经历一个过程，比如网店要积累销量、好评，慢慢才能做起来，它是一条逐渐上扬的曲线。但在直播平台上打造爆款不是这个逻辑。直播一上来就到峰值了，然后再迅速下来。所以当它一下子到最高点时，就是在考验你的供应链能力、反应能力和团队的调配能力。假如我一天卖 50 单、100 单，都是稳稳的，但一天的时间从 50 单一下子蹦到 1 万单，这时候就极度考验供应链能力了。

就拿红薯来说，我卖一单 5 斤的红薯，需要胶带、纸箱、泡沫，包括打包的员工、快递车，这些都是最基本的后端需求。在这些都具备的情况下，还需要产地的货。

如果在产地直发，这些线上需要的资源产地可能都没有。一天发 50 单，我还可以凑合，但一天发 1 万单，怎么办？我们之所以提出"买西北、卖全国"模式，就是因为在西北任何一个地方，人不够了，我们可以从工厂拉一车人过去；快递不够了，可以从总部直接派过去。但出了西北，我们目前可能就做不到这种资源调配了。

举个更直观的例子。去年我们第一次卖民勤蜜瓜，那个时候真的特别困难，遇到了很多情况。民勤那边都是沙土地，风沙很大，环境特别干燥。过去民勤人每天嘴巴里都是土。第一年去的时候，条件特别差，我们很难适应。但是民勤的哈密瓜特别好吃，是特别有爆款潜力的好产品。

当时在民勤我们没有打包工，产地的农民也不懂打包，他们缺乏电商意识。当地甚至连像样的纸箱、胶带都没有。快递发一整车也发不出去，要先去兰州中转，再到西安。为了解决这个问题，我们当时就直接联系快递车从西安把辅料全部运过去，再从民勤拉一车货直接到西安中转站，这样一下子就能节省好几天时间。直播一下子爆单，如果供应链没有足够的能力，是发不出去货的。

在短视频平台上，有一些人是"野蛮生长"起来的，利用前期的流量红利把账号做起来，然后开始卖货。从卖货的商业行为来看，他们并不专业。而我们的定位是做直播带货的正规军，因为我们有完整、优质的供应链。

再比如大荔的红薯，也是一下子在直播平台上爆起来的。大荔离武功很近，我们的采购人员就直接去产地收货，收完货后直接运到武功。我们在武功有现成的员工、流水线，而且有自己的纸箱厂。头天连夜加班把纸箱生产出来，第二天就能包货。没有几个供应链能达到这样的标准。

所谓的供应链，除了很强的物流外，产品跟稳定的人员是必备的。另外还要有充足的财力准备，不是所有的直播电商都能像西域美农那样能在短期内收 3 000 吨苹果。从人力、物力、财力方面来讲，西域美农已经足够到位，所以要爆发也很快。

很多人觉得西域美农过去是卖坚果的，怎么能在一年内把生鲜做得这么好？现在西域美农的生鲜跟坚果的销售额比例是 1∶1。

夏季属于坚果的淡季。往年，西域美农可能会在淡季亏损，比如 6—8 月会亏损。但 2020 年我们在淡季也赢利了，生鲜其实是一个弥补。

跟传统电商打爆款不一样的是，直播的产品需要品质更好。这样主播这次帮你带货，下次还愿意给你带。主播的粉丝黏性比较高，其实他们也面临缺品问题，我们有优质的货品，他们会很喜欢。

我们的KA（重点客户）部门做得特别好，有一次把一位主播带到大列巴的制作车间，一次卖了1万多条。他卖完之后还想卖，主动问我们还有什么货品能卖。所以一开始可能是我们找主播，到后面是主播找我们。如果客户反馈好，他自然也信任我们。

我们常说"无售后，不生鲜"，但是强大的供应链是可以把售后控制在一定比例的。我们的客服团队有80多人，即使需要很多售后，也可以跟得上。所以直播达人跟我们合作，没有什么后顾之忧。

制造爆款的逻辑：前期测试 + 前后端配合

我们一直在尝试做生鲜，但大力发展是从2019年开始的。如果公司认定这件事今年一定要做，那我们整个运营体系的前后端就会全力以赴去做。

李春望说，甘肃黄河边上的苹果，还有内蒙古的苹果，口感并不比新疆阿克苏的苹果差，也是冰糖心，价格又很便宜。他自己去产地跑了一周多，去看，去试吃。他在新疆待了那么久，对阿克苏也特别了解。

当时我们想把这个产品做好，是因为它的口感很好，价格也可以。当时我们在甘肃白银产区一下子收了3 000吨苹果，对于线上销售渠道来说，这绝对是很大的收货量。而且收货价格在一两元一斤，需要投入一笔不小的资金。

这个产品也被我们做成了爆款。"双十一"期间，我们一天要发十几万单货。我们的物流仓，从门口一直到路口都是装苹果的车，满满十几辆车等着卸货。

我们所有的货品都是这样"玩"的。做农产品不做"二道贩子"，所有的都是下产地自己收、自己发。农产品一年收一季，等到你想要的时候再去收，基本就被别人收完了。不是在我家的仓，就是在他家的仓。之后我再去买别人仓里的货，有可能价格就高出很多。

所以我们一般从源头就把整个供应链控制住。苹果收回来之后，我们在发货的过程中也特别挑剔，质量把控得很严。我们的机器会把大小果、克重先过一遍，再人工挨个选一遍，最后再发出去。有些人觉得这种苹果口感挺好的，跟新疆的几乎没有差别，想当作新疆苹果卖。但我们不愿意做这样的事情。

只要想做，没有什么坎儿能难倒我们。我们做富平吊饼的时候什么都不懂，就派人下产地跟当地人学习，在那里住了几个月。我们没有人是科班出身的，想做就去学、去问。

所以我们的爆品可以说是把公司所有的资源都集中到上面去，就等着它爆发。苹果到仓库以后，我们会轮番在京东、快手以及淘宝等几大平台做活动，我们的仓库也就一直停不下来。

也有很多产品是我们开发出来后测试没有成功的，那我们就不会大批量收。但水果是不会给你试错机会的，节奏特别快。像我们的嘎啦苹果2020年其实就卖得不太好。因为雨水特别多，一开始我们也是集中采嘎啦苹果。但是下雨后苹果表面有各种水伤，收回来时是好的，肉眼分辨不出来，但是发出去就有烂的了。

第一批发出去的货，就决定了这个产品能不能长期做。第一批货发出后，售后指标如果不好，就不敢再铺，再铺可能就"死"掉了。

我们公司内部有个新媒体部门，是一群精兵，掌握着所有老客户的资料。每一个新品上架之前，我们都会让新媒体部门推一波，订单量基本就是一两千。都是老客户，再加上我们给的价格特别合适，质量又好，所以他们的反馈给得特别快。新媒体部门是上架最快、销售最快的一个部门，他们会把这批货的反馈及时给我们。如果不好我们就再优化调整，优化完再测试，如果反馈好我们就继续。

生鲜的保存时间很短，季节性很强，上架可能只有两三周的时间。不像坚果可能一年四季都有。生鲜的要求特别高，不管是对产品质量，还是对整个团队都是这样。

部门独立核算，全公司对接主播

2020 年已经是我们搞部门独立核算的第四年了，全公司几乎都在对接网红、主播。我们的大蒜在快手上卖了 10 多万单；红薯、南瓜在快手等平台上卖了几万单；洋葱、水蜜桃、民勤蜜瓜也都爆过单。

民勤蜜瓜就是由供应链部门的一个小姑娘对接的。如果她找的主播卖的货多，她的提成就高。但我们内部有个要求，别人已经对接的主播、平台，不能抢。

他们手里有一张主播名单，就一个个去找，给主播推的都是拿得出手的产品。像我们这两天推的红香酥梨，闭着眼睛就能出货，因为往年已经做得非常成熟了，原本计划卖 200 吨，一不小心卖了 600 吨，最后卖断货。这种梨的售后率很低，有 98%～99% 的好评率。它是新疆梨跟一种陕西梨的杂交品种，口感比库尔勒香梨稍微差一些，但甜度不错，脆度也还可以，价格不贵，所以大家觉得性价比高。

供应链部门的人，像我刚才说的小姑娘，他们几乎都在外面，带着主播到处跑产地。他们做直播做得比较早，出货也最多。其实他们最早的想法是利用直播做采销一体、做供应链，一方面供货给西域美农，另一方面供货给达人。

西北网红直播基地是专门负责直播的，客服部门那边有人对接主播，供应链部门也有人对接主播。我们不同部门之间都是相互 PK（对决）的。

以猕猴桃为例，
生鲜直播背后需要哪些基础设施

要点

· 生鲜水果带货最关键的是品质把控和售后服务。

· 分拣和包装的自动化会提升消费者的购买体验。

· 冷库和物流设计的电商化可以提高供应链效率。

　　除了"买西北、卖全国"的电商交易，近些年，来自武功的猕猴桃也逐渐在全国打开了市场。

　　目前，全球的猕猴桃种植面积约有 400 万亩（约 2 670 平方千米），中国、新西兰、澳大利亚、智利是全球猕猴桃四大主产区。中国种植面积占总面积的一半以上，其中：四川约 70 万亩（约 467 平方千米），主要生产红心猕猴桃、黄心猕猴桃；陕西眉县、周至县、武功县一带加起来有 90 万亩（约 600 平方千米），主要生产绿心猕猴桃。

　　北邻秦岭山脉的眉县、周至县一带，地理风貌很适合种植猕猴桃，是陕西省猕猴桃的主产区。其中，周至县最早种植猕猴桃，眉县则种植面积最大。武功是陕西省人口密度第一大县，人多地

本文作者为快手研究院研究员杨睿，研究助理陈亦琪、甄旭。

少，也是三县之中最晚种植猕猴桃的。

猕猴桃有十几个品种，一般要三至五年才会挂果。武功县虽然种植历史最短，但几乎全是最新品种，例如翠香、徐香，直接摘下来口感和甜度都特别好，反而有了后发优势。截至2019年底，全县猕猴桃种植面积已达12.6万亩（约84平方千米），有关中最大规模的冷库集群。

绿心猕猴桃又分多个品种，最新的有海沃德、徐香、翠香等。每年8月底开始采摘，11月之前树上就基本没果了。因为猕猴桃熟了不下树就会坏掉，下树之后都会存储到冷库。猕猴桃的发货分现货期和存储期，现货期只有50天左右，存储期可以从10月底一直到来年3月。

以猕猴桃为首的农产品种植，又吸引了一批生鲜行业的"弄潮儿"加入。

罗向锋是陕西供销菜鸟西北生鲜产地仓的总经理。他在咸阳做了10年的猕猴桃生意。按他的话说，"武功县电商产业以干果、食品为主，我们来了之后，带着大家开始做生鲜水果"。建仓的目的是把新疆、甘肃、宁夏等地的货集中到武功发向全国，目标是把非标品的水果通过分级、分类、包装，做成像快消品一样的标品，将原料果变成商品果。

陕西供销菜鸟西北生鲜产地仓于2017年底试营业，2018年4月正式开仓，建有1.17万平方米的实体仓库，存储量达3 000吨，业务涵盖生鲜供应链各个环节，可提供"常温、冰鲜、冻鲜"三种形式的"跨温控"仓配服务，服务于陕西、甘肃、宁夏、青海、内蒙古、新疆等地的水果、快消品销售。2019年发货量超650万件，销售额达1.6亿元。项目二期总占地25亩（约1.67万平方米），

2021 年 11 月前后建成，将为西北农产品走向全国提供更好的支撑。

公司现有"秦品源""果员外"两家天猫店铺，水果类电商自营年销售额达 2 亿元以上。同时还负责网红酸辣粉"嗨吃家"的线上运营，目前孵化了四个快手直播账号，包括水果号"水果产地直发－蓓蓓""嗨吃家小白"等。2020 年这四个直播账号定下的销售目标是 6 000 万元。

◎ 以下为罗向锋的讲述。

品控是基础，基础设施投资大

我们是从当地的猕猴桃生意起家的，通过电商进行销售已经有 10 年了。公司和菜鸟一起，在武功建了目前整个西北地区最专业的生鲜仓库，2021 年打算再建一个专门存储水果的仓库，总建筑面积 3 万多平方米。

其实销售猕猴桃在现场播的效果更好，在田间地头，一边摘、一边包、一边发。快手主播"水果产地直发－蓓蓓"拥有 6 万多粉丝，在仓库一天就卖了 4 600 多单，直播间同时在线人数最多时有 1 000 人，最少时也有两三百人。

生鲜水果带货的关键是品质把控和售后服务。像一些买手型的水果主播，不了解售卖的货品，包括何时上架、下架，品质把控，售后问题等，在任何平台上做，都迟早会遭遇"滑铁卢"。

生鲜类不是做一个直播基地就可以的。生鲜的"玩法"跟其他品类的直播不一样，基础设施投资大，包括买地和硬件设备投资等。你要有专业的生鲜仓库，既能保证品质，又能分级、分类进行果型、果面检测。工业品、快消品基地的"玩法"在一些产业聚集地，比如美妆、服饰可以，但对于生鲜水果类是远远不够的。

在快手上卖货，单量不好控制。比如天猫店每天卖多少单基本上是很稳定的，但在快手上有时没设单量，爆单的时候又会突然卖数万单，没准备好就发不了货。

我们供应链的好处在于既能保证基础又有腾挪空间，比如可以提前准备好5万单，即使主播只卖了3万单，剩下的也可以走天猫的常规渠道。否则主播订了5万单，突然卖的量少了，对那些体量小的供应链来说，搞来那么多货发不出去就赔大了。要么大主播一下卖出几十万单，发不出来货或者物流出现问题，也会造成很大的损失。我们有3万多平方米的仓库和冷库，柔性化操作，大小单量都没压力。

生鲜类的主播卖货最大的问题就在这儿，基础设施能不能跟上，供应链有没有能力发这么多货，以及把货发出去后，品控能不能跟上，售后能不能服务好。

我们不敢砸自己的牌子，毕竟投了几千万元基础设施费进去了。像我们的货量这么大，天天都要看天气预报，要及时囤货。农民卖自己家的果，今天没有熟果或者下雨，就不摘了。我们不一样，就算天上"下刀子"我们也得发货，承诺客户48小时发货就得发出去。

分拣和包装的自动化

现在我们仓库的设备非常齐全，分拣、包装都是全自动化的。

比如我们的分拣设备，最前面是刷毛的。猕猴桃表面有绒毛，如果是农民直接摘下来的，客户拆开包裹，手上粘的全都是毛。我们在前面设置了一台自动刷毛机，保证消费者拿到手上的猕猴桃是干干净净的。

另外，我们还有专门的机器为每一颗果子 360 度拍 108 张照片，不符合果型要求的会在分选环节从"报废"流水线上自动淘汰掉；果子上有斑点、有磕碰，或是异形果，机器都能检测出来。果型检测是为了排除人工挑选的盲点，有的时候肉眼看不出来。这样消费者收到的果子一定是漂漂亮亮的，购买的体验会很好。

苹果、猕猴桃有不同的分类标准。苹果是按照直径算的，比如 60 就是指直径 60 毫米，80 就是指直径 80 毫米。猕猴桃是按克重来算的，如果说猕猴桃 90 ~ 100，那就是 90 ~ 100 克。

比如每一颗直径大小不同的苹果会从传送带的不同出口流出，同时纸箱从上面的传送带被传送下来，两边站着的人把纸箱拿下来，包好之后就放在这里，一箱 6 斤，自动打包。

冷库和物流设计的电商化

我们的仓库都是按照电商销售对存储、发货的需求设计的，专门为水果电商打造。有一些传统的万吨冷库，建得很大，但只有两个出货口。

我们现有 11 个冷库，每个库两边对开共 22 扇门，可以根据出货量的需要进行调整。电商的出货量有时特别大，这时 22 扇冷库门同时打开，货出来就开始包装，那就是 22 个包货口，效率高、损耗少。我们的冷库占地 1.1 万平方米，如果是普通的冷库，一天最多能出 2 万单，但我们的仓库遇到高峰期时，加班加点一天最多能出 10 万单。直播爆单，对我们来说完全不是问题。图 5.4 展示的是针对电商销售特点设计的冷库和分拣线。

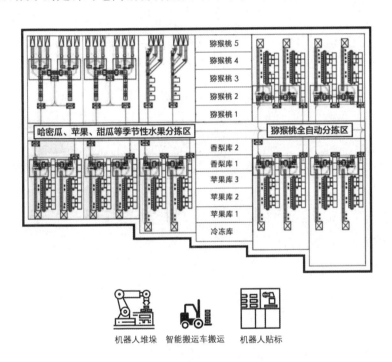

图 5.4　针对电商销售特点设计的冷库和分拣线

注：仓库中间为 11 个冷库，共 22 扇对开门；左右两边分别为猕猴桃、苹果等鲜果的自动分拣线。这种设计能大大提高分拣、包装、发货的效率。

武功县的物流在整个西北地区也是最便宜、单量最大的。四通一达、顺丰等快递公司都跟我们有合作。我们一年发货 1 400 万单，因为规模效应，所以也可以有效降低快递公司的成本。

　　在分级、分类、做好包装的情况下，猕猴桃的售后率能控制在 0.5% 之内，非常低。一是因为猕猴桃全硬，是后熟水果，需要放一段时间才能熟；二是包装做得好。像杧果就不好做，但猕猴桃、苹果都是没有问题的。现在我们猕猴桃的供应链基础很好，问题是很难找到特别好的主播来直播卖水果。

农产品直播：
大象起舞与蚂蚁雄兵应同在

魏延安　商务部农村电商特邀专家

要点

· 直播电商进一步减少了产地与消费者之间的环节，使链路更短。

· 做直播电商，有基础的专业电商企业和供应链企业拥有先发优势。但产品标准化和供应链一体化仍是挑战。

· 水果直播也非常适合家庭农场、合作社小量多批出货。

人们习惯上将农产品主要分为干货和生鲜。干货除了干制的农产品如茶叶、食用菌、坚果等外，很多是批量化生产的，虽然名字是农产品，但实际上是工业品中的食品。而生鲜的标准化程度还很低，受供应链的制约很明显。干货容易上网卖，但卖家也多，竞争激烈；生鲜需求旺盛，产出量很大，但上网卖却很不好做，而且成本比线下还高。传统电商的农产品销售特点，到了直播时代又有了新的变化。

从传统的"三三制"变成了"四四分"

直播带货正处在风口,农产品直播销售也日趋火爆。一旦农民学会做电商,将手机变为新农具、将直播变为新农活,就能打通农民和消费者之间的联系,缩短流通环节,降低中间成本,对产销双方都有利。

我们拿苹果举例。陕西最好的苹果是洛川苹果。其种植地块是上过羊粪等有机肥的,产出的苹果会像白酒一样有回甘,吃完后很长时间喉咙都是甜丝丝的。

原先,城里人吃的 10 元一斤的洛川苹果,地头价是 3.5 元。在传统的水果流通环节,定价按照"三三制"分成——1/3 地头价,1/3 流通环节,1/3 终端零售环节。中间流通环节又分为产地一级批发、二级批发和销地一级批发、二级批发。

产地的"一批"是地头经纪人。他们会给水果评级,然后到农户家的果园里目测总量。比如 3.5 元 / 斤,估计有 6 000 斤,总共 2.1 万元,现场结钱,第二天经纪人就叫人将果子全部都摘走。

产地的"二批"就是产地交易市场,有大型冷库。经纪人所收的分散农户的货就放在那里。

"二批"的量大,常常一车几十吨发往销地。这么大的体量,到了销地,又分"一批""二批"。比如北京的新发地市场,就是销地的"一批","二批"再到"一批"市场来进货。

水果在终端门店售卖时还得加价,大概占售价的 1/3,因为门店要租场地、雇人,要缴税费、电费,有各项开支。这就是传统的水果销售模式。

现在的直播电商销售,从传统的"三三制"变成了"四四分"。农民自己搞电商，原来最多卖 3.5 元 / 斤，现在可以卖到 4 元 / 斤。另外 4 元花在包装、物流这些环节上，消费者按 8 元 / 斤 的价格买回去，发现比超市卖的既便宜又新鲜。结果等于农民卖 了 4 元，比原来多；消费者只花了 8 元，比原来少。这是从流通 的角度看直播电商的优势。

为什么水果直播常"翻车"？

但农产品做直播电商也有一定难度。2020 年疫情期间，粉丝 量大的主播但凡直播卖水果的，有不少都翻过车，尤其是卖贫困 地区农产品的，根本原因是供应链不过关。

水果、蔬菜的保鲜期短，快递又慢。消费者等了一个星期才 收到货，结果发现东西烂了。网上有文章调侃说："闺女，你爱心 助农买的菜没烂在地里，都烂在咱家厨房了。"这就是这种情况的 生动写照。

目前水果直播的问题在于，产品标准化和供应链一体化对这 个品类而言是非常艰巨的挑战。

水果的标准化有这样几层含义：首先是外观的标准化。第一 是品种要一致，不能一箱子装几个品种，但着急了也有人这么干， 因为水果混在一起再分拣是有成本的；第二是大小要一致，但事 实上你买的可能大小不一致；第三是颜色要一致；第四是成熟度 要一致。

其次是内在品质的标准化。现在的消费者嘴都很"刁"，他们 对水果品质的要求是甜中带酸，果肉不能太生也不能太熟。但是，农产品的"散户"要达到品质标准化是非常难的。

不能实现标准化，带来的直接后果就是差评多、消费者的体验感差。主播在直播间挑的往往是又大又好的水果，摆放整齐，试吃时很诱人。但到货后消费者发现差距很大。此外，农产品是无法退货的，坏了只能扔掉，选择全额退款或补发。于是，水果的售后问题也比一般货品多。

现在一些头部主播不敢碰生鲜，本质上是因为生鲜的供应链不成熟。水果的时效性强，生鲜直播对供应链提出了更高的要求。农产品从库里拉出来后要马上分拣，装到门口的快递车上赶紧运走，实现分拣、仓储、运输的一体化，越少暴露越好。这才是一个完整的供应链。

另外，我们常说发货要快，才能将新鲜的农产品在第一时间送达消费者。但实际上，贫困地区的基础设施现状一定程度上限制了水果直播。直播平台上有些用户反映，买了贫困地区的水果，收到时往往已经坏了。

而且，农村地区的用户买了其他地区的水果，可能也会遇到类似的问题。这是因为现在的物流是梯次转运，到农村是三级物流。所有的货先在县城进行分拨，然后再分拨成邮路，这样才能最大限度节省成本。比如全县分 5 个区域，在邮路公路边的村庄和镇子快递员就直接把快递放下，住在比较远的村子的农民就得自己到镇上二次拎回去。所以快递到县城以下地区还有 1～2 天的周转期，如果要去村里收水果，快递的正常周期要 5 天甚至更长。

这是直播平台目前左右不了的现实情况，有待于基础设施的完善。根据国家规划，到 2022 年，行政村一级的快递会基本普及快递直达，做到快递服务"乡乡有网点、村村通快递"，实现建制村电商寄递配送全覆盖。

对于目前直播平台遇到的这种情况，一种暂时的做法就是限区域购买，这也是传统电商总结出来的经验。比如苹果，冬天就不能卖到东北地区，否则零下几十度的气温直接就把苹果冻成冰了。

大象起舞：有电商基础的优质供应链

做直播电商，有一定直播基础的专业的电商企业和供应链企业，有自己的先发优势。

在备货方面，由于这些企业做过若干场直播，会测算峰值。比如今晚播 2 小时、16 个品，一个品大概 10 分钟，企业可以测算出出货量最高多少单。即使货备多了，水果最终没卖掉也有处理办法，在电商平台上照常销售就可以。

此外，如果没有非常稳定的供应链，农产品爆单会是个致命的问题。假设一个头部主播一晚上直播卖了 8 万单桃子，现场就要装 8 万只快递箱。按照一个劳动力一天装 200 箱的速度，8 万箱桃子需要找 400 个人来装。但就算能找来人，桃子也不一定能供得上。这时候熟的、没熟的、大的、小的就可能被混在一起。

在社交平台上，主播和粉丝之间看似产销直达，但其背后的供应链环节依然存在。如果买手型主播自己去产地直采苹果，就会知道这里面水的深浅，也会知道有多耗费精力。仅仅是在当地尝一天果子，牙齿就要"酸倒了"。

而拥有强大供应链的企业本身有专业的采购团队，是专业买手出身。他们能做到与产地农民同吃、同住、同劳动，有识别好货的眼光，还能拿到更低的价格。而且由于他们的采购量很大，能够根据明确的货品标准进行严格挑选，可以尽量减少供应链问题。

供应链必须做到买手和仓库分拣线的两层筛选。例如苹果，买的时候在地里鉴别一次，是初级鉴别；采下来以后分级入库，用先进的光电一体分拣线进行严格的分级，这是二次分拣。

例如苹果、猕猴桃，现在一些企业可以用一套四五百万元的高度智能化进口设备来筛选其色度、大小、颜色、虫病、糖度等，最后从流水线上出来的水果会非常均匀。最高速的企业一天两条线，可以选出80吨货水果。但这样的企业目前在陕西还不算太多，并且只适用于苹果、猕猴桃、冬枣等能长期存放、量大的产品。

供应链的分拣线环节，其实就是水果的标准化过程。再举一个更极端的案例，比如某地的消费者偏好小而红、甜一些的苹果，那么就给分拣线的机器依次输入各项参数：大小70～75毫米、85%以上全红、含糖量16%以上。这样分拣出来的苹果就可以达到外观和内在品质的基本一致。

我一直强调，电商的中间环节可以省，但不能完全去除。迄今为止，水果流通还无法实现大面积的产销直接对接。中间环节可以压缩，但无法直达。因为以目前的供应链水平，直达反而意味着更高昂的交易成本，走中间商的渠道往往成本更低。

供应链作为电商中连接产销的核心环节，集中了从地头采购、入库、分拣、包装、快递等流程。传统电商和微商还有从阿里1688平台直接批发大都属于分销模式，而直播电商则进一步缩减了中间环节。

"一件代发"的供应链服务能够更好地衔接主播和粉丝。主播只负责"打仗"，后方供应链给他提供"粮草弹药"，"受伤"了给他"救治"，大大减少了主播的销售环节，实现了生产的集约和分工的细化。

直播普惠与蚂蚁雄兵

除了上面说的大象起舞，还有另一种模式——蚂蚁雄兵。我们发现，其实水果非常适合家庭农场、合作社小量多批出货。做助农活动，要大象起舞和蚂蚁雄兵同在。

相比大主播带水果"翻车"，个体户自产自销，利用直播这种新渠道卖水果，虽然量小，但反而不太容易出问题。他们隔三岔五地卖，一天最高卖 200～300 单，完全可以做得很精细。

首先，农民自产自销。因为这是一家生产的，要么都好吃、要么都难吃，品质能够天然地保持一致，这就相当于完成了品质的标准化。另外我们常说，在电商界，"父子兵"是最可靠的模式。父母在家里种植、发货，孩子们在外面的城市里直播，或者偶尔回地头直播一下卖货。爸妈给你装的货一定是品控过关的，因为爸妈不会坑你。

其次，草根主播从产地直发，胜在价格实惠。农民自己搞直播电商，去掉了中间环节。一旦农民学会用电商赋能，就可以打通农民和消费者的联系，缩短流通环节，降低中间成本，对产销双方都有利。

但目前的困境在于：首先，很多农民还没有用直播卖过货，他们不会拍视频、做直播；其次，粉丝量小，初期很难有明显效益；最后，就是水果时效性很强。假如他 5 月开播，账号粉丝才 50 多个，播放量最多时才几百，要获得收益需要一个漫长的等待时间。但水果的成熟时间却等不及，9 月苹果就成熟了，肯定卖不了多少货。

真正利用直播助农，让直播成为新农具、新农活，势必要强调直播普惠的理念，把快手的草根属性坚持下去。

直播电商的平台，要能够给予农户更低的进入成本、更便捷的通道。传统电商虽然只需要一根网线、1 000 元、一个账号就可以开张了，但是对一般的农民来讲依然太复杂，开网店要装修店铺，农民不会，而且传统电商在摄影美工、文案撰写、专业客服等方面都有不低的门槛。而直播把这些工作都省掉了。

直播只需要一部手机，农民就可以很憨厚地对着镜头说：这是我家的地，你看这猕猴桃都快能吃了。现场拿刀给粉丝切开一看就够了。然后底下放链接，包邮多少钱，把传统电商这些复杂的工序和较高的成本都省掉了。这个时候，就可以强烈地感受到什么叫互联网赋能农民！

第六章
直播 + 教育

- 有了直播，非一、二线城市的学生也有机会得到个性化的、精准的教育服务，而且更加便宜。

本章篇目

园丁汇：
用快手直播做教育闭环

要点

· 大型教育机构往往利用中心化教研，意味着很多学生得不到个性化服务。
这给本地化网校提供了机会。

· 一个学习成绩不怎么好的学生，下了晚自习还会冲进直播间，兴致勃勃
地听课。这里包含着快手教育的真谛。

· 园丁汇计划 2021 年利用技术中台服务 1 万名老师。

　　园丁汇的创办是被疫情"逼"出来的。园丁汇的母公司叫
"园钉"，主业是给中小学老师提供班级管理平台工具。2020 年新
冠疫情期间，"园钉"在武汉的团队成员隔离在家中，结果阴差阳
错做出了一家教育 MCN 机构，取名"园丁汇"，All-in 快手平台，
目前看还挺成功。

　　园丁汇签约的达人都是有教学经验的素人老师，而非明星老
师。这些老师很多来自四、五线城市和县城，粉丝量只有几万，
但直播间里却能够稳定汇聚几百名学生。他们不仅教学经验丰富，
而且非常敬业，有的老师为了适应学生们开学后的时间安排，选

本文作者为快手研究院研究员杨睿。

择在早晨 5 点 40 分开直播讲课。

园丁汇创始人王旭雄心勃勃，他想做本地化网校，利用直播间上课，2021 年的目标是要培养一万个 KOC，形成一个直播矩阵。

◎ 以下是园丁汇创始人王旭的讲述。

"园钉"是从开发 K12（学前教育至高中教育）班级管理工具起家的，产品主要分为三个板块：学习、体育锻炼和班级管理。例如，老师手写了全班的成绩表，只要拍一张照片便能实现信息可视化，还能对学生的成绩进行动态数据分析。这类照片我们一天要处理两万张左右。

全国五线以上城市大约有 338 个，"园钉"覆盖了 329 个。我们在公众号和小程序端，沉淀出 300 万 ~ 400 万的用户群体，日活跃用户接近 200 万，其中有 30 万是中小学老师。

新物种：MCN+ 本地网校

2020 年新冠疫情期间，快手教育生态团队和北塔资本拉了一个在线教育的微信群，帮助教育创业者发现在快手上创业的机会。我们进群学习后，发现 MCN 机构这种生产关系挺有意思，内部也讨论了很多次。

也是阴差阳错，"园钉"在武汉的团队原本负责产品进校的事务，赶上疫情，相关人员被封闭在家，索性就做起了快手 MCN。

2020 年 4 月，我们正式把摊子铺起来。

与传统的 MCN 相比，我们做的不是网红经济，而是"MCN+本地网校"。我拆开来解释这个概念。

第一，对我们来说，MCN 解决的是生产关系问题，这是内核。

之前有不少教育机构为了销售课程，在"园钉"的公众号或小程序上买流量做广告投放。我就一直在考虑，除了这种商业化变现，我们能否销售自己的课。

之所以没这么做，是因为我觉得招聘老师做中心化教研，投入产出比低，风险较大。早期有一些和我们一样靠 IT（信息技术）起家的项目，招聘了很多老师来备课，人力成本高，转化率却不高。这是前车之鉴。

但按照 MCN 的方式，我们与老师是合作关系，不会产生固定成本，例如老师的底薪等。我们需要承担的是自己中台运营的成本，这本身就包含在"园钉"的业务范围内。因此，这种新兴的生产关系，是我们可以着手去做的很重要的原因。

第二，是本地化网校的逻辑。

大型教育机构，采取的往往是中心化教研模式。就是招募人才，集中力量研究一套最佳的教研体系，有统一的标准。这是很好的事，但缺点是缺少差异化，基本上是不同的老师讲同一套内容。

而随着中国教育市场的开拓，逐渐触达不同圈层的用户后，我们发现中心化教研无法适配所有人。

举个简单的例子，一个经常考四五十分的学生可能很难理解一道奥数题的解法，他真的听不懂。但同样的教学思路，对于北京重点中学的优秀学生来说，可能又太简单了。所以说，适配性是个大问题。

另外我们也看到，从 2019 年开始，教育行业中有一些做本地网校的创业项目"跑"了出来。比如福建的"盐课堂"，已经扩展到了全国六个省。

而且，中国的高考、中考是以地域切割的，市场也有很强的地域性。比如广东省最好的学校、老师，去做一个中心化的教研项目，能够覆盖广州、深圳等地，家长与学生是愿意买单的。因为广东省内各市用的是同一版本的教材。这类本地网校，相比全国性的教育机构，适配性更好。对家长来说，最接地气的也还是本地化的老师，本地老牌名校的认可度很高。

这就是我们选择做"MCN+ 本地网校"的原因。我们的老师不是明星，就是一个平台上的老师。我们培养的是 KOC，不是 KOL。他们更多是教育行业的普通工作者，而非网红、明星老师。我们希望在"园钉"已经覆盖的 300 多个城市以及快手覆盖到的更广大的市场中，为本地学生提供本地化的教研网校。

这种网校被定义为本地化，而不是全国化的。比如说成都市金堂县的一位老师，他／她不会去给上海的学生讲课，只服务本地的学生。相应地，我们在快手上也比较侧重"同城"板块。有些地方的教学圈层是一样的，比如金堂县旁边的双流区，教学水平与金堂县差不多，直线距离也就几十公里。那么金堂县的老师也是可以覆盖这些地区的。

做 KOC 的直播矩阵

现在园丁汇签约的老师主要有三个来源：第一个是原先就是

"园钉"用户的老师；第二个是在快手上成长起来的原生知识主播，比如"甘露奶奶讲奥数""阿柴哥"这类，他们知道怎么直播教学，但可能不善于推广、涨粉，所以由我们来助力；第三是其他渠道拓展来的老师。

甘露奶奶 58 岁了，研究小学奥数 13 年，她的粉丝才 4 万多，但直播间同时在线人数现在能稳定在 300 左右；"初高中数学桂老师"，粉丝 17 万多，是一位 80 后女教师，人在广西柳州，现在的直播间有 700 多人同时在线；还有"清华高圆圆陪你学英语"，她叫沙沙，是清华大学的学霸，也是北京一所重点中学的英语老师。截至 2020 年 11 月，她的直播间每天进出人数已破 2 万，同时在线人数峰值已超过 2 000。

KOC 的粉丝规模，不会像头部主播、明星老师那样庞大。以一个五线城市为例，它的人口规模在 80 万～120 万，K12 学生群体所占的比例是 10%～12%。这也就意味着五线城市里的 K12 人群在 10 万左右。这部分学生群体就是我们 KOC 的服务目标。当园丁汇老师的粉丝运营积累到 10 万时，我们就让它自然增长了。

我们在快手上完成了所有的闭环。以"清华高圆圆"沙沙为例，她只在快手上开课，而且是付费直播。快手现在有付费直播功能了，我们就把它变成在线大班课。现在一场付费直播课会有 200～300 人购买。

一场付费直播的客单价在 3～9 元。2020 年暑假，沙沙上了 40 天课，每天一节。这 40 节课不是打包卖的，而是每天都卖。我们每天发的短视频，挂的就是当天晚上或者第二天的付费直播课链接，每天的课程都不一样。

40 天下来，现在沙沙直播间的人数已经稳定了。利润五五分成，对老师来说挺好的。沙沙这一个账号，2020 年 8 月赚了六七万元。现在"园丁汇"很多老师的期待，就是一个月能靠直播赚五千到一万元。

我们选择 KOC 的逻辑也很简单。比如在一个县城里，找到原本就被"园钉"覆盖的学校的老师，或者在快手上招募老师。举个例子，我们找到县一中的一位不错的老师，县一中通常在当地是比较不错的学校，这位老师的水平足够覆盖他 / 她那个圈层的学生。我们和他 / 她联合做快手直播课，让他 / 她在快手上打造个人 IP，并产生一定的收益。

无论是从粉丝量还是从直播间在线人数来看，单个 KOC 肯定比拼不过 KOL，但我们要做到规模化。"园丁汇"2021 年的目标是要做 1 万个账号，每个账号拥有 10 万粉丝量，直播间同时在线人数达到 100 以上，每个人做到单月 1 万元的 GMV。

铁粉生意："人造货"而非"货找人"

现在教育行业的人做快手号，不少还停留在认知的 1.0 版本——如何涨粉。我认为我们的认知是 2.0 版本，主要看直播数据。2021 年寒假期间，我们的直播矩阵实时在线人数接近 2 万。

这与快手教育生态团队对我们的辅导有关，也与我们对整体效率的理解以及沉下心来做事的心态有关。我从来不觉得粉丝多就行，很多 100 万粉丝的老师，直播间里只有几十个人。直播间没人，就没法变现。

这里有一个核心的底层逻辑——你到底要做什么生意？是经

营铁粉还是吸引新粉？

教育和电商最大的区别在于，电商卖的很多东西是快消品，每天都可以卖。但教育产品 SKU 更新的频率没有那么快，可能在很长一段时间里卖的都是同一个产品。

我们观察到，有的主播的直播间，卖一次课能实现几万、十几万元的 GMV。但后劲不足，在之后的很长一段时间卖不动。因为他一次性消费了所有的群体。这是做新粉的生意，要靠短视频吸粉。

而我们做铁粉生意是什么方式呢？比如一位老师开直播课，每天有 100 个人真正愿意花 3 元上课，每天就有 300 元的收入，一个月就有近 1 万元收入。这 100 个人是每天愿意花时间在直播间听课的人，即铁粉。

对于一个 KOC 老师来说，我们并不在乎他／她有 1 万粉丝还是 5 万粉丝，只要直播间能够保持每天在线 100 人，我们就觉得非常好。看短视频和看直播的是两部分人，真正愿意在直播间花时间沉下心来听课的才是真正的粉丝。

仅仅做爆款短视频是没办法把粉丝拉进直播间的。快手的一个真谛，就是粉丝的黏性和信任感强。他们找到了一位自己特别喜欢的老师，愿意天天来直播间听课。

甘露奶奶的粉丝中近 40% 是留守儿童。这些学生每天到直播间里来，不仅是学习，还有情感的需求。经常有学生在直播间里说，在学校里老师不关心他，父母也不在身边。现在竟然真有一位老师愿意叫他宝贝、关心他。所以我们认为，次发达地区的学生是有情感需求的，这恰恰折射出粉丝的黏性。

暑假期间沙沙都是早上七点或八点开直播，开学以后直播间里的粉丝掉得很快。有一些粉丝反馈说："老师，我们六点半就要到校，您能不能5点40分开始上课。"沙沙就为了这些粉丝早起开播。

为什么这么早开直播，这背后蕴藏着快手不同于其他平台的另外一个真谛。行业内大多数人都在做标准化教育，通过一批人研究出一个中心化的课程，就和电商一样，是先有了货再去找买家，到各种平台找用户，这是投放的逻辑。

但是真正的快手逻辑，就像快手一些大主播那样，他们是"造货"：我的粉丝想要什么，我要用自己的能力去"造"。我们的逻辑是什么？老师讲的内容是根据粉丝（学生）的需求来定的。这很颠覆我们的认知。

而且我们统计发现，沙沙暑假里开的40节课，从第一天开课到最后一天结课，一天不落来上课的粉丝占到46%。这大大超出我们的预期。很多人认为粉丝是来快手玩的，而不是来学习的。但这个数据恰恰验证了，快手用户一旦在平台上发现了一位好老师，是愿意持续在快手上学习的。

比如快手上的阿柴哥每天晚上10点左右直播。为什么选择这个时间？因为很多广东省的初中生要上晚自习。他每天晚上9点50分左右开直播，到10点多的时候，直播间就会有三四百人，那个时候大家都下了晚自习，可以来直播间听课了。

阿柴哥直播间里的学生，大部分平均分在六七十分，属于中等偏下的水平。人们很难想象，一个学习成绩不怎么好的学生，下晚自习还会去上网课。这说明什么？说明他们喜欢这位老师，不认为上网课是件辛苦的事情。

所以在快手，你首先要有趣，要让粉丝喜欢你。我觉得快手的真谛是"人造货"。面对那些真心喜欢你的学生，他们需要什么，你就为他们提供什么。这就是做铁粉生意。

用直播重构教育行业链条

通常，一家教育机构的销售转化过程是怎样的呢？首先是投放，这是为了实现曝光。不管是各大 App、微信公众号还是我们在电视上看到的广告，都是由投放部门来执行的。

投放部门会把用户拉到 CPA（Cost Per Action，每行动成本）的池子里去。所谓的 CPA 池子会有几种形态：有的完全免费，也有先付几元入群上课的。只要花很少的钱，就能买几节课，其实就是试听。

还有一种方式是表单。比如你看到的刷屏广告，这就是一个 CPM（Cost Per Mille，每千人成本）广告。用户点开以后，系统会让其输入手机号。之后会有营销人员致电，进行约课。这都是精准营销。

在这个过程中，真正买单的是 CPS（Cost Per Sales，单位销售成本），就是我们说的花 2 000 ~ 3 000 元买正价课程的用户。这里面的逻辑在于它需要做销售转换。

我们做"园钉"起家，所以不管各种在线教育项目对外怎么宣传自己，我们都能看到它们很内核的真实数据。从线索到正价课，转化率最高只有 20%。有些渠道甚至只有这个数字的 1/4 ~ 1/3，即 5% ~ 7%。

像微信群营销，原来的模式是以周为单位的，一般周三或者周四开始投放，投放以后会有三到四天的试听课。销售团队、运营团队就在群里等待用户。累积 5 000 人，开始上四天课，边上课边催单。催单即用户随便报了一个 9 元的理财课，老师一边上课一边劝学生购买正价课程的行为。每家都有自己的销售话术。

图 6.1 展示的是在线教育项目的投放转换。

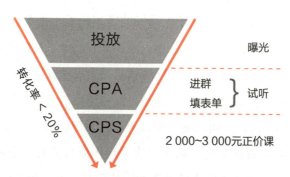

图 6.1　在线教育项目的投放转化

实际上就是通过试听课集中了 5 000 人，然后靠三四天的时间转化出 20% 的正价课程购买者，大概一千五六百单，这是非常漂亮的业绩了。这种操作的实现周期都是以周为单位，人力、时间成本都很高，不可能每天都这么做。

但我们的付费直播课实际上是改成卖门票的形式，重构销售逻辑。60 节的暑假课，一个选择是将 60 节课打包卖几百元，这和之前的销售转换流程没有本质区别，还是需要老师有一定的带货能力。但教育行业的主播跟服饰、彩妆等主播不一样，他们是老师，常常拉不下脸去劝学生买课。

另一个选择就是把 60 节课一节、一节地售卖。课程会有一个大纲，但明天讲的内容，可能会因为今天的进度而有所调整。相当于卖一间自习室，一节课 3 元就是一张门票。

但这种方式有很大的挑战，要求每天都有高效的销售转化（即销转）。而传统的销转集中力量一次性卖出去就可以了，它的销转逻辑支撑不了 3 元钱一节课的价格。由上课老师、制作团队、销售团队、运营团队、投放团队构成的这条供应链很长，根本支撑不了这些团队的成本。

我们的老师很少拍段子，我们的短视频看上去都以教学内容为主，有点枯燥，涨粉也比较慢。前两天我们做了一个爆粉的鸡汤段子，但是爆粉的数量对我们来说就是一个虚拟数字，解决的只是曝光的问题，想要有实际的转化还是要利用直播。我认为直播实际上重构了销转过程，所以能实现每天卖，并把价格维持在 3 元。

部分大型教育机构，只是把快手当作流量工具，把用户往微信群里引。这和把快手账号当作微信公众号，在本质上没有区别。如果只是把在微信上做的事情在快手上重新做一遍，那有什么意义？既然要直播上课，为什么要把人拉出去呢？为什么不能在快手上课呢？我们要在快手上做闭环。

快手产品逻辑的核心是社区、社群，我们现在有接近 20 个快手群，每天在快手做社群运营。

我们不想只是按照 MCN 机构的路子，签很多老师，然后在各个地方上课。网红经济的核心是带货，比如其他教育机构的正价课程、教材读本。我们只上课不带货，不管是试听课，还是付费直播课、录播课，都是这样。不过我们的核心产品是付费直播课，现在园丁汇 80% 的老师都会做付费直播课。

第一，我认为录播课达不到教学的要求，老师跟粉丝的黏性没那么高。你可以去观察，买录播课的人数和真正上完课的人数相差很多。没上完课，意味着他并没有享受到老师的服务。一定是他买了课、上了课、学到了知识，才会复购。这一点通过付费直播课更容易实现。

第二，录播课不容易实现粉丝之间的连接，而在直播间里，粉丝们的互动非常重要。有学习的氛围，更容易达到课程的效果。

靠什么去服务 1 万个 KOC

我们目前孵化了两三百个快手账号，2021 年的目标是 1 万个。所以现在就要把整个流程做出来，一批批招老师，整个操作像流水线一样。

如何实现规模化？靠的是我们的中台。以前 MCN 机构服务老师，往往是签下一个大 V，然后有一个团队帮他写脚本、拍视频、做剪辑。这个团队少则两三个人，多则五六个人。平均一个团队最多能服务 3 ~ 5 位老师。如果是明星级别的老师，可能需要几十人服务他一个。

而我们签约的是 KOC，我们要去做技术中台。这个中台，要给老师赋能。主要是两条线，一是粉丝的增长，我们重点关注的是直播间的粉丝数量；二是通过教学实现收入。

我们的孵化流程基本是，用八周时间帮老师将粉丝量涨到 1 万以上，1 万到 10 万的粉丝量则在另外的三到四周内完成。前期的训练营加上后八周时间，我们会将每周的工作任务拆解出来，便于操作执行。

在快手教育生态团队的建议下，我们把园丁汇团队分为六个组，服务于全流程。目前已经组建了五个组。

A 组负责在前端招募老师。

B 组是老师运营组，这是核心，他们每天要跟老师保持沟通，不管是在群里还是电话沟通，要告诉老师每天需要做什么，有点类似于明星助理。一个人可以服务 40 位老师。

B 组的运营人员，主要是做心理辅导。比如今天哪位老师涨粉情况比较好，就帮他复盘经验，探讨还有哪些进步空间。或者有的老师几天没涨粉，既需要给他安慰、支持，还要帮他找问题、想对策。但 B 组的输出，是需要其他组做支撑的。

所以我们就独立出来一个 B1 组，专门负责脚本库，不面对老师。这个拍摄脚本库对老师来说非常实用。我们会帮助老师准备好丰富的拍摄素材。老师可以根据粉丝的数量、账号所处的阶段到脚本库里寻找素材。每个脚本都是一个样本，比如分镜头有几个，今天是什么主题，分镜头的前 3 秒拍什么，4～7 秒拍什么，有什么表情要点等，脚本里全部都有。

老师是真人口播（对着屏幕干讲），还是对着黑板讲题，是对着 PPT（演示文稿）讲，还是表演式授课，在脚本库里都能找到合适的脚本。我们把这些脚本分门别类，老师需要哪一类就到里面去挑。

脚本库里的素材来源有全网的爆款，也有我们自己研究生成的。有些老师不太理解，其实平台的属性是由算法驱动的。如果没有那些玩法和互动率的指标，作品是没有足够曝光度的，所以要调整视频的结构，用算法做匹配。

我们也会使用自己的以及别人的作品做数据分析，测算一条作品发布后，在几分钟之内快手的算法就会把它往下一个池子推。我们的视频指标非常漂亮，一条视频封面的打开率在 30% 以上、互动率为 10%、涨粉率为 1%。

C 组是直播运营组，负责所有老师的直播。老师不是一开始就能做直播的，而是要达到一定的标准。我们老师的粉丝是比较垂直的，粉丝量超过 6 000，或者是快手群有 180 人，就可以开直播了。有直播基础以后，我们对老师进行专门的培训，再去做首次直播、复盘，然后正式直播讲课。老师加入园丁汇以后，每一个成长阶段都会有相应的团队配合，按规范流程教他操作。

直播运营要有场控、社群运营、活动策划，这些都由 C 组负责。直播带货需要场控在现场，改价格、造气氛。在直播讲课时，如果场控和老师能同时在现场当然是最好的，但问题是这么多老师分散在全国各地，导致这一点很难实现。

老师的直播相对来说单纯一点，就是上课。所以我们会把一些销售环节放在公屏上，场控主要就是管理员、助教。

E 组是数据组。我们一个人服务 40 位老师是怎么做到的呢？这就要依靠中台系统以及数据面板，通过它们可以看到老师的直播数据、粉丝成长情况等。这些实时数据能有力支撑直播运营。

我们还有个负责标准化供应链的 D 组，尚在搭建中。现在有些直播间的学员想买老师的讲义，这就需要我们去对接印刷厂、物流。图 6.2 展示了园丁汇针对素人老师打造的运营团队。

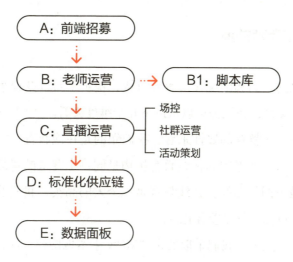

图 6.2　园丁汇打造素人老师的运营团队

这些就是我们完整的 SOP（Standard Operating Procedure，标准作业程序），是一个完全规范的流水线。快手教育生态团队成员给我们提供了很多支持，现在的 SOP 也是由我们反复讨论、迭代出来的。图 6.3 展示了园丁汇招募老师的全流程。

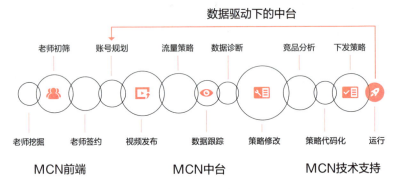

图 6.3 园丁汇招募老师的全流程

与平台和老师共赢

再说到我们和传统在线教育机构、快手平台以及快手上的原生老师的关系，我认为可以从以下几个维度去看。

第一，从教育的属性来看，我们做的是在线教育。广泛意义上，我们与一些老牌的在线教育机构是同一个赛道的竞品。但我们走的是不同的路线。在线教育是一个大的品类，我们的模式是不同的，目标人群是差异化的。

前面提到过，我们采取的是"MCN ＋本地网校"模式，不做中心化的教研，不是一个劳动密集型企业，我们通过强大的技术中台，给广大老师赋能，与他们形成合作关系，还重构了在线教育的销售转化链条，降低了获客成本。

第二，从和快手原生老师关系的角度来说，快手本质上是生态、是土壤，它扮演的角色是比较底层的，它的作用是将用户在线化。在快手的生态中，我觉得我们和原生老师的逻辑是一致的。

记得第一次给阿柴哥打电话聊天的时候，我发现快手的原生知识主播是很感谢快手平台的，也希望在快手上完成闭环。从平台角度来说，为了用户的留存，我们都希望在快手平台上完成教学闭环。

第三，从方法论、增长曲线以及整个教学内容上说，我们对原生老师有一定的"侵蚀"。因为他们不具备我们这样流水线的、规模化的作战能力。但是很多老师愿意同我们合作共赢。

之前我们一直在推广做单个账号，现在我们正在筹备做同一个圈层的"拼播"。英语老师、数学老师可以有一样的粉丝，这样就变成真正的网校了。接下来我们要做到使每个老师都有两三百人的付费群体，叠加去重之后就会有五六百人的付费群体。

在我们的设想中，一个特别理想的场景是，我们在一个县里有一些合作老师，每位老师可能有几万粉丝，语文、数学、英语、物理、化学等科目都能覆盖到。

让每个学生找到适合自己的教育产品

王旭　园丁汇创始人

要点

· 让每个学生找到适合自己的教育产品,享受教育的魅力,才是真正的普惠。

· 快手的普惠算法以及双列逻辑,能帮助草根老师建立自己的小型私域流量。

· 让越来越多的低线地区用户参与到在线教育中来。

编者按：短视频与直播，无论是作为传播工具还是生产工具，在创新与效率上都提供了非凡的价值。在教育领域效率提升的基础上，更加考验团队对内容专业度与教学服务专业度的理解。而这个理解的背后，需要"普惠价值观"做支撑。

因此，快手教育生态团队与园丁汇的伙伴们聊了聊"普惠价值观"，并由王旭记录成文。文章谈到了园丁汇对此的理解：是什么在支撑并推动着他们，去行动、创新与实践。

创业后重新理解普惠

前几年，我们在全国推广"园钉"时，就已经接触到很多欠发达地区的学校和师生，包括镇上的中心小学，以及更偏远的村小。有的学校甚至只有一位任课老师、一位生活老师，所有年级的学生混编成一个班。这是的的确确存在的教育现状。从那时起，我们接触到了更广阔的中国教育，打破了很多固有的认知。

我们原本以为，只要给这些地区的学生们提供更好的学习用具、更现代化的信息系统就能够帮到他们。但在落地过程中，我们发现这些孩子真正需要的，其实是能够针对他们的不足给予指导的老师。

这是我理解的普惠教育的第一个层面，我们希望有更多的人能照顾到更多的学生，特别是欠发达地区的学生。让他们享受到和城里孩子一样的教育。换句话说，我们想把优质的教育资源推广到更远处。

我们刚开始做快手时，是希望能邀请到一群优秀的老师，利用快手"短视频＋直播"的形式，把优质的内容分发给更多用户。但在实际的直播过程中，我们发现了一个超出预期的现象：当我们的老师用顶级名校所谓优秀的教学方法进行教学时，直播间里的很多学生听不懂，且不能快速掌握。

我们的老师在备课时，是希望更多的学生考到90分，但我们发现直播间里的孩子只是想从40分考到60分。

这时就出现了一个问题，我们所谓的"优秀"课程是否匹配所有的学生？

这是我理解的普惠教育的第二层面：并非高大上的教育产品才是最好的，让每一个学生找到适合自己的教育产品，享受教育的魅力，才是真正的普惠。

快手上的知识主播阿柴哥，因为学生们要上晚自习，每天晚上 10 点才开始直播。当我看到他的学生粉丝在下晚自习后第一时间进入直播间继续学习的时候，快手再一次打破了我原有的认知。这些传统意义上成绩不好、学习能力差的"边缘学生"，会放弃晚上的休息时间进行学习，这是我们完全想不到的。

于是我们发现，好的教育应该是有趣加有用的，让更多的人对学习本身产生兴趣继而产生持续学习的内驱力，这才是真正的普惠教育。普惠的意义在于，对于普罗大众，用他们更能接受的方式传递知识。有趣加有用，才能够让更多的人参与到学习中来。

从供需两端理解快手的普惠教育

教育分两端，一端是谁来提供好的内容，另一端是谁来学习。园丁汇在快手教育上的尝试主要是想从这两端来体现普惠价值。

第一个方面，教育内容的提供方，在快手达到了前所未有的丰富度。

当我们在快手上寻找原生老师合作时，惊讶地发现快手上已经有大量的老师主播账号，且能找到任何学段、学科以及使用任何版本教材的老师。这些老师来自不同的圈层，他们利用大量的时间，专心经营自己的快手账号。

快手的普惠算法以及双列逻辑，也能够有效地帮助这些草根老师建立自己的私域流量。快手教育让这些 KOC 老师享受均等的机会，不再只是明星老师的陪衬，而是给更多的普通教育创作者更多的实惠。

大量草根老师的入驻，也开拓了教育服务的广度。遵循这一原则，园丁汇从一开始就将招募对象锁定在快手原生的草根老师和"园钉"原有的次发达地区的相关老师身上。

来自广东的老师"于公讲语文"，出身农村，从小就喜欢古典文学。以前在学校任教时，出于各种原因一直没有机会教他最喜欢的传统诗词和大语文内容。于是于公在快手开始了自己的教育创作。原本他只是希望利用业余时间做一回"大语文老师"，圆自己的一个梦，没想到他的大语文课程一经推出迅速走红，短短一个月他就已经成为拥有 5 万粉丝的"大语文名师"了。如今于公已经全职做快手，不仅圆了自己的梦，也让更多人了解到了古诗词之美。

另外一端，也就是从真正上课的学生或家长端来看，我们会发现有更多的次发达地区用户参与到学习的过程中来。

这些用户在之前可能压根没有接触过在线教育产品，或者接触过但最终没有购买正价课程。现在他们通过快手短视频和直播，接触到了以直播为交付形式的在线大班课。

我们有一位快手账号为"飘落无痕"的学生家长，在刷快手时无意间发现了沙沙老师的英语短视频。沙沙不仅人长得漂亮，讲授的内容也都是很难在课堂上听到的地道英语，于是这位学生家长就变成了忠实的"沙琪玛"（沙沙粉丝团名称）。

他还在自己的快手群、微信群、QQ 群里分享沙沙老师的作品。他曾经说过，希望更多的老铁看到快手上有这样的好老师。如今，"飘落无痕"已经成为"清华高圆圆"快手粉丝群的管理员，成为当之无愧的几十万粉丝的意见领袖。他说他还会继续分享，让更多的老百姓在快手上找到真正的好老师。

对快手的老铁们来说，普惠教育的优势体现在两个方面：一方面，他们可以用更低的价格甚至是免费获取在线教育内容。另一方面，他们可以找到自己喜欢的老师以及他们听得懂的课程，在快手平台上完成最终的教育交付。

目前，园丁汇老师账号矩阵的粉丝来源已经覆盖了全国 300 多个城市。

从园丁汇的粉丝分布也可以看到，越来越多的低线地区用户参与到在线教育中来。越来越多"飘落无痕"口中的老铁，由单纯在快手上娱乐转变为专心、持续地学习。

沙沙应粉丝的要求，将直播时间调整到了早上 5 点 40 分，每天进出直播间的人数已突破 2 万，同时在线人数峰值已经超出 2 000。

粉丝们每天早上雷打不动的坚持，让我们发现这批用户将是未来在线教育市场中的新兴力量。快手的算法实现了生态内人与人更好的连接，人、货、场得到重新定义。

关于普惠教育，园丁汇的一个小目标

我们创建园丁汇，是希望能够更好地发掘全国各地的老师，帮助他们实现价值最大化。园丁汇的价值观就是解放天下老师。

在我们看来，解放有三个层面：

第一，给老师提供更好的工具，将他们从烦琐的日程中解放出来；

第二，我们用更高效的方式，帮助老师分享自己的教学经验，打造老师自己的独立 IP ；

第三，通过我们的扶持，帮助老师获得与努力相匹配的收入。

很多草根老师不懂如何制作短视频以及直播的技巧，花了很多时间拍摄短视频，却没有达到应有的效果。但他们是更懂孩子的一线老师，我们愿意为他们的账号成长、未来变现提供更多的帮助。让愿意付出的人得到相应的价值认可及回报。

未来，我们希望在快手、在我们已经覆盖的300多个城市中，寻找一万名草根老师，帮助他们成为拥有数十万甚至数百万粉丝的教育主播，保证他们的直播间人数可以稳定在100人以上，实现稳定收入，影响上亿人群。

让这些草根老师带给大家更接地气的教学方式，更匹配的教学内容以及更亲民的产品价格，进一步让更多的消费者参与到这样的快手生态中来。让我们一起努力，让更多的老师、内容与学生、家长建立起更多的连接，实现更多的梦想。实现真正的普惠价值。

第七章
直播＋珠宝

- 在实体店销售模式下，翡翠加价率比较高，夸张的甚至高达 10 倍。而直播正在让翡翠的价格越来越透明。本章以广东四会为案例，看直播如何给传统翡翠行业带来新机会。

本章篇目

广东四会：
玉石珠宝的不夜城

要点

· 直播改变销售链条，让价格变得透明。消费者可以在直播间买到真正的源头好货。

· 四会从走播、坐播，逐渐发展成以店播为主，并且出现了企业化运作的商家。

· 翡翠直播带动了四会的就业，也促进了消费。

初入南粤小城四会调研，新鲜又陌生的词汇总是从访谈者的嘴巴里蹦出来——"米柜""货主""约号""玻璃种""绿货""毛货"……它们或是翡翠行业约定俗成的术语，或是翡翠直播催生出来的新职业、新现象。

四会位于广东省肇庆市，有"玉器之城"的称号。这个离广州白云机场只有一个半小时车程的县级市，是全国最大的玉石翡翠加工集散地，年消耗缅甸翡翠玉石原料的70%，翡翠玉器产量占全国总产量的80%。

随着直播时代的到来，四会又被称为"玉器直播之城"。早在2016年，就有一些年轻人拿着手机在四会各大翡翠批发市场

本文作者为快手研究院研究员杨睿，研究助理甄旭。

的档口穿梭，帮粉丝向摊主砍价，迅速实现购买。随着直播生
态逐渐演化，四会万兴隆翡翠城的创始人方国营看到了商机，在
万兴隆北区打造了一座直播城，使四会翡翠产业带接上了直播快
车道。

对于玉器和直播，人们会有很多疑问。比如，世上没有一模
一样的翡翠，每一件翡翠都是孤品，所以人们常说"黄金有价玉
无价"。而很多人理解的直播电商，常常是与批量、爆款画等号
的。那么，与爆款思维几乎不沾边的翡翠行业，是如何站在了直
播风口之上的？

此外，翡翠被大众贴上了"昂贵"的标签。到底是什么样的
人会在直播间里买这种高客单价的商品？为什么直播间里翡翠的
复购率那么高？粉丝与主播之间为何能够形成高信任度？为什么
是四会？翡翠直播对生产、销售链条又产生了什么样的影响？

读完以下的一组访谈，或许能够解惑。这里先做个提炼总结。

一块翡翠所携带的信息量极大。光是看种、水、色，就非常
考验眼力和经验。进入玉器批发市场，人手一支像笔一样的手电
筒，可以射出强光。行家要靠打灯来看翡翠的完美度，如"种水"
怎么样、透不透亮、里面的棉多不多、带什么颜色、有没有纹裂
等。在传统图文时代，一张照片甚至是一段视频都无法承载如此
大的信息量，但是直播可以实现。

直播降低了翡翠交易中的沟通成本。四会的翡翠行业曾经历
过微商时代，到现在还有很多人在做微商。但微商在与档口摊主
砍价、买家买货之后的打款、退货的过程中，很难做到与买家实
时沟通。在直播间，主播就是粉丝的代言人，帮粉丝与货主砍价。
粉丝对某一款产品心动，可以直接让主播拿起来对着摄像头"打

灯"，想要就扣"1"。

直播降低了进入翡翠行业的门槛。一个人、一部手机就可以做直播。从销售到发货再到售后，一个人就可以完成全部流程。这对很多翡翠行业的传统人士来说是无法想象的事情。原先要想进入翡翠行业，要么是先当学徒三五年后再一步步拼事业，要么是手握资金入局。但现在，无数两手空空的年轻人凭着一腔热血就能入行。

直播改变了销售链条，让价格变得透明。也许不少读者有过在实体店买翡翠的经历，发现品质好一些的翡翠往往价格不菲。实际上，翡翠从原石到成品，要经过工厂、四会"一批"市场、广州华林"二批"市场、实体店，才能最终触达消费者。这中间每增加一个环节，价格往往就要翻倍。现在，直播几乎砍掉了全部中间环节，链条变为原石→工厂→货主→直播间→消费者。直播让翡翠的价格变得透明（见图 7.1）。

这就可以解释为什么四会的直播生态会如此火热。四会作为全国翡翠加工的源头，有着绝对的性价比优势。快手主播丽大拿的个人经历充分说明了这一点，她最早在义乌拿货，后来发现广州货源多、质量好。之后偶然登上了一辆开往四会的班车，发现了一片更广阔的天地。

直播让翡翠行业的可见度更高了。目前在直播间，毛货可以播，抛光的过程可以播，甚至是更上游的原石交易都可以播。翡翠行业链条更上游环节的可见度大大提升了，翡翠也渐渐被更多人看见。我们在调研中发现，很多做直播的人都是翡翠行业的新人。他们也是看了直播之后觉得这个行业利润高，才投身其中的。可见度还体现在打破商家既有的社交圈层上。就像一位四会主播所说的，"微商只能接触到他的微信好友，这是一个私域的闭合空间。而直播可从公域获取客流，天南地北的人都能进入直播间"。

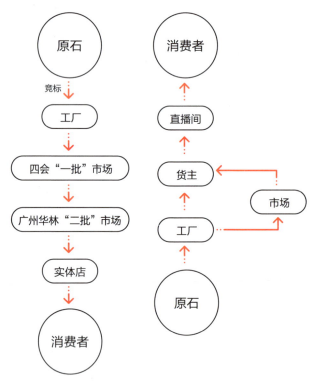

图 7.1 直播改变翡翠销售链条

而且，直播提高了翡翠的渗透率。以前翡翠都是在大城市的实体店、专柜卖。现在直播面向全国用户，让很多原本接触不到、买不到翡翠的地区的人也能买到翡翠。即使是在实体店，能看到的货品也是有限的，但直播的 SKU 相比实体店的款式成倍增加。

走播、坐播、店播三浪叠加

四会有 13 个玉石交易中心，直播最火热的在天光墟、玉博城以及万兴隆一带。不管是在不起眼的小巷子里，还是在时尚的高楼中，都藏着直播间，还有密密麻麻分布着的镶嵌店、做加工的小作坊。这一带的直播业态，可谓是走播、坐播、店播的三浪叠加。

天光墟，是四会地区最著名的玉器批发市场之一，目前白天卖翡翠成品，晚上卖未抛光的毛货。天光墟市场里分布着一个个档口，翡翠就摆在米柜上。所谓米柜，就是一个一米长的柜台。摊主坐在柜台里，客商可以在不同的档口间游走。

在天光墟市场里，还能看到走播，即主播手里拿着手机，向粉丝们展示自己在档口间找货的过程。遇到心仪的玉器，就停下来把玩一会儿。主播用镜头对着翡翠，利用灯光照翡翠看它的通透性。有粉丝心动，再跟档口老板讲价。

走播是翡翠直播最早的形式之一。一些主播回忆，最开始走播时，很多档口老板并不欢迎。当主播拿手机拍人家货的时候，档口老板会说："你来这里拍啥啊？"渐渐地，老板们发现主播真的能出货，便从一开始的冷眼相看，转变成后来的被主播牵着走了。

经过时间的淘洗，这样的散兵游勇现在已经不多了。

还有一种形式是坐播。我们在天光墟旁边的金翠宝翡翠玉器城，看到了至今还保留着的坐播模式。坐在米柜里的人是主播，货主坐在主播的对面。从走播到坐播，其实就是从"主播找货"变成了"货主供货"。

走播转坐播也与粉丝的体验感有关。走播时，主播的镜头晃来晃去。而且主播在档口播，可能能卖出货，也可能被档口老板赶走。这样消费者的体验就不好，他们会抱有"我买回来的东西会不会有质量问题"的想法。坐播则是一件一件地"过"，消费者可以慢慢看。相对走播来说，坐播会让消费者更有信任感，也能更直观地看到货，时间上也更充裕一点。

另外一种就是逐渐从坐播演化而来的"直播间＋货主供货"模式，现在四会 90% 的直播都已经演化成了这种模式。快手在四会的服务商之一——万兴隆直播基地里密集分布着固定的直播间和主播，货主通过"约号"的形式给直播间供货。如果说杭州的供应链基地、直播间和货是固定的，等待主播来做专场直播，那么在四会则是主播和直播间是固定的，货主和货是移动的。

这种类似店播的直播间，流量相对稳定，淡化了主播的人设，更多是靠产品取胜。

主播一般是拿着货主的一盘货，一件件地卖。货主就坐在主播对面，主播会跟货主砍价。直播间里如果有粉丝喜欢这一款，可以根据主播给的"暗号"输入。例如主播说"喜欢的扣1"，粉丝就在公屏上输入"1"。接着，主播就会在一张小卡片上写出最先"扣1"的粉丝姓名、宝贝价格。并用游标卡尺当场测量尺寸，把厚度、长、宽、高等详情写在卡片上。如果是戒指或手镯，还要注明圈口。等粉丝付款后，再发快递寄货。

四会有大大小小成千上万的货主给各大直播间供货，直播间负责销售，所有的货品、退货都由供货方来解决。货主往往白天在工厂、市场拿货，晚上就到直播间去播。

哪个直播间主要卖挂件、哪个卖镶嵌、商品主要销往哪些城市，大多数的货主心里都清楚。不清楚的货主也可以通过扫描直播间门口竖着的二维码，加微信进行了解。有些货主是发产品图片，有些是直接拿货到直播间咨询。如果直播间看上了货主的货，就会给他安排档期。

翡翠一般被制成挂件、吊坠、镶嵌、手镯、戒指等。通常某个直播间卖的货都是有它自己的风格和标签的。还有用低、中、高货去定性的，每个直播间都会根据自己的粉丝固化产品线。例如，卖"高货"的直播间如果突然卖"低货"，粉丝往往会看不上；卖"中低货"的直播间如果进了一些"高货"，也会卖不动。

一些企业化运作的公司，现在已经设立了主播培训、售前、售后、物流部门，还有专门负责拍段子的新媒体部，负责对接货主的市场部等。这样的公司日发货量往往很大，会跟物流公司统一谈价格，因此有价格优势。

从粉丝在直播间拍下宝贝的那一刻起，直到它在物流部门被快递小哥打包发走，公司全程都有摄像头监控。这是因为翡翠比较贵重，需要确保一旦出现失误可以厘清责任。

直播催生翡翠行当新职业

"四会这里的年轻人，现在站在历史前所未有的风口上。"万兴隆直播基地负责运营的沈立带我们在直播城参观时，突然说出这样一句话。在基地里，时不时传来直播间里主播与货主砍价的声音。直播间门口最常看到两类易拉宝，一是招聘广告，一是约号二维码。

四会因为翡翠直播，产生了很多新职业——主播、货主、助播、客服、运营……

稍微具备一些翡翠行业的知识，就可以去应聘做主播。货主懂货，会告诉主播如何鉴赏他的货，包括卖点。也有些直播间会对主播进行培训。沈立说，主播一个月的薪水是一万元起步，根据销售业绩还有提成，播得好的主播每个月至少有两三万元收入。

四会聚集了五湖四海的人。快手主播"海丰珠宝"（截至2021年1月初，粉丝量超140万）是吉林人，原先是开挖掘机的。2017年，他到云南瑞丽做翡翠直播，在快手上发了自己和缅甸人砍价的段子，上了热门，粉丝量也涨了上去，从此进入翡翠行业，现在他来到四会掘金。快手账号"旺旺翡翠"的老板王志是湖南人。2016年他听说老家人卖翡翠赚了钱，就跑去了云南，2018年4月到四会，开了自己的快手账号，慢慢有了自己的团队。像这样的年轻人还有很多。

货主也是一种新职业。他们就像翡翠猎人，在工厂、各大市场间穿梭淘货，用犀利的眼光评判翡翠的价值、杀价，拿下自己心仪的货品，然后再供给直播间。一个优秀的货主，要做到"懂货、懂价、懂行情"。

货主手里的货撑起了四会的大小直播间。某种程度上，货主也在帮助直播间承担压力与风险。货主要有资金实力，如果直播间卖不出去，货就会压在手里。所以除了要有专业眼光、会砍价，货主还要能敏锐判断消费者的喜好。

四会的直播行业工资比一般行业要高出很多。举个例子，餐厅的服务员收入大约2 500元/月，主播底薪大概在10 000元/月，客服也有4 000元/月以上的工资。

　　沈立介绍，万兴隆直播基地现在有 300 个直播间，直接、间接带动了数万人的就业。以快手主播"旺旺翡翠"为例，2017 年他们刚来四会时只有夫妻两人，现在已扩至 50 人的团队，其中有十几人是主播、十几人是客服。一些已经完全企业化运作的直播间，其团队规模已经达到数百甚至上千人。

　　快手服务商在拉动新人入驻快手（拉新）的过程中发现，相比之下，也有一些上了年纪的大档口摊主，不大容易接受新的业态，不知道该怎么做直播，意愿也不大强烈，疫情期间生意冷冷清清的。

翡翠"出圈"促进新消费

　　四会的直播经历过不同平台的迭代。2020 年，四会直播更是进入"群雄割据"的局面，各大平台纷纷看好翡翠直播的潜力，选择进驻四会。除了综合性平台，还有更加垂直的翡翠直播平台。

　　沈立介绍，2017 年之前，四会直播主要销的是"库存货"。虽然几十元很便宜的东西也是翡翠，但在行内人看来品质不够好。因此刚开始时的客单价只有几十元。

　　随着直播卖货的火热，短短几个月，翡翠的品质提升了，客单价提高到几百元。现在平均已经过千元了，有的快手商家的平均客单价已经过了 4 万元。

　　随着消费者品位的提升，翡翠的款式变得越来越多样，更新的速度也在加快。直播加速了翡翠的流通和款式的更新，商家会根据市场需求做出反应。货主这一角色也在加速这种更新，因为他们最头疼的是压货，所以需要敏捷地捕捉趋势，挑选最符合直播间粉丝口味的货品。

为了满足消费者新增的需求，更高性价比的翡翠被开发出来。以前流行卖体现山水意境的翡翠，现在越来越多的粉丝愿意买几百元的翡翠做小饰品，翡翠正在融入老百姓的生活。

在实体店销售时代，只有有限的人了解翡翠，但直播正在让翡翠"破圈"，连接起了翡翠和潜在的消费者。快手主播丽大拿以前在杭州开实体店，那时她的客人基本都是本地人。但现在她的粉丝遍布全国，甚至还有国外的客户。

以前大家通过实体店购买翡翠时，一个店铺同一时段顶多容纳二十几个人，但直播间可以有上千人。原来在实体店买不起价值几十万、几百万元翡翠的人，一旦接触直播的新渠道，发现有适合自己支付能力的翡翠，可能就会下单。因为直播间有实体店拼不过的性价比。

而且，实体店的价格、款式、SKU 都跟不上直播间的节奏。流行趋势还会随着季节发生变化，比如对北方客户来说，秋天已经比较冷了，镶金的翡翠贴着皮肤比较凉，所以镶嵌翡翠就不好卖。

四会翡翠直播现在也出现了一些新趋势。原先扎根在云南的达人型主播也开始往四会跑。

一方面是因为 2020 年 9 月 13 日，瑞丽市发现两名输入性新冠肺炎患者后，云南玉城市场暂时关闭。此外，因为缅甸疫情严重，公盘（玉石原料集中公开展示，买家自行估价、出价、竞投的投标过程）延期，新料进不了中国，原先在瑞丽的主播极度缺货，所以跑到四会来找货。

另一方面，也有主播发现四会翡翠的性价比要比瑞丽高。物流也是一个因素。有从瑞丽迁往四会的快手主播介绍，四会的物流比瑞丽有优势，物流价格只要 2.7～3 元 / 单。

或许是因为到四会来的达人越来越多，有了信息的交流与碰撞。现在，四会的直播基地、翡翠商家也开始考虑做标品。

快手在四会的另一家服务商——国际玉器城直播基地，也打算建一个选品中心，不单是翡翠，还包括玉髓、玛瑙、和田玉以及宝石、莫桑钻、金镶玉、银镶玉等种类。以标品为主，配有直播间或场景化空间，达人来了之后只需要直播，后续的工作完全由选品中心负责。

万兴隆直播基地：
线上与线下的融合

要点

· 作为翡翠产业带的服务商，万兴隆直播基地肩负着服务产业带、孵化商家、规范线下商家行为等责任。

· 万兴隆翡翠城在传统市场时代就开始严打假货，为之后规范直播电商的经营打下了基础。

· 万兴隆翡翠城开辟了一座直播城，为商家直播搭建物理空间。

· 2019 年 8 月，"快手翡翠产业带基地"在万兴隆挂牌成立。

万兴隆直播城属于从线下批发市场成长起来的一个物种。这种位于产业带的直播基地，需要将线上开直播的商家在线下管理起来。

针对翡翠这样"赌性"大的行业，需要专业的眼光进行鉴定，监管存在一定的难度，因此好的市场可以起到规范商家、打击假货的作用。传统的批发市场时代已经具备了这样的功能，现在是将服务"从线下延续到线上"。

四会的直播生态不是一天建造起来的。万兴隆作为翡翠行业

本文作者为快手研究院研究员杨睿，研究助理甄旭。

最早的直播基地之一，"产业带＋直播基地"的成长是一步一步的，先是以开放的心态容纳直播这种新生事物，然后为直播创造了更好的物理空间，实现线上与线下的融合（见图 7.2）。

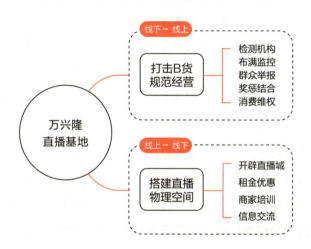

图 7.2 万兴隆直播基地作为产业带服务商所具备的功能

◎ 以下为万兴隆直播基地创始人方国营的讲述。

万兴隆市场的起源

我是福建莆田人。莆田是全国工艺之乡，我的祖辈都是做木雕的。20 世纪 90 年代，我父亲那一代人便结伴来到四会建立玉雕加工厂。从那个时候起，我们福建人就在四会生根发芽了。

我是 2001 年来到四会从事翡翠雕刻工作的。当时四会在全国的玉器加工产业里是比较活跃的。这里的翡翠加工厂比较多，很多云南人买了原石后都带到四会来加工。广州人也会到四会来买毛货（成品未抛光之前被称为毛货），再从广州卖出去。

翡翠之所以令人着迷，是源于它的每个环节都充满了"赌性"。做工厂的就赌切料，工厂加工完的毛货，要赌抛光之后成色在什么位置、属于什么样的级别。有的毛货抛光完"水"没起来，就输了。这些都要靠专业眼光去判断。

2003—2008 年，翡翠行业逐渐进入发展阶段。就跟今天做直播电商一样，市场需求旺盛，利润也高。不过那时要比现在轻松许多，我们将翡翠原石买回来只做简单的设计，就等着客户下重金订走。所以我们很年轻时便积累了第一桶金。

中国市场上的翡翠绝大多数产自缅甸，缅甸每年有三次公盘。原石从缅甸被拍卖后在中国做二次公盘，二手转卖后价格会变高。好的料子先到揭阳、平洲，剩下的才会到四会做加工。所以没去缅甸之前，我们投标拍卖的翡翠原石大多来自佛山平洲。

我应该算是第一批带着福建老乡去缅甸买原石的人。2004 年，我自己先去缅甸踩点。觉得不能一个人闷声发大财，就喊老家的人一起去。当时通信特别不灵通，"全球通"都用不了，只能在缅甸当地打座机，我记得一分钟就要 8 美元。最多一次我带了 21 个家乡人去缅甸买翡翠原石，当时还是在缅甸租了辆中巴车领着他们去石场的。

大伙儿到缅甸的翡翠市场后，那种开心真是没法形容，因为那时候缅甸的翡翠非常便宜，那些冰种（翡翠分豆、糯、冰、玻璃种，品质依次递增）一公斤才 1 500 ~ 1 600 元，随便买回来都能大赚啊！现在的价格飙得厉害了，每公斤冰种起码得好几万元。

国内的翡翠市场真正进入高速发展阶段是在 2008 年之后，当时翡翠行业基本上没有卖不动的情况。只要你切石头，买家就会主动到你家门口排队。到 2012 年，行业已经基本发展成熟，光是在四会的福建人就有 3 万多，福建商会是四会从业人员最多的商会。

当时在四会，天光墟是最大的批发市场。尽管它的市场硬件有待加强，但由于其历史久、地段好、客源大，所以大伙儿都拼命往里钻。因此经常会引发摊位和租金的矛盾。

我们福建商会就酝酿要开个新卖场来缓解矛盾。经过紧张的谋划和选址，2012 年底，万兴隆的市场项目地址敲定了，而且在商会同仁都到齐的情况下，仅管理过几十人、没有任何专业市场运营经验的我被推上了万兴隆翡翠城创始人的位置。我从一个雕刻师被"逼"成了二房东，硬着头皮去专心经营这前途未卜的大市场。

打击 B 货、规范经营

当时万兴隆附近只有一个毛坯楼，除此之外什么都没有。以前这个地段很偏，都没什么人，大家都往天光墟、玉博城的方向走。图 7.3 展示了四会市翡翠批发市场、直播业态分布情况。

当时翡翠的行情特别好，奸商暗地里兜售翡翠 B 货（假货）的现象也比较猖獗。四会出现的翡翠 B 货问题还曾被主流媒体曝光过。打假治假成了四会翡翠行业的首要任务。当时我主动向四会市政府提出，由万兴隆做主体背书，公开做出"全场 A 货，假一赔十"的诚信经营承诺，只要在万兴隆翡翠城内买到 B 货，就由市场作为第一责任人，给受害人十倍的赔偿。

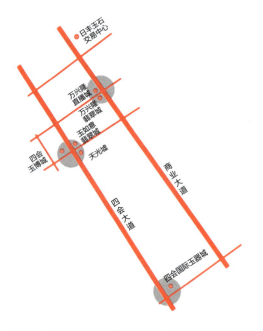

图 7.3 四会市翡翠批发市场、直播业态分布图

很快，四会市政府就给了我们正面的回应和支持。为谨慎起见，当时有关部门给我们批了一张为期半年的临时个体营业许可证，规定如果我们在半年内有违承诺，就关闭万兴隆。

我们福建商会在四会发展这么多年，有很高的社会地位和行业口碑。2012 年 10 月 8 日我们开始招商，10 月 10 日就招满了。商户大多是福建籍的，一共有 1 000 多商户交付定金，我们收了 1 000 多万元现金。

2012 年 12 月 1 日，万兴隆开始装修。从那天起我就一直驻扎在工地，忙到市场装修完工。那年春节，我人生中第一次没有回老家过年，大年三十的早上我还在工地上忙。2013 年 3 月 3 日市场正式开业，从头到尾只用了三个月。

商家招来了，客流从哪里来呢？那个时候还不流行"流量"这个词，我们想的就是揽客。

我当时想，四会是一级批发市场，主要做成品、半成品的批发。我们80%的货是卖给广州华林国际的商家。所以我们应该从源头引流。于是我们斥重资开通了一趟从广州华林直接到四会万兴隆的班车。每天凌晨1点10分开始发车，一天27班。从3月到6月，只要是从华林拉到万兴隆下车的乘客，全部免车票。

但有的人乘车到四会，就是为了到天光墟拿货。为了省25元的车票钱才坐我们的免费班车，下了车还是会走到天光墟去。我就想了个办法，在万兴隆大门口派送早点，馒头、豆浆、油条、肉包子，免费供应。

商家招来了，客流也有了，下一步我们要信守承诺打击B货。

一开始我们就碰到很多麻烦。由于当时管理经验不足，被个别奸商钻了空子，有客户在我们市场里买到B货，为此我们也真的赔了人家一百多万元。

后来我们成立了市场管理党支部，给商家开会。因为市场里五湖四海的摊主都有，我们就按地域划分，让他们自己挑选党员到党支部来做调解委员，告诉他们绝对不能在市场里鱼目混珠。做得好的商户，在万兴隆开档口可以免租金，开多久就免费多久。

我们整个市场都布满了监控，有600多个摄像头。除了洗手间，几乎所有地方都可以拍摄到。我们做出了一条规定，如果客户在万兴隆买到B货，不仅要对商家进行违约处理，还要将其售假行为公开曝光，这对商家来说是很没面子的事情。

我们还发动档口商家互相监督。因为我们市场中的一些档口上下午分别由两个不同的摊主经营。他们中午 11 点换班，就有人瞅准换班的空隙来卖假货。由于流动性大，不容易被发现。我们就发动群众监督、鼓励检举，经检举查实，卖场就奖励 3 万元给举报人。

一边有高额奖金，一边有严厉的措施。实行这种管理模式之后，整个市场开始变得诚信经营了。经过这么多年的沉淀，万兴隆成了公认的无假货市场，现在四会市面上也基本没有 B 货。

2014 年底，翡翠行业达到发展顶峰。我又扩招商家到 5 600 多家，4 万平方米的市场全部爆满。

直播基地的成长

2015 年，翡翠行业的实体店经营开始走下坡路。当时我看到很多人在做微商，就建议我们市场里的摊主也要抓住机遇。但翡翠这个行业很奇怪，哪怕顾客在摊主这里买了一年的货，摊主都不知道客户的名字和电话号码。不管你买不买，总之不能赊账。

我们每年 4 月开商家大会，有 1 000 多人参会。我给他们建议说："微信不是用来刷朋友圈、看段子的，你们一定要在微信上做生意。"但大部分的摊主还是在用手机看电视剧、聊天。不过也有人听取了我的建议，把微商做得非常好。

2016 年翡翠行业继续下滑，我们翡翠城分南、北两个区，南区市场还比较稳定，北区市场商户败走离去的情况非常严重，就剩下几家商户。无奈之下我只好把北区一部分区域分割出来做农贸市场、超市。

当时万兴隆附近开了一家洗脚城，生意挺火的，每个月都能赚两三百万元。有朋友劝我将北区也改造成洗脚城。说实在的，当时我有点心动，但纠结几天后还是放弃了这个想法。因为我是个雕刻工艺师，是个珠宝商，去开个洗脚城，人设有点崩塌。所以北区市场的很多区域就继续空着。

2016年下半年，我在市场里看到有人拿手机直播。当时真有一种耳目一新的感觉。因为作为传统的奢侈品，历来进入翡翠行业一般只有两种途径，一种是做学徒，然后从小工厂小老板慢慢做起自己的事业；另一种就是自己家很有钱，直接拿几百万过来投资。但这些年轻人拿着手机在市场里走来走去不断砍价就能卖翡翠，真的颠覆了传统观念。

经过一段时间的观察，我发现这些拿着手机做直播的人流动性很强，没有固定的经营场所。这种"打一枪换一个地方"的做法，很容易引发经营方面的风险。试想一下，一个不相识的人拿着一部手机卖货，卖出去的货品质量怎么保证？售后服务怎么办？货主的货款安全如何保障？这当中存在着信任背书等一连串亟待解决的问题。

但我感觉直播可以做，而且是下一个风口。因为直播比微商更直观。微商展示的只是图片，还有一些文字详情和价格，其他内容展示不了。即使发了货，也会有货不对版的情况，或是退了货不还钱的情况，状况百出。微商的沟通成本特别高，但是直播是可以直接沟通的。

2016年下半年，各大直播平台开始火热。但货品供应的信任通道还没打开，很多商家对直播心存戒备。我就出面对商家说：

你大胆把货拿给主播卖。如果他跑了，你找我，我担保。

接着我们跟主播谈，你们没有固定的地方开播，很难取得供货商的信任，我们万兴隆划出 1 千平方米区域免费提供给你们。你们就在摊位前坐着播。但你们要把身份证、营业执照都发给我，要交押金，还要持证上岗。就这样，那些曾经的走播转变成了坐播，这也是直播间的雏形。

2017 年，做直播的人越来越多。我们就把原来做农贸市场、超市的那栋楼开发成了直播城。很多人刚过来时租金都交不起，我们也是半租半送。结果一年下来我们非但没赚到钱，还贴进去100 万元租金。当然，全国各地很多直播商家听说我们的支持力度很大，就选择搬迁过来。

现在万兴隆直播城被隔成了一个个直播间，因为大家聚在一起播会很吵，而且这样看起来会规范一些。直播城商家集中，货主就集中了，货主在一家直播间播完了就去下一家播，很方便。万兴隆翡翠直播的生态一下子就变好了，也完整了。

"产业带 + 直播基地"新模式

我们万兴隆可以算是全国首家翡翠玉石"产业带 + 直播基地"。

淘宝直播刚做起来时，我们就给淘宝官方写了封意见书，希望他们能到四会来挂一块基地的牌子，完善线下服务。当时我们还没有基地、服务商的概念。

当他们收到意见书后，把后台数据调出来一看，发现这里的成交量、客单价、转化率、播出时长等数据竟然都这么高。

2018 年淘宝派人来四会，看到这里竟然有这么多人在做直播。卖翡翠就像卖白菜一样，一部手机、一个人就可以做直播。他们觉得不可思议，认为这种生态应该推广。这种新零售模式，就是他们一直在寻找的"产业带 + 直播基地"的案例。

2019 年 8 月，"快手翡翠产业带基地"在万兴隆挂牌成立了。截至 2020 年 10 月，万兴隆入驻快手基地的商家有 700 多户。

我对"产业带 + 直播基地"的理解，就是如何将产业带中的产品更直观地展现在消费者面前。

由谁来做产业带的直播基地？可以由市场、平台、政府三方主导，成立一个地方产业带机构，来服务产业带、孵化商家、规范线下商家的行为，包括售后、信任背书、规则制定等一系列功能。

我们的身份变成了线上平台在线下的管理者。比如快手直播很难直接面对千万商家，那么我们直播基地就按照以前线下管理的方式全部在线上走一遍，帮助快手更好地管理商家。

现在我们基地的大多数商家都是四会的，完成 90% 以上的 GMV，只有少数是外围商家。商家只有待在基地，我们才能管控得住。如果有的在云南、有的在湖北，那样不现实。我们只招大家认可的商家。

此外，我们还要努力把流量和服务做好。比如我们会帮助直播间对接一些供应链。

我们在 2017 年还成立了电商协会，并制定了直播经营中必须严格遵守的各项规则。

目前，我们把万兴隆定位为孵化新商家的摇篮。这里聚集的是一些中腰部、尾部商家，以及小的、成长型的直播间。万兴隆的生态可以很好地满足这些小型直播间的生存发展需求。例如，货主早上可以在万兴隆市场拿货，然后去各个直播间约号，晚上就能直播卖货。一个小型直播间，一晚上可以约到好多位货主，轮流卖货。万兴隆的货品资源集中，对新商家的成长很有优势。这也是我建立直播城的一个初衷。

翡翠这种非标品在直播的时候只能一件一件过，我也在思考能否将翡翠做成低客单价的标品，能否和老凤祥、周六福这样的大品牌合作做品牌直播。

总而言之，以后市场会更加细分。在珠宝品类中，做低客单价的标品，走达人路线比较好；像庄家翡翠这种高端产品，流量也不需要太大，只需要与需求方精准结合。

未来平台的规则会越来越完善，我个人认为在现有的直播模式中做得比较好的还是店播模式。但商业模式还会不断变化。在我看来，翡翠直播还处于一个"种草"的阶段，将来客单价会越来越高，当主播和粉丝产生巨大黏性的时候，未来还是会走向私域的。

快手十年

◆ 2021
2月5日，快手在港交所挂牌上市，股票代码为1024。

◆ 2020
截至2020年9月30日的九个月，快手中国应用程序及小程序平均日活跃用户数达3.05亿。

◆ 2019
8月推出快手极速版。
以商品交易总额计，快手成为世界第二大直播电商平台。

◆ 2018
平均日活跃用户数在1月份突破1亿。
开始发展电商业务。

◆ 2017
以打赏所得收入计，成为全球最大直播平台。

◆ 2016
推出直播功能。

◆ 2013
转型为短视频社区。

◆ 2011
推出GIF快手，供用户制作并分享GIF动图。

2017-2020年
在快手上获得收入的人数

2020年上半年

2 000
万人

2019年

2 300
万人

2018年

1 800
万人

2017年

600
万人

○● 2014 年快手的办公室：清华大学南门附近华清嘉园的一套三居室。

○● 2015 年，快手搬入清华科技园的新家后，大家一起吃火锅。

○● 2021 年 2 月 5 日上午，快手在位于北京的总部举行上市云敲锣仪式，
6 位快手用户敲响开市锣。

○● 2021 年 2 月 5 日上午，在云敲锣仪式现场，快手创始团队切蛋糕庆祝。

○● 2020 年 7 月，临沂主播陶子在杭州爱潮尚基地做直播，当晚卖了 6 万多单、500 多万元。

○● 2020 年 9 月，快手研究院在杭州举办快手公开课。

○ ●杭州九堡的新禾联创园区聚集了大量直播基地、供应链机构。薇娅从这里发迹。

○ ●杭州四季青服装批发市场被称为"中国服装第一街"。

○● 2020 年 9 月，武汉一家快速反应工厂的制衣车间。

○● 2020 年 6 月，位于陕西省武功县的西北网红直播基地正式启动。

○ ●四会翡翠直播经历了走播、坐播、店播三个阶段，一些玉器城仍保留着坐播的形式。

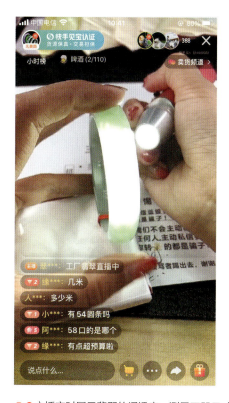

○ ●主播实时展示翡翠的通透度，测量玉器尺寸。直播做到了图文时代做不到的事。

○● 2020 年 8 月，主播"MIMI 童装源头工厂"在上海的森马集团总部做专场直播。

○●扶贫书记张飞通过直播让云端美景被看见。摄影：吕甲

03 直播时代

第三部分
快手生态（上）：
基础设施快速更新

第八章
搭好平台基础设施

- 快手电商与其他电商平台有何区别？
- 粉丝少的商家如何涨粉卖货？
- 品牌如何在快手建立私域阵地？

本章篇目

快手电商是什么

笑古　快手科技高级副总裁、快手电商负责人

要点

· 电商是从快手用户的社区生态中自然生长出来的，快手顺应用户需求，对交易进行规范，提供了快手小店、小店通、分销库、用户评分、店铺评级以及快手服务商等一系列交易工具和电商基础设施。2019 年，以商品交易总额计，我们已成为全球第二大直播电商平台。

· 快手电商的特点是——有趣地逛、信任地选和放心地买，目前主要满足的是用户的非确定性需求。而半确定性需求市场是一块非常大的蛋糕，如果电商直播能把这种需求解决好，是可以追赶货架电商的。

· 快手是"体验型电商"，对平台的要求比传统电商更高。所谓电商平台治理是从传统电商角度来说的，直播电商更看重体验。"治理"是看有没有达到基本要求，"体验"是看能否满足用户的更高需求。

快手电商的发展可分为两个阶段。2018 年 5 月到 2020 年春节之前，主要是做基本功，打磨自己的产品，这是一个稳健发展的时期；2020 年春节后，由于疫情原因，电商直播被推上风口，快手电商进入快速成长期。2019 年，以商品交易总额计，我们成为全球第二大直播电商平台。

2018 年 5 月，快手成立电商部门时，只有一个产品经理，一个运营。在此之前，很多人已经在快手上买过东西了。2018 年我们公布过一个数据，快手上每天与交易需求相关的评论超过 190 万条。

平台上有这样的需求，有买家，有卖家，无论快手做不做电商，市场都已经在这里了。初期买卖双方通过第三方支付软件交易，但这对我们来说是非正规渠道。好比发现有很多路边摊贩，执法者可以有两种态度：一是清理，二是规范。规范就是规定地点、规定时间、制定规则。

我们选择了后者，因为这样大的交易需求是打不绝的，而且也不该打，这是一个巨大的机会。所以快手顺应潮流，提供一系列交易工具和电商基础设施，让大家交易得更放心，这就是快手电商的由来。

顺应需求推出小黄车

快手电商的第一步是往合规方向走，第一个动作是在 2018 年 6 月推出了小黄车这个交易工具。

路边无证经营的小摊贩容易出现一个问题，就是交易不安全。在小黄车推出之前快手也存在类似的问题，有一些人用第三方支付软件付款之后被骗了，或者货不对版，或者不发货，找商家说理被拉黑，没办法了，只能找平台，说是平台的责任。

我们一是发现在快手上有交易的需求，二是发现在交易中出现了各种问题，所以推出了小黄车，进行合规化交易，增加商家和消费者对交易的信任度。当快手只是提供信息撮合，买卖双方通过其他渠道交易的时候，我们根本无法追踪到交易信息，无法判别真伪，也无法管控买卖双方的"不法"行为。

小黄车最开始接入的是淘宝，后来还有魔筷和有赞等。当时快手对交易、履约、客服全都不用管，只做引流，但是自己几乎什么能力都没有。所以我们就把快手小店做了出来。当时快手小店只有 1% 的 GMV 占比，但是我们投入了 90% 以上的团队去做。

2019 年 7—8 月，快手做了一系列调整，从单纯依靠外部，变成既有快手小店，又有魔筷、有赞这种 SaaS（Software as a Service，软件即服务）工具。魔筷、有赞所提供的工具在快手小店建立的初期完善了交易闭环。

我们跟第三方平台制定的政策都是平等的，用户、商家选择什么交易平台都可以。但目前快手小店是占主流的。第一，站内成交转化率肯定要高于跳转成交率，卖家会主动选择这种方式；第二，在淘宝购买商品要用支付宝付款，老铁没有支付宝怎么办？所以我们要求快手小店支持多方式付款。

快手小店从零开始，包括交易系统、机制建立、和第三方平台的对接，都是在第一阶段完成的。

"116 购物狂欢节"和"源头好物"

第一阶段完成之后，快手举办了"116 购物狂欢节"活动，2018 年是第一届，当时快手主播散打哥一场直播卖了 1.6 亿元，快手电商开始被更多的用户和商家认识。很多商家说，他们是看了散打哥的案例，心潮澎湃，开始走上电商之路的。

此前公司内部对做不做"116 购物狂欢节"还进行了很激烈的争论，主要是怕头部化，运营是顶着压力做的。我觉得举办

"116购物狂欢节"是一件好事，能够提高影响力，让大家明白直播电商的重要性。

总体来说，快手对"造节"是非常克制的。现在只有"616品质购物节"和"116购物狂欢节"是平台举办的比较大型的购物节，其他节日是各个行业和垂类自己做的，例如每个月的宠粉节，珠宝的争霸赛，对整个平台来说，都是规模比较小的活动。

2019年第二届"116购物狂欢节"的时候，快手电商的运营方向就比较确定了，即打造"源头好物"。我们没有特别强调"货"，因为"货"这个词用得太多，感觉太普通了，所以提的是好"物"。产业带就是源头，我们在产业带推介了很多老板，包括快手主播玉匠人小徐，用的就是"源头好物"的概念。这个方向确定之后，基本上不会大变了，要做的就是一直往这个方向走。

2020年受新冠疫情的影响，很多商家无法复工复产，只好通过直播的方式做生意，快手上来了很多新的生产者，有很多品牌进入快手。以前快手给人的感觉是卖白牌产品（没有品牌的产品，即白牌）偏多，2020年春节之后的半年，对于品牌来说是个快速增长期。

毕竟一个平台不能缺品牌，快手的老铁也不是只消费白牌产品的，对品牌同样具有天然的需求，所以快手在品牌项目上做了很多运营。这是供给侧的快速增长，无论是产品的"量"还是"质"都在增长，自此快手电商的发展进入了第二阶段。

快手电商是什么

快手电商是什么？我们认为它是与众不同的，就是有趣地逛、信任地选和放心地买。

谁都会装几个购物 App，打开哪个，不打开哪个，取决于用户本身。每个电商购物平台都有自己的特色，但仔细观察几个平台，卖得好的产品是差不多的，大家都在竞争用户打开的频次，给用户心智灌输的就是多样性、便宜和便捷。

快手的长板比较明显，我们是一个"有趣"的视频平台。对用户来说，快手首先是一个生态、一个社区，而不是一个纯电商平台。刷快手首先是因为用户觉得内容非常有趣，顺便购物，产生交易，所以快手的打开频次会比纯电商平台高。人不一定每天都买东西，但是每一天都需要获取信息、休闲娱乐，视频是经常会看的。

快手的短板也在这里。因为我们是一个视频社区，所以进来流量是很爽快的，但因为不是一个纯电商平台，如何精准地发现和分发商业信息，让有购物需求的人找到他喜欢的主播和想要的商品，让没有购物需求的人看不到商品信息，这是我们要解决的核心问题，也是很难的事情。如果淘宝不展示商品，只是播放一堆视频，大部分用户可能会崩溃。上快手本来是为了消遣的，如果总是让用户购物，用户可能也会崩溃。除非用户本来就是带着购物的目的，来看自己关注的主播卖货的。

我不太同意叫快手"直播电商"，应该叫"电商直播"，直播电商的主体是"电商"，电商直播的主体是"直播"，这是快手与淘宝、京东的本质区别。快手不是一个纯电商平台，但可以说是一个直播平台。

如何满足三种需求

快手和货架电商不是竞争关系，因为它们所满足的用户需求是不太一样的。

我认为用户的需求分为三类：确定性需求、非确定性需求、半确定性需求。

确定性需求是，例如用户要去买某品牌的 50 英寸电视，他一般不会来快手买，可能会优先选择在货架电商处购买。淘宝、京东、拼多多等货架电商都在满足这类需求。

非确定性需求是指用户没想过买东西，正好在直播间看到一个商品，觉得还不错，顺手就买了。现在快手电商满足的是这种需求。电商直播还处在早期，非确定性需求的市场规模目前还没有确定性需求那么大，毫无疑问，顺便路过买东西肯定不如精准去买的预算多。

什么是半确定性需求？家里被子破了，想买床被子，有购物需求，但不知道什么被子好，也不知道哪个贵，哪个便宜，没有任何概念。满足半确定性需求的市场目前主要在线下，人们一般会去集贸市场、超市或商场购买，也可能去淘宝、京东、拼多多上逛，当然也可以来快手看直播和短视频，在主播那里购物。

半确定性需求市场是一块非常大的蛋糕，不会比确定性需求和非确定性需求的市场小，甚至可能会追上确定性市场的规模。现在所有电商都在抢这块市场，而且是跟线下实体店一起抢。目前最有优势的并不是快手这样的直播平台，而是淘宝、拼多多这样的货架电商。因为它们可以借助精准搜索陈列很多商品，相当于你进入了商场的被子专卖区，所有被子都任你挑选。而在直播平台，你并不知道谁正在卖被子。

如果电商直播能把这种需求解决好，营造出一种逛街的场景，把所有正在卖被子的直播间放在一起，形成一条"被子步行街"，我认为是可以去追赶货架电商的。货架电商虽然可以将产品陈列给消费者看，但同质化产品太多，没有清晰地向消费者介绍产品的好坏，让人看得眼花缭乱也不知道怎么选择。

非标品的首选平台

快手平台非常适合卖非标品，因为非标品适合展示且不容易比价。如果用户觉得直播间卖的东西还需要比价，那么转化效率就会变低。直播具有效率和黏性很高等特点，虽然也可以让人买到一些价格高的标品，但用户比价之后发现不好，就很难再来直播间了。你要在直播间卖可以比价的商品也行，但要卖得绝对便宜。而非标品，比不了价，用户只要觉得好，就会持续在直播间里买东西。所以直播这种决策环境更适合销售不比价的非标品。

非标品也分品牌产品和非品牌产品，我们会做品牌产品，但现阶段做的还是非标的非品牌产品居多。非标、非品牌需要主播的信任度加持。我们是直播，又有私域，这种内容环境适合非标品，是个正循环。我希望快手成为一个逛非标品的首选平台。珠宝、玉石是很典型的非标品，服装很明显也是。

我们也希望往上走，从卖非品牌产品转换到卖品牌产品。快品牌就是往上走，快手主播徐小米的"江南印象"、77英姐的"春之唤"都是快手原生品牌，是 OEM 的生产方式。这些主播自主品牌的化妆品是非标品,从白牌向快品牌走,不能比价,又有一定的品牌效应。快品牌会逐步演化,最开始可能是自己做自己卖,但是慢慢建立起团队之后可能会在全网售卖。品牌改变用户心智,需要一个过程。比如陈日和创立的可立克牙膏,就有品牌化的趋势。

品牌直播和代运营模式

现在有很多品牌方想要进入快手做直播,碰到最大的问题是不容易寻求帮忙和得到指导。最早品牌方也是不进淘宝的,因为要搭团队、做运营、买直通车,品牌方都搞不定,所以淘宝出了一个 TP(Taobao Partner,提供代运营服务的第三方公司)的行当。快手也有,我们叫 KP(Kuaishou Partner),但直播平台比货架电商"玩法"复杂得多,直播平台首先得做内容,所以品牌方需要有很强的内容团队。

目前一些品牌,例如"完美日记"已经有自己成熟的直播内容团队,但还有大部分商家、品牌尚未搭建自己的直播团队,也不容易找到合适的团队帮他们做,而这就是目前品牌方进入快手会遇到的困难点。

对于大品牌,我们的建议并不是让它现在直接来快手卖货。品牌需要先做一个账号进行品宣,接下来再卖货。但是很多品牌刚做快手的时候还比较急躁,一上来就想直播卖货,仅仅把快手当成一个渠道,而不愿意踏踏实实去做内容,这是有问题的。

这可能是由于快手电商太强了,一些头部主播带货给品牌留下了深刻印象，认为他们自己过来也可以直接卖货。然而并不是人人都可以做主播，也不是每场直播都能带货，做主播和直播带货都是很专业的事情。

品牌进入淘宝大多选择代运营模式，宝尊公司就是一家为品牌提供店铺运营、数字营销等服务的企业。但目前在快手上采取像宝尊公司这种模式的企业还很少。现在快手电商的生态还不够丰富，品牌服务商还可以再多元一些，现在比较知名的就是遥望、卡美啦、魔筷这几家。

快手目前在打造自己的流量运营体系，提供了像粉丝头条、小店通这样的商业化工具。小店通就是一个非常好的流量投放工具，基本上替代了"秒榜"。遥望当年是"秒榜"大户，因为有了小店通这样的工具，现在基本上不做了。同样是花钱，通过小店通，就不用非要找大主播了。我觉得这是一件好事。

关于好物联盟

快手还做了"好物联盟"，也就是分销库系统，引入了很多品牌和经销商的货，让主播有货可卖，解决了他们缺货的问题。

现在入驻好物联盟的门槛不高，很多商家都很乐意加入，尤其是国货品牌。目前，好物联盟里月 GMV 超过 100 万的品牌有近 200 个，中国黄金、口水娃、三只松鼠、雪中飞、鸭鸭、海尔、荣事达等都在其中。我们每个月都要对接几千个有意加入分销库给主播供货的商家。

做好物联盟的出发点是，我们发现主播卖货的工作很复杂，要选品、布置直播间，还要管理客服、物流等。每个人都恨不得自己具备开一家商城的能力，但很明显这个门槛太高了。我们希望用分销的模式把主播从这些环节中解放出来。他们只要聚焦于怎么生产好的内容，怎么带货就行了。

为什么是分销模式呢？比如当一个主播成长到拥有 50 万粉丝后，必然要跨品类。假如他原来是卖苹果的，通常只能卖一个季度。下个季度卖什么？肯定要卖点别的东西，这时就开始分销其他商品。另外，主播也想升级供应链，想卖品牌货，不能越卖越便宜。跨品类和提品牌这两个核心诉求，都可以用分销来解决。

以前有人觉得，分销库对小主播有用，对大主播没什么用。但现在不是这样了。我们发现头部主播对货品也有很强的诉求。

一种是娱乐大 V，他们面临的问题很明显，招商团队不够专业。虽然主播有几千万粉丝，但转化率可能还没有 1 000 万粉丝的电商主播高。对于这样的大 V，我们其实是站在平台角度帮助他们净化供给，用优质低价的品牌商品替代他们原来卖的货。

比如有的娱乐大 V，以前是采用跳转外链的方式带货。但这么做的顾客流失率很高，因为用户不一定安装了第三方购物 App。现在这些大 V 觉得做好物店是一种很好的方式，能形成一个闭环，也不会流失太多粉丝。所以从供给角度说，好物联盟给头部主播提供了优质供给。

从效率角度说，娱乐大 V 也没有太多精力去搞货品。而且货品一旦出现问题导致封号，这个主播很可能就"折"掉了，所以他们很爱惜自己的羽毛。如果有专业的选品团队或品牌给他们做支撑，出什么问题由品牌来承担，他们是很乐意的。

对于这种风险分摊，不仅是娱乐大 V，一些同属大 V 阵营的专业电商主播也很需要。石家庄有位卖服装的大主播想要卖家电，她的招商团队就会去全国各地找货。但代理、黄牛提供的服务质量是参差不齐的。如果官方给他们一些供给，帮他们选品，他们其实很乐意跨品类带货。

主播其实不缺货，商场、批发市场里到处都是货。他们缺的是真正品质好、价格低的货。所有的主播，哪怕是头部主播，都缺这样的货。

好物联盟帮品牌解决的问题也很明显。举个例子，之前品牌想在快手卖货，得找主播，把货放到主播的店里卖。这对品牌自己的用户心智和粉丝没什么沉淀，沉淀的都是主播的粉丝。但现在品牌再开一家店就行了，任何一位主播都是分销模式，他的粉丝会跟品牌的店铺产生关联。品牌可以沉淀自己的用户，还可以积累商品评价、销量，类似于天猫的货架。

而且分销库采用返佣的模式，没有坑位费，都是通过官方系统自动结算。品牌可以控价，所以它们很乐意。

目前，好物联盟的成交量已经在快手电商总成交量中占据了不小的份额，我们也给2021年定下了数百亿的目标。到这个阶段，分销已成为快手电商一个重大的增长引擎。

"体验型电商"与平台治理

快手是"体验型电商"，电商有体验部，平台有体验团队。为什么我们不叫平台治理团队？所谓治理是对于传统电商来说的，直播电商更看中体验。体验的要求比治理更高，"治理"是看有没有达到基本要求，"体验"是看能否满足用户的更高需求。

什么叫"体验型电商"？举个简单的例子，有人在电商平台以200元/瓶的价格售卖XO酒，这是不是违规？从治理的要求来说是完全合规的，XO是指白兰地的等级不是商标，并且每瓶酒都有商标，各方面都没有问题，因此对于传统电商来说是绝对OK（可以的）。但是用户体验非常糟糕，因为用户以为是正版的XO。还有一种情况，明明是桌面垃圾袋，虽然标注了20×30厘米的规格，但展示的图看起来特别大。用户一般没有感知，拿到手才知道多大，这类投诉也很多。这确实也是合规的，没有任何一句夸大，但是用户体验不好。

为什么快手平台要求比纯电商平台更高？一是早期平台上问题较多，到现在很多人的心智还改不过来，二是要用最严格的标准要求大家。

举个例子，在快手直播间卖化妆品，如果随便说这个产品可以美白，可能会被封号。具有美白功效的化妆品必须有明确写有"美白"字样的"特证"（国产特殊用途化妆品生产许可证），否则主播只能说是保湿、补水的产品，没有"特证"说美白就属于虚假宣传。这是快手需要更加严格管控的地方。有些主播对此有意见，但这是快手平台的特点，必须严格且长期地坚持下去。我觉得严格不是一件坏事，我们这么做也赢得了很多人的尊重。

这一年多来我们做了非常多的售后工作，例如用户打分、商家等级评定等。快手目前的客户投诉率（客诉率）是万分之三到万分之五，与大多数电商平台的客诉率是相当的。

商家在快手平台要过三关，第一是商品质量要过关，第二是服务要过关，第三是售后要过关。消费者提出问题要尽快回答，要求退货的就得及时退货，我们是以最高标准要求商家的。

为了保障用户良好的体验，快手会采取一些手段，比如以众包的方式邀请用户参与，评判主播在直播间是否存在虚假宣传。我们会在直播间给弹窗，或者截屏发给用户，询问用户，是否觉得这段话属于虚假宣传。把各种投诉入口做浅一些，方便用户投诉。

直播电商与纯货架电商相比，多了一层主播对商品的介绍，为了缩小用户预期与真实情况的差异，让用户体验更好，我们要从国家标准角度出发，争取达到比国家标准更高一级的要求。追求最好的体验是永无止境的，我们会始终追求为用户带来更上一层楼的体验。

快手的服务商体系

快手的服务商体系有两种：一种是运营服务商，一种是技术服务商。后一种我们一般不叫服务商，叫 ISV（Independent Software Vendors，意为"独立软件开发商"）。

运营服务商有五类：MCN 机构、代运营服务商、品牌服务商、培训服务商、产业带基地。

MCN 机构为创作者提供人设打造、内容生产、整合营销等服务，扩大平台创作者的规模。代运营服务商要能为货主解决商品销售及服务问题，比如网络营销、小店运营、客服等。品牌服务商，是要为品牌方解决上述问题，而且要为平台引入符合行业要求的品牌方，扩大品牌的规模。培训类服务商要提供优质的讲师资源，帮助新加入平台的货主和创作者完成入门的培训。产业带基地就在这个产业里面，既要管人，又要管货，人是主播，货是源头好物。这五类服务商是互相补充的。

图 8.1　五类运营服务商

什么是技术服务商？支撑快手的是一些基础工作，包括审核、安全保障、运维、对接第三方支付软件、对接物流、打单等，其实都需要相应的服务商，单靠快手不能完全满足需求。快手小店的基础设施是一个内核，外面有一圈 ISV，形成一个交易体系，最简单的就是 ERP，商家都有聚水潭、快打单等现成的管理系统。聚水潭算是一个 ISV，能接入快手的小店系统。

快手交易系统比其他平台复杂，有快手小店、魔筷、淘宝、有赞等。魔筷跟快手的交易体系同级，对于快手来说不是 ISV，而是将另外一个平台对接到快手平台，它的平台外面也有 ISV，而且其中很多跟快手是重复的。从某种意义上说，它们对快手来说也是一个 ISV，但是我们就把它们当成四个并列的交易平台，它们有它们的 ISV，我有我的 ISV。我们的交易平台有一个内核——快手小店，其他平台对快手来说是一个补充，使交易更加完善，满足商家不同需求。

整个交易系统，从内到外有四个区：内容流、商品流、资金流、物流。第一是内容流，快手本身提供的就是内容生产、内容消费，是一个工具，直播就是在这个层面上的；在商品流层面，我们主要是做了一些与审核和用户保障相关的事情；在资金流方面，我们做得少，主要通过微信、支付宝等完成；在物流方面我们做得也不多，主要是对接顺丰、中通等快递公司。

供应链的巨大机会

快手电商的兴起，对商品的生产端和消费端都产生了很大的变革推动作用。

电商直播的特色是需要很多 SKU，每天要不停地上新。主播不可能一天只卖一种产品，那样粉丝就跑光了。快手主播徐小米每天上 50 ~ 80 个 SKU，而且一个 SKU 最多卖三次，之后必须换新的。

但在生产端，一个工厂做多个 SKU，是违背工业生产规律的，工厂恨不得开一个模生产 100 万件。SKU 越少，生产的量越多，单件商品的成本越低，最终获得的利润就越大。

因此，从这个意义上来说，生产工厂和直播平台就是一对天然的矛盾体。解决工厂对于单个 SKU 数量的需求，就是把直播间拉多，虽然单个直播间的销量相对少，但多个直播间聚集起来量就多了。同样，解决直播间对多 SKU 的需求，就是把生产工厂拉多，哪怕一个工厂只生产一个 SKU，但成百上千家工厂聚集的 SKU 就多了。所以主播和工厂之间，是 n 对 n 矩阵的做法，中间要有一个撮合的环节，就是供应链。

　　n 对 n 的做法，有点像 S2B2C（一种集合供货商赋能于渠道商并共同服务于顾客的电子商务营销模式，S 即大供货商，B 指渠道商，C 为顾客）的概念。n 位主播的需求聚合在供应链，工厂就能够保证生产的量够大，量越大，单 SKU 的成本就越低，价格就越便宜。另外一端，n 家工厂聚合在供应链，主播就可以有很多 SKU 的选择，否则主播就会面临缺货的情况，因为单纯靠主播自己去找货是不现实的，既不专业也没精力去做（见图 8.2）。

　　总之，直播间和工厂看起来是个矛盾体，但只要中间环节做得好，对供应链来说就是一个巨大的机会。

多工厂聚集，使主播有更多SKU选择　　供应链　　多直播间聚集，降低工厂单SKU成本

图 8.2　n 对 n 矩阵

小店通：
给商家一条确定性成长路径

冯超　快手商业化电商营销业务负责人

> **要点**
> · 商家在快手做生意需要确定稳定的流量，小店通是规模化从公域获取流量的工具，它为商家提供了一条确定性的成长路径。
> · 快手的公域和私域流量打通后，将产生巨大威力。从公域摄取流量，去私域经营，私域经营好了反哺公域，形成完整链路，即"滚雪球效应"。
> · 小店通也正在降低开户门槛，未来对中小商家会更加友好，伴随着快手小店的发展，它可以服务更多的虚拟产品，例如教育类课程等。

　　商家做生意需要确定性，如果第一天发 10 万单货，三天以后只能发几单，生意是没办法做下去的。

　　在快手上也是如此，商家需要确定性的流量，需要各种获取流量的途径。如果商家对广告熟悉就玩广告，对粉条（粉丝头条）自然助推熟悉就玩粉条。我们需要有针对性地开发可以赋能商家的各种流量工具。

　　小店通的出现，就是要让客户 get（得到）这一点：小店通的流量更加精准，我们提供的是一条确定性的成长路径，商家只要花时间琢磨投放优化（素材、人群定向、出价、目标）即可。

从金牛平台到小店通

我们是在做金牛平台的时候产生了做小店通的想法的。

最开始，我们要满足各个层次的客户诉求，有的要直接卖货、有的要涨粉、有的要直播。我们逐步拆解，第一件事就是做一个可以直接卖货的"二类"电商平台。"二类"电商已经不是最初的样子了，成了零粉丝都可以卖货的通路。

2019 年 9 月，我们上线了金牛平台，商家可以在公域卖货。

最早"金牛"是货到付款的平台。客户可以从信息流广告中看到货物的展示，进入落地页后，如果觉得货物好，填入地址、手机号码，货到再付款。货到付款一般签收率较低，低价品很难卖得出去。

2020 年春节后受疫情影响，有两三个月的时间平台客户数量有所下降。当时我们想为客户提供多一些在线支付的功能，这样货物品类就会增加，对销售低价商品非常友好。在开发了在线支付功能后，签收率确实大大提高，覆盖的客户面也扩大了。

除此之外，我们尽量引导大家关注商家的账号。2020 年 3 月，一些投信息流广告的客户开始做直播，一场卖二三十单。我们意识到，快手公私域流量打通后将产生巨大的威力，于是研发了小店通。

2020 年 5 月，我正式接手小店通。当时希望做出三个功能：第一期可以投订单，第二期可以投涨粉，第三期可以投直播间。

2020 年 7 月，小店通正式上线。当时投小店通的客户只有个位数，7 月底逐渐放量，数字曲线呈一根直线拉上去了。正式上线不到三个月，累计客户数量上千个。

打通公域、私域链路

当时做金牛平台的时候，我们发现，做直播的人完全不懂公域流量怎么玩，而玩公域的人完全不懂私域流量怎么搞，两拨人是相互"隔离"的。有一个客户在金牛平台投订单，3 天投了 200 万元，累积了 30 多万粉丝，但他一直是做信息流广告的，不知道如何运营这些粉丝。

在公域和私域没打通之前，有的人靠信息差收割一拨粉丝就走，不具备长期经营的思路。站在我们的角度看，如果这两拨人往一起走，做长远的生意，对大家都有利。

有客户零粉丝想卖货，我们可以通过公域流量先帮他卖，引导关注，累积粉丝。如果客户货卖得好，就可以投些"作品"涨粉，等他开直播了再去投直播流量。这样就形成了一条完整的链路：从公域摄取流量，去私域经营，私域经营好了反哺公域。

对平台来说，货品掺假是特别头疼的问题，如果公域和私域被打通就很少会出现这种现象了。因为在商家需要运营粉丝的情况下，给客户发的一定是好的货品。如果不需要运营粉丝，没有对货品严格管理的计件系统、没有办法评论货品，就很难保证质量。公、私域流量打通以后，既避免了在公域里掺杂不好的货品，又能让私域多一条投放公域的路径。

对商家来说，用钱能买到 ROI 是最安心的一种方式。刷脸、靠关系、打广告都具有不确定性。商家要思考未来几年主营哪个平台，有了小店通，只要符合快手规则，商家就可以持续投入，用钱换到稳定的流量。对被传统电商"教育"过的商家来说，这是非常受欢迎的模式。

之前快手没有把公域做起来，导致大量客户在选择投放平台的时候自然屏蔽了快手。商家一般倾向选择有一定认知的平台，小店通出来后就可以弥补这一环。

之前一些主营传统电商的商家，只想做快手引流，把快手作为流量入口。我们会通过政策、运营和销售的指引，慢慢吸引商家开快手小店。第一步，商家做快手引流，代表对快手有了投入；第二步，没有直播能力的商家可以先做金牛平台这种"二类"电商，投订单成本比较小，不需要直播就可以卖货；第三步，商家具备直播能力后，既可以投直播也可以投涨粉。

快手老铁的习惯是买了货基本上都会关注商家账号。所以从站外引流到公域流量卖货再到私域流量经营，形成了一套完整的链路。链路打通了，再做分层运营。只要商家具备工具，能力OK，在运营上，我们有很多抓手促进各类商家，尤其是中小商家的成长。

小店通的三大核心能力

小店通是规模化地从公域摄取流量的产品，有别于自然推广的商业广告，其目的是赋能商家，让天下的生意更加好做，让商家的成长路径更加确定。

小店通有三大核心能力：一是策略赋能，二是链路赋能，三是数据赋能。

第一，策略赋能。小店通能覆盖各层次用户营销的多元化、个性化场景。针对头部、中腰部、尾部主播以及新主播，从日销短视频带货到做直播带货，从公域流量的转化到私域流量的培养，都有对应的精细化和个性化的营销目标。

小店通有三大优化目标：第一是涨粉，第二是订单支付，第三是直播引流。任何类型的商家都能通过小店通找到适合自己的成长方法和路径。

新主播、新商家在冷启动阶段是非常困难的，因为他需要每天精细化运营账号，打磨短视频的脚本、打造自己的人设，以此不断积累粉丝。有了小店通，新商家可以先投"订单支付"的营销目标，把一个性价比高的钩子类商品投到小店通，获取购买这个商品的人群。用户购买之后，会顺便关注账号。这样一来新商家在零粉丝的情况下就可以卖出货品，顺利度过冷启动阶段，又涨了粉丝。

中腰部商家有一个痛点：人设立住后，如何涨粉？通常可以投小店通"涨粉"的营销目标，根据账号和选品的定位，小店通会进行定向精细化人群包投放，主播就可以很快找到精准的粉丝，实现快速成长。

百万、千万粉丝量头部主播的痛点是：在现有粉丝的基本盘量之下，如何在每次活动中有更大的突破？头部主播可以投"直播引流"的营销目标，小店通可以快速为直播间导流，不断地有用户进来。在头部主播高效的运营能力和选品的加持下，这些用户能够在直播间迅速地完成转化，突破瓶颈期。

第二，链路赋能。小店通的转化链路是非常短的，只需要一两步就可以完成。之前的转化链路很长，用户进入短视频或直播间后，要先找到关注按钮，再点击头像进入主播的个人主页，至少三步才能生成订单，每一步转化都有部分用户流失。小店通缩短了转化链路，用户流失比例会减小，在快手内转化的效率也会更高。

第三，数据赋能。做好生意的前提是懂数据。通过小店通推广的产品有一个对应的专业数据平台——生意通。商品、店铺、用户人群、粉丝、流量，你花的每一分钱，效果是怎样的，都可以在生意通上看到。在后续的投放过程中，你可以根据这些数据对直播间的运营、选品、人设打造以及广告投放链路进行策略优化。

生意通：智能化的电商工具

生意通是一种智能化辅助生意决策的数据型工具，也就是用数据帮助商家更好地做生意，包括流量数据、营销数据、直播数据、商品和交易数据、客服数据和售后数据等，基本上涵盖了关于短视频流量、直播流量以及在电商行业运营流程当中所需要的所有环节的数据。

第一，流量数据。它主要的价值是快速追踪流量来源，明确最优投放路径。一方面，用户从哪个渠道进来，转化效率如何？比如用户来自直播间、商品，还是短视频，这些环节都会以漏斗的方式直观呈现出来，通过对比，就能够做出决策，哪一个环节需要优化和打磨，进而在后续的营销和运营过程中优化目标。

另一方面，流量画像。是新客还是老客？购买了哪些具体的商品？这可以为商家在后续广告投放中进行定向环节、人群包环节、出价环节的优化提供数据支撑和依据。

第二，营销数据。它主要的价值是进行投放效果分析，助力商家降本提效。快手具有涨粉功能的产品有两个：一个是粉条，另一个是小店通，但两者产品营销的场景略有不同。粉条偏向的是 C 端投放，流量转化的位置和样式、可投放的商品会与小店通有一些区别。

通过总览营销数据，大家可以看到在小店通和粉条上投的每笔钱，对每次流量产出与转化都有非常详细的数据对比，借此衡量在什么样的场景投什么样的产品、在什么样的营销阶段投什么样的产品、不同的产品在什么环节进行什么样的优化。

第三，直播数据。很多主播会有一个烦恼，不知道在直播过程中直播间人气一直起不来的原因是什么，不知道在什么时间点进行什么样的营销活动才能达到最好的效果。生意通这一产品有个实时直播数据的功能，可以帮助主播即时调整电商营销策略。

实时直播数据的总览，一是能够帮助商家及时了解直播效果和带货情况，迅速调整直播带货节奏、不断优化直播效果；二是掌握历史直播效果，为后续直播带货提供丰富的数据参考；三是帮助商家详细了解每一场直播带货转化效果、人群画像及商品销量情况，持续优化直播环节，调整电商营销策略。

第四，商品和交易数据。很多商家对自己的店铺、各个商品的流量及转化效果的了解都不是特别清晰。生意通对商品交易数据有非常专业的解读，能够及时反馈转化效果，提升经营优化效率。商品总览数据帮助成长期的商家实现高效的商品销售，可视的商品实时监控，从而更好地优化落地调货、价格调整等商品运营动作；一站式商品销售数据分析，能够更高效地处理店铺销售情况，快速调整经营策略，提升电商效果。商家可以根据商品的转化数据，来判断商品的转化效果。扩大效果好的商品流量、优化效果差的商品流量，个性化制定该商品的营销玩法，如设置优惠券、重新定价，不断拉平、补齐整个店铺商品的短板，拉长店铺商品的长板，不断地优化整个店铺商品总体的转化效果。通过店铺交易数据，可以看到店铺的整体转化效果，哪些商品适应哪些人群，下一次就可以优化定向和人群包的广告投放策略，不断寻找店铺的目标消费者，优化店铺的数据。

最后，客服数据和售后数据。这两个数据与商家的服务相关，也能从侧面反映出商家的供应链能力。比如售后纠纷数据、商品评价数据会从侧面反映出这个商品在大盘中的竞争力。同样的商品，在你的店铺售卖，售后纠纷概率比较高，你就要考虑更换供应链，优化商品的上游环节。看客服咨询数据、回复率及时长数据等，可以帮助商家优化整个客服团队的能力，机动化、个性化地配置客服团队人员的排班，最大限度地满足顾客投诉和咨询的诉求，从服务和质量的维度去提升店铺的竞争力。

核心是赋能中小商家

我们想要搭建一个完整的、服务于各个分层客户需求的销售、运营和产品体系。针对大 V、中长尾、外部客户和垂类客户的方案，我们都在做。但未来这个体系会更多偏向于中小商家。

目前在各个粉丝段的主播中都涌现出来很多蓬勃发展的案例。像快手主播徐小米、77 英姐、芈姐这些头部主播的粉丝规模都在稳步扩大，一个月涨粉 10 万的零粉丝账户也在不停地涌现。

我们非常清楚，一个平台有没有生命力，主要是看有没有新人进来。客户在选择流量工具时就是看门槛高低，只要把门槛降下去，就会有成批的中小商家进来。我们的核心任务就是怎么为中小主播、中小商家赋能，并且让他们有所感知。

零粉丝卖货对新手来说是很重要的。现在零粉丝卖货主要通过金牛平台，小店通也在做。金牛平台已经搭建了自己的信息流广告平台，快手小店也有自己的信息流广告平台。公、私域完全打通以后，我们就会集中宣传零粉丝卖货、投订单就能卖货。我们要把流量工具向中小商家倾斜，这一点很快就可以做到。

接下来中小商家成功涨粉的案例将成规模地涌现。目前各地都出现了一些从零粉丝涨到几万粉的案例。武汉一家公司有十几位主播，代理商跟他们说，快手现在也有类似淘宝直通车的工具了。尝试投放后，他们发现 ROI 表现不错，他们中的大部分现在已经有了 10 多万的粉丝量，还在每天坚持投放，一般日投三五千元，ROI 可能在 200% ~ 300%。这种确定性会让商家感到非常安心。随着主播供应链的增加和货品 SKU 的丰富，商家就可以逐步扩展投放。

从现在开始，我们的工作重心大部分会放在促进中小商家的成长上。我们做了几件事，未来会拿出真金白银进行实打实的补贴。

我们也正在降低小店通的开户门槛。现在小店通还没办法做到填一个身份证信息、手机号，和账户一关联就能投放，目前开户需要提供很多资质，入口也比较深。接下来我们一是会建立一支专门服务中小商家的团队，赋能中小商家；二是推进自助服务，让客户自主投放，满足不同层级客户的需求。只要开户门槛下降，谁都能来试投，小店通在商家中就能很快传播开。

　　现在小店通主要服务于快手小店，实际上稍做修改，就可以服务更多的垂类，例如游戏、教育等行业。

　　在纷繁的目标当中，我们要先把小店通的规模做起来，接下来会扎扎实实地去服务各种商家，尤其是中小商家。

让品牌建立自己的强大私域阵地

聂苇　快手运营部品牌垂类负责人

要点

· 视频作为一种新的连接方式已经出现，品牌应该顺势而为，在视频平台上建起自己的私域阵地。

· 品牌建立私域阵地的三个基础点：人设、与达人合作、购买商业化流量。

· 达人不只可以带货，更可以传递品牌价值。

时至今日，很多品牌可能还认为快手只是"卖货的地方"，这个观念值得重新审视。

其实，快手不仅是"卖货场"，更可以是品牌的"营销场"。在快手，品牌可以建起自己的私域阵地，表达品牌主张，让不知道的人了解品牌，让知道的人对品牌有更深的认识。

快手的粉丝黏性高，平台对私域很尊重，所以私域流量很值钱。品牌如果沉心耕耘，相信会有很大收获。

品牌如何在快手建立私域阵地

私域阵地在天猫旗舰店时期就已经有了，2016 年起，很多品牌开始疯狂自播。发展到今天，品牌已从纯电商圈子中走出来，融入内容大生态。内容私域阵地已改变了大部分人的购物习惯。过去，我知道要买什么，然后去电商平台搜索。今天，售卖更多来自内容转化。比如，2020年"618电商购物节"，某电商平台一个类目70%的成交量是从直播转化而来的，这是巨大的转变。

其实是场域发生了变化，从搜索电商走到了直播电商。视频作为一种新的连接方式已经出现，没有人可以与大势对着干。

快手的特点是私域流量很强，品牌可以在其中深耕自己的私域流量。快手还有达人私域流量和商业化公域流量的赋能，以上构成了品牌自播崛起的三个基础点。

那么，品牌在快手上如何建立起自己的私域阵地？

第一要有人设，也就是品牌定位。比如，"韩都衣舍"品牌的人设是韩风，它的每一次动作都是一次对人设的表达。人设不是记录在口号里，而是记录在每一句话、每一个视频、每一场直播里，通过内容形成很好的粉丝沉淀。

这里面还包括粉丝互动，即用户心智的建设，不断向用户传达品牌认知。过去的社群运营主要是在微信群，未来的社群运营还有快手。而且，点开快手的社群，用户活跃度会让你眼前一亮。通过更多的社群，让每一个用户与品牌互动起来。在有些人心里也许对品牌没有那么强的认知，而品牌号的价值之一就是强化用户的品牌认知，提升品牌影响力。

第二是达人合作。用户买的不仅仅是达人推荐，还有对品牌的认知和忠诚，品牌号在这中间扮演着流量承接和强化品牌认知的角色。

第三，品牌如果希望自己的私域阵地更强大一些，还可以购买商业化流量。没有预算也可以，那就努力做内容，成为大主播。打榜、甩粉等是前期沉淀流量的方法，现在我们还有了粉条和小店通这样的流量运营工具。

第四，我们专门为品牌开发了消费者运营工具——"EIFFEL-快手消费者链路模型"，可以更好地理解如何在快手上完成从用户运营到交易的商业闭环（见图 8.3）。

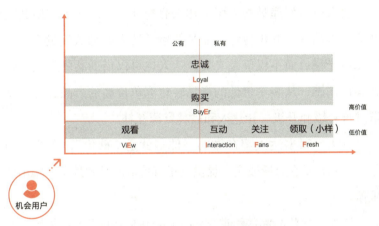

图 8.3　Eiffel- 快手消费者链路模型

品牌想找到潜在客户，并且将其转化成消费者、复购者和忠诚用户。比如今天发了一条短视频，谁看了短视频，谁产生了互动或者转发，谁又成了你的粉丝，这三个行为代表的深度是不一样的。如果用户只是看完就走，可能关系很浅；如果产生互动，也许是对内容感兴趣；如果关注了，就表明用户一定是对品牌产生了兴趣。

品牌可以圈选准确的用户，并且进行有效转化，效率一定是很高的。最后的价值就是品牌粉丝沉淀下来，有足够好的客单价和复购率，品牌的交易量也会越攒越高。

我希望商家在做品牌的时候考虑的是这样一盘棋，而不是一面旗。当这一切都具备了，电商成功发展就是顺理成章的事。

达人不只可以带货，更可以传递品牌价值

达人可以传递品牌主张。达人有粉丝、有影响力，但其实有些达人缺品牌货和供应链。品牌要借助达人的私域流量建设自己的私域流量，而不仅仅是卖货。达人也可以借助品牌影响力提升顾客认同感，从客单价低的产品转售客单价高的产品，对粉丝人群进行分级和升级，让达人和品牌资源互补。

过去，很多达人都在做的一件事就是"砍价"，在这个场景里，我们希望它有所改变，提供真正有价值的品牌故事，输出产品价值。

比如，化妆品品牌海蓝之谜（LAMER）的广告：创始人的脸被火箭燃料灼伤，无数次求医都无法祛除灼痕，于是他把车库改成了实验室，经过12年超过6 000次实验后，海蓝之谜面霜诞生了，它也让创始人的肌肤恢复了细滑。虽然我们都知道这个故事是品牌广告，但我们还是被其深深吸引。

再比如，2020年5月在温州，高端皮鞋品牌康奈集团的副董事长为我们介绍康奈研发的新型高弹改性EVA（乙烯 - 醋酸乙烯酯共聚物）鞋底材料，该材料不仅能让鸡蛋从3层楼的高度掉落而不破，还能回弹超过2米。这些都是绝好的短视频和直播内容。与达人合作，不仅要卖货、卖低价，更要把品牌故事讲透彻。

化妆品品牌珀莱雅的创始人说："达人的一场直播带货，相比

能卖出的量，我更期望他们能把产品和品牌讲明白，讲得大家心里都痒痒的。也许今天粉丝没下单，但未来他们可能会成为我们的用户，成为品牌粉丝。"

过去讲"全域种草"，今天我们要做的是"全域种树"，如果品牌能在很多地方种很多的树，未来就会有很多的收获。所以在快手，达人营销能力是与品牌结合在一起的，在销售能力提升的同时，营销能力也应有所提升。好的营销是可以有溢价的。

和品牌相关的三个"官"

快手给达人配置"种草官"、"知识官"和"创意官"这样的勋章，这三个"官"是与品牌紧密结合在一起的。

比如，很多品牌的产品非常有科技含量，像汽车儿童安全座椅，要生产几千个 SKU，拿到实验室进行碰撞试验。这样的碰撞试验是不是可以邀请达人到现场，了解品牌背后的研发过程？当达人在直播间把品牌背后的故事讲给粉丝听，其实就是不知不觉"种草"的过程，此时达人就是"种草官"。

关于"知识官"，比如夏天给孩子们用的液体爽身粉，达人可以在直播间为粉丝分析它的成分是什么，对宝宝的身体有什么样的帮助等。未来我们可以通过知识种草，让达人言之有物、传递品牌价值。

在站内，我们会重构荣誉等级体系以及硬核补给（流量扶持），帮助达人获得外显的勋章。比如一个达人，在某一方面有特色，我们会通过大数据分析，授予其一个荣誉外显，这个荣誉外显不是摆在那里看看的，而是有实实在在的流量补给，鼓励达人再生产好的内容，好的内容带来好的播放量，产生好的用户认可度，如此良性循环。

此外，快手做的不仅是电商卖货，还可以做"内容＋营销"。当它变成"内容＋营销"时，"种草"的价值就体现出来了，商业内容就会变成用户喜欢的好内容。YouTube（源自美国的影片分享网站）的数据显示，其平台上50%左右都是商业化内容，但并不影响播放量，也不影响达人涨粉，还会带来更大的影响力，因为他们一直在努力深耕内容，触碰让用户买单的点。

"创意官"也是如此，我曾看过一个名为"奇妙博物馆"的账号，里面有一个给品牌方做的宣传，产品是一款血压仪。我当时以为是在看电影，看到最后才知道，哦，它是一款血压仪的广告，这完全是用内容说明了这款产品的特质。

助力品牌与达人连接

我们要做好品牌与达人的连接，这个连接应该是可以溯源的，是可以探秘的，是可以让大家得到一手品牌内容的。

比如某知名手机公司的发布会。在发布会开始之前可以签很多达人，达人拿到货之后，可以创作非常有价值的内容，如科技解密、评测等。首先它要是好的内容，其次它要做好的内容营销，再次它要有好的商业化内容，最后它要能获得高收益。

在连接达人与品牌、客户方面，快手拥有专门匹配达人和客户的平台"磁力聚星"。磁力聚星是快手达人与商业客户一站式交易解决方案的平台。在达人与品牌方面，目前已有超 10 万达人入驻磁力聚星，200 多个行业的客户在磁力聚星上找到匹配的达人，获得了品牌曝光和效果转化。在流量方面，磁力聚星同时在公域和私域分发作品，兼具私域强转化能力和公域强曝光能力。同时，对于优质作品，还能通过粉条、流量助推等进行二次"加热"，实现营销目标效果最大化。过去品牌找广告公司，通常只能得到一个创意，而跟 100 个达人合作，达人可以从不同角度为品牌做宣传，品牌得到的是 100 个创意。

接下来，我们希望把更多好品牌放到好物联盟中，这里有上百万达人，可以触达超过 1 亿的消费者。当达人为品牌传播造势时，可以到好物联盟寻找适合的大品牌，让品牌更好地为达人背书。

达人和品牌是同生共长的，达人不只可以卖货，更是营销扩散点。

第九章
新机构、新模式

- 在快手生态中成长起来的四家服务机构，包括遥望、魔筷、卡美啦、星站，看看它们的创始人怎么说。

本章篇目

遥望创始人谢如栋：
对品牌存敬畏之心

要点

· 遥望在选拔素人主播时会参考四个维度：专业度、颜值、勤奋度、网感。

· 遥望利用主播优势，帮助品牌卖货，还会把直播过程中得到的数据和消费者需求反馈给品牌。

· 遥望利用自己的供应链优势，把直播电商基地开到了临沂。

在直播电商领域，遥望网络是重要角色。2018 年 12 月，遥望网络股份有限公司被星期六（002291）并购重组，实现上市，这个身份让它在竞争中有了更充足的"弹药"。

遥望一直在"迎风而上"。2014 年，遥望起步于互联网营销广告，后来又瞄准了手游推广，花了 4 个月在行业内做到第一。2016 年开始，遥望踏入微信公众号的潮流中，运营着几千个公众号，广告收入达到四五亿元。

2018 年快手"116 购物狂欢节"，主播散打哥一天卖出了 1.6 亿元。遥望嗅到了新机会，第二天立马召开项目会，决定参与"双十一快手电商节"。提起个中细节，遥望总裁方剑说："当时我们

本文作者为快手研究院研究员杨睿，高级研究员李召，研究助理毛艺融。

没有自己的主播，是按照粉丝数量聊了 20 多位主播，最后找了'石头花''姚永纯'等人。项目组也是临时搭的。公司将所有办公室改成直播间，连我自己的办公室都贡献出来了。"

"最后亏了 100 多万元，主要因为主播费用比较高。但我们认为这 100 多万元亏得很值。"方剑回忆。

之后，遥望加大了投入，签下王祖蓝、王耀庆等明星，并开始孵化自己的素人主播。2019 年，遥望连续数月拿下快手 MCN 机构排名第一位。现在提到遥望，直播圈里最容易想到的两位主播是瑜大公子和李宣卓，他们已经成为遥望的招牌。

◎ 以下是遥望网络董事长谢如栋的讲述。

起步：挖掘王祖蓝等明星的带货能力

2018 年我们刚入局快手时，对主播的理解还不够深入。我们把粉丝量在一千万左右的快手主播都联系了一遍，但几乎没人搭理我们。当时我们觉得自己孵化主播的过程太慢，就想找明星合作。找到的第一个明星是王祖蓝。

为什么是王祖蓝？第一，他在快手的粉丝基数大。王祖蓝很早就入驻了快手。我们签约时，他在快手的账号已经有 1 300 多万粉丝了。第二，他的国民度高。2018 年，王祖蓝是国内某热播综艺节目的常驻嘉宾，具有较高的流量。第三，他没有偶像包袱，且有天生的网感。

第一次见面，我只问了他两个问题。第一，你了解直播购物吗？他说是不是跟电视购物差不多。第二，你能不能卖面膜？他说可以卖。听他这么说，我心里就有底了，这事儿能成。

带货主播的成长需要一个过程，明星也不例外，我们摸索了很久才找到合适的与明星合作的模式。明星要跑很多通告，他们在直播电商里投入的时间非常有限，但明星最大的优势是流量大，而且不会"死"。在直播间外，他们可以通过综艺、电视剧、电影等保持话题度，扩大影响力。

与我们合作的明星，如王祖蓝、王耀庆等都在快手积累了非常多的粉丝，直播带货效果很不错。我们的运营和明星的影响力是相互促进的。比如，我们用两个月的时间，帮王耀庆的快手账号涨到 600 万粉丝。2020 年 9 月 19 日，王耀庆的粉丝数是 809.29 万，当天带货产生 23.49 万单。截至 2020 年 9 月 30 日，王祖蓝已经在快手上积累了 2 904.3 万粉丝，比我们签约时翻了一倍还多。

我们认为，现在是明星入局直播电商的好机会。相比其他的平台，快手的带货量比较稳定，做快手电商属于长线投资、长线回报。

MCN 机构遥望"造星"的四个维度

2019 年 8—9 月，我们正式孵化自己的主播。第一批素人主播有十位，八女两男，现在就剩下两位男主播——瑜大公子和李宣卓了。他们也成了遥望的移动招牌。2020 年快手"616 品质购物节"，李宣卓直播销售额超过 1 亿元。2020 年 11 月 5 日，瑜大公子更是实现了单场直播 GMV 突破 3.68 亿元。

我们选择素人主播的标准主要有四个维度：专业度、颜值、勤奋度、网感。

专业度就是要求主播对产品非常熟悉。

我们培训李宣卓做主播时，专门雇了一位品酒师每天陪着他品酒。时间久了，在品酒师的耳濡目染之下，他越来越懂酒了。现在即使没有直播，他直播的房间里也全是酒味。这样，他的"快手酒仙"人设就立住了。

瑜大公子原本是做礼仪培训的，刚来遥望时负责培训主播的礼仪。他自己本身就懂化妆品，播得多了也逐渐拓宽了在化妆品方面的眼界。现在我们也请品牌公司的老师，帮他加深对服装的理解，还有首饰、小家电等。我们希望他从化妆品出发，向全品类主播转型。

注重颜值是主播行业的趋势。帅哥美女直播，大家就会多看两眼。当时公司招李宣卓进来，第一眼就看上了他的颜值。

勤奋，对主播来说，也是非常重要的一点。做这一行，基本上全年无休，每天摄像头一开，就得工作到深夜。

最后是网感。比如上热门有什么奥妙吗？没有，就是讲故事的能力。能够用故事吸引粉丝，是网感的主要方面。大主播常用的故事包括求婚、结婚、生子、满月等。遥望也一样，公司周年庆、IPO（首次公开募股）纪念日等，都可以成为故事的由头。

现在，我们更倾向于找那些有基础的主播来孵化。比如，虽然一位主播的粉丝数在 1 万以下，但他熟悉卖货流程，也了解直播电商市场，我们就可以合作。

如果选择那些有强大粉丝影响力的主播，可以采取合作入股的方式，把遥望的资源嫁接给他们，帮助他们把粉丝量扩大十倍，直播交易额放大五倍。

目前，我们和主播的合作模式主要是共建账号、利润分成。

和主播签约后，我们出钱打造他，所有利润按约定分成。

我们会为每一位主播配备专业的运营团队，分为前端和后端。前端主要是直播间的运营，包括商品运营、平台运营、内容、摄像、剪辑等，都为一位主播服务。后端的中后台是共用的，比如选品团队、客服团队、售后团队等。服务每位主播的运营团队，小则四五人，多则十几人，目前我们的运营团队共有 400 多人。

小贴士

遥望与快手主播橙子大大的合作新模式

2020 年 3 月，在杭州开服装厂的杨涛夫妇在快手上开了个账号，名为"橙子大大"。不到 7 个月的时间就积累了 123 万粉丝。

在他们此前的从业经历中线上线下销售都有涉及。夫妇俩从开淘宝店铺到做微商，曾打造出多款爆品。他们也曾在温州、广州经营过两个批发档口，对服装品质有非常高的要求。2016 年，他们在杭州开了一家服装厂。

多年的电商经验，赋予了杨涛分析不同平台的能力，他一眼就看中了快手的私域流量。"我就想做私域流量，这样的流量可以重复利用。不像公域流量是纯投放的逻辑。"他说。

2020 年，遥望入股橙子大大的工厂。相比从零起步的素人主播，橙子大大已经是手握女装货源的成熟主播。"他投资我，我还是大股东，我们双方优势互补。"杨涛说。据谢如栋介绍，这种合作模式目前仅限于橙子大大。遥望对标品的理解比较深刻，相对来说对女装这样的非标品理解程度低一些，所以目前让橙子大大自由发展。

为什么橙子大大会接受遥望的投资？第一，遥望可以给橙子大大提供标品。遥望之前就为不少快手头部主播组过货，有大量供应链资源，积累了丰富的标品经验。橙子大大一直以来主做女装，与遥望合作后，标品这一块就有了稳定的供应链。

第二，遥望能够为工厂提供资金支持，用杨涛的话来说，"互联网的东西很烧钱"。

第三，遥望的企业化运作与管理，在直播电商领域有着绝对的信息和运营优势。比起单打独斗的主播，遥望团队的业务丰富，获取行业信息的速度足够快，运营足够专业。

而杨涛的货品资源还可以通过遥望掌控的渠道去卖，而且彼此合作形成快反能力。工厂开发新品，打版、做样衣，放到遥望主播们的直播间。当各直播间下单后，工厂马上就能套版、生产。

对品牌存敬畏之心

遥望核心的竞争力是供应链和品牌。目前，我们与欧莱雅、韩束、珀莱雅、百草味、三只松鼠等数百家知名品牌的客户都保持着长期稳定的合作关系。

我们一直坚持的原则是卖好货、只卖品牌货。我认为要对品牌有敬畏之心，品牌的溢价是它应得的，因为它对产品做了甄选、分类。当消费者看到这个品牌时，就知道它的品质如何，就会愿意购买。

品牌的力量是很强大的。为什么李佳琦、薇娅要卖品牌货？因为有了品牌赋能，主播更容易卖货。而我们通过自己的运营能力，也能扩展品牌的市场空间，进而为自己争取到更大的议价空间。比如，花西子的散粉，起初给遥望的报价比给李佳琦的高 20 元，我们认了；播了一个月后，我们拿出"直播战绩"，继续跟花西子谈，报价降了 10 元，我们又认了，继续干；播了两个月后，我们终于谈到了与李佳琦同等的报价。

这是我们所有谈判品牌中拿下最艰难的一个，谈了三个月。当时，供应商为我们找货，说花西子比较难谈，因为他们自己砸了非常多的市场费用，议价空间比较小。我很能理解，如果品牌在行业里已经站稳了脚跟，再给我们合适的价格，那么这个产品放到直播间，肯定能卖得很好。

其实随着用户消费能力的提升，人们对生活品质的要求越来越高，消费升级的速度非常快。价低质次的东西，卖几次可以，不可能持续卖。当消费者在一个好的主播那里买到好东西，就再也看不上差的东西了。

在我们目前的品牌客户中，奥洛菲在快手直播电商中做得特别成功。这是一家成立近 20 年的化妆品企业，过去主要在丝芙兰、屈臣氏销售，现在奥洛菲直播电商的销售额占其全年销售额的 50% 以上，它的品类、研发环节我们都深度参与了。

遥望之于奥洛菲，就像李佳琦之于花西子。遥望旗下主播一个月能帮奥洛菲做到几千万元的销售额。2020 年 10 月 13 日，瑜大公子的直播间，一款奥洛菲鱼子酱套盒就卖了 500 万元。这是奥洛菲新到的一批货，3 万多单全部秒完。我们快速将信息反馈给奥洛菲，它就会增加产量。

我们给奥洛菲提供的价值，主要在选品和组货两方面。设计和研发是奥洛菲自己做的，但我们会告诉它遥望的渠道需要什么品类的货，包装需要什么档次。因为我们对卖货比较熟悉，主播离市场和消费者最近。

我们会把直播过程中得到的数据和消费者需求告诉奥洛菲，它就会按照这些信息去做研发。它可能会研发几款产品给我们选，我们会去做测试，如果觉得还不错，价格也合适，就会深度下单。另外就是组品，A+B、B+C怎么组合去卖。我们也会帮它培养主播，签一两位主播在各个平台为奥洛菲旗舰店做直播。

我们和珀莱雅的合作是另一种模式。它自己的模式相对成熟，不需要我们来选品和组货。但我们会帮它对接主播。另外我们还可以在直播电商渠道保证它全年的销量，就像总经销，如果我们自己的主播卖不完，即使找外部主播也要卖完。

大的企业和品牌通常不会像奥洛菲这样，让我们这么深度地介入到选品和生产中。通常它们有自己专门的数据部门，在品类选择上非常相信自己的眼光。它们的容错能力也强，有很大的调整空间。而像奥洛菲这样的品牌，体量相对小，没有太多调整余地，卖不好损失很大，这样我们发挥作用的空间反而更大。

品牌深度合作：合资与共建

我们跟品牌还有更深度的合作模式，比如我们和仁和药业成立了合资公司，它们给这家合资公司出货品，由合资公司承销，遥望保证合资公司的销量。另外仁和生产的卫生巾也被我们卖爆了，基本上瑜大公子一场就能卖完它整月的产量。

再举个例子，欧诗漫是传统品牌，之前它的个护系列产品没有做起来，我们就帮它打造爆款。我们做了方案，找主播每天在直播间推欧诗漫的洗发水、沐浴露，就这么慢慢做起来了。

为什么品牌愿意和我们这样深度合作？第一，遥望能帮助品牌出货，增加品牌的销售量。仁和和珀莱雅都是上市公司，我们也是，上市公司之间有一定的互动性。有些新零售行业的券商研究员也会找我们和一些合作品牌做调研，我们之间的合作就是建立在规范操作和质量好、退货率低等基础上的。某种程度上说，我们也是相互成就的。

第二，遥望可以把直播电商行业的最新信息反馈给品牌，并且能够帮助品牌培养主播。这一般针对与遥望深度捆绑的品牌。只要遥望卖得好，那么这些品牌的产品拿到其他渠道卖时，就都是很抢手的，因为市场已经被我们验证过了。

第三，遥望的市场布局完善、收入来源多元，我们不单单从货端赚钱，这是我们与其他头部 MCN 机构不一样的地方，这也会让品牌更放心与我们长期稳定合作。

触角伸向临沂

2019 年的一天，我看新闻发现临沂有很多主播，当时就产生了一个想法，要把我们合作的品牌带到临沂去。"想"和"做"之间隔了一年。2020 年遥望有些品牌产品没有消化掉，我就想派人去临沂驻点，把临沂的主播拉到杭州来走播。但从长远考虑，就打算在临沂建基地。

2020 年 9 月 20 日，我们与山东省临沂市河东区东城建设投资集团有限公司正式签约，将在临沂建立一个遥望直播电商基地。这是全国第一个 24 小时营业的品牌商场，主播只需要在这个商业综合体的专卖店里做直播。这种模式与杭州九堡的供应链基地的逻辑是一致的。九堡模式的问题是没有自己的主播，没法控制主播的排期。

现在临沂直播的白牌很多。我们希望将遥望手上有的一些品牌资源导入，让品牌馆实现自运营。

这也是临沂当地政府主导建设的第一家直播产业基地。河东区政府要实打实投入很多资金，建场地，做装修。遥望与河东区东城建投公司合资建立基地运营公司，遥望控股，并实际运营这个直播基地。

未来，遥望会引入更多直播产业链企业，并通过招商，引进已合作品牌以及适合当地风土人情的品牌。

为什么选择临沂？第一，临沂主播多，带货能力强。我们通过第三方数据平台发现，临沂的主播非常多，有成交数据的大大小小的主播大概有四五千人，其中粉丝量在二三十万的主播比较多，一天直播销售额有几万元。另外，山东周边的城市，比如青岛、济宁、济南，这些地方的主播资源也值得进一步挖掘。

我们之前给临沂的头部主播陶子家供货，试了两场，发现带货效果非常好。之后又做了一波，大部分货也是临沂的主播卖出去的。紧接着我们迅速组建业务团队，在临沂当地对接主播。

第二，临沂当地缺乏品牌好货。一些临沂当地的主播，因为缺货，带着团队飞到全国各地找货。我们在临沂建立直播基地后，会引入与遥望合作的品牌资源。品牌方最看重主播的带货能力，只要能带货，能出爆款，品牌是非常乐意布局的。这样，临沂的主播在家门口就可以对接品牌资源，节约时间，非常高效。

第三，临沂的头部主播正在寻求转型，从低客单价到高客单价，从白牌货到品牌货。

以前临沂主播的带货数据都很不错，但不少都是卖小商品、白牌货，价格相对低、出单量大，但现在随着用户的消费水平升级，这类生意在走下坡路。这样的货品种类，也很难卖出好的客单价。

临沂主播群正在寻求转型升级，而我们的资源和优势，刚好可以满足他们的需求，实现合作共赢，一拍即合。

目前我们在上海、武汉也都在谈类似的直播基地，但定位会有区别。临沂的基地目前主要是 2B 的，上海的我们打算主打 2C。我们还想尝试一下线上与线下的结合。

魔筷创始人小飞：
我们最重视供应链能力

> **要点**
>
> · 魔筷从技术服务商起家，2019 年正式布局供应链，连接主播和货品。
> · 魔筷利用服务商优势，打造了"可立克"和"合味芳"这样的快品牌。
> · 魔筷已在全国建了 20 多家直播基地，未来计划增至 100 家。

魔筷科技成立于 2015 年。2018 年，这家科技公司开始为快手提供软件服务，方便主播上架商品。即使是在十万人同时在线秒杀的直播场景下，也能保持系统稳定。

2019 年，魔筷看到腰尾部主播缺少货源的情况，开始布局供应链。截至 2020 年 10 月，魔筷已从海量商品里筛选出 50 万个能够适配直播场景的 SKU。在连接货源与主播的过程中，也积累出来一些打造快品牌的心得和方法。

目前，魔筷的商业模式是 S2B2C，连接供应链和主播。主播可以在魔筷星选这个供应链平台上选择货源，通过嵌在快手 App 中的魔筷店铺 SaaS 工具，将商品销售给用户。

本文作者为快手研究院研究员杨睿，高级研究员李召，研究助理甄旭、毛艺融。

◎ 以下为魔筷科技创始人兼 CEO 小飞（王玉林）的讲述。

2010 年，我加入阿里，在淘宝专门对接商家，亲眼见证了一批卖家从小白一步步成长为大牛。现在看快手也是一样，很多主播是草根出身，慢慢长成头部。

2015 年我离开阿里，成立了魔筷科技，开始为大型零售客户提供电商 SaaS 系统和服务。2017 年底，快手有意布局电商，在 2018 年 1 月对魔筷做了战略投资。

那个时候还没有快手小店，主播和粉丝大多通过微信完成交易。为了完善交易流程，我们开发了一套连接主播和消费者的开店工具，主播用它上架商品，在快手平台上卖。我们和其他一些平台一起成为首批接入快手电商的外部服务商。

与一般的货架电商不太一样，快手大主播的活动通常会对技术提出很大的挑战。举个例子，2018 年快手做直播电商时，因为一些大主播爆单，导致第三方购物网站一度被点击到不能访问。

目前，魔筷开发的系统已经可以支持非常高的流量并发，大概是每秒百万级的用户同时进入，每秒十万级用户同时下单以及十万级的消息推送。这在直播电商业态下是非常典型的应用场景。

比如，某个快手大主播卖货，直播间同时在线人数 60 万，主播喊"1、2、3 上线，1、2、3 大家去秒杀"，在瞬间会对系统造成非常大的压力，而现在我们的系统已经十分稳定了。

大家看到的是"秒杀"等各种直播活动，但看不到的是系统在背后的支撑力量。2019 年，我们做了 120 次产品更新，平均每 3 天一次，上线了一百多项新功能，就是为了去适应直播间里丰富多样的活动场景。

事实上，在做好技术稳定性和产品功能丰富度的同时，我们还要花力气把产品做得尽量简单易用。这也对我们的产品设计和技术提出了挑战，而我们也通过努力较好地解决了这些困难。

除了核心交易链条之外，我们还开发了后台的 SaaS 系统，为卖家提供打单、搬迁商铺、会员运营、客服等功能，类似于淘宝服务市场后端的一系列提效产品和能力的组件。

为什么做这个布局？因为我们觉得，淘宝生态中有软件服务商的机会，在短视频生态中，同样会有这样的机会。而且，在快手上卖货的人，大多不是原来的淘宝卖家，所以这是新生代软件的机会。

通过供应链搞好货品和服务

交易工具很重要，但并不能解决生意的本质问题。2019 年，随着快手电商迅速崛起，我们调研发现，平台和主播缺少的不仅仅是交易工具，许多中腰部主播还缺少货源或没有足够的选品能力。而货品质量问题又反过来影响到快手用户的体验。

2019 年，我们正式布局供应链，想要连接供货商和主播群体。主播只负责在直播间售卖，这之后的发货、物流、售后、客服等一系列问题，都由魔筷联合供货商来解决。本质上，我们扮演了一个连接器的角色，实现货源和主播的精准匹配。

提到供应链，大家更多想到的是商家、货源。实际上，这是全链条的事情。除了商家、货源，还包括选品、产品包装、上架、推广给主播、主播直播间售卖技巧的推荐、销售、售后服务流程、履约、发货等。因此，供应链实现的是为主播群体和供应商群体共同赋能。

我们认为可靠的供应链是直播电商的生命线。

我们看到一些头部主播在直播的时候也会"翻车"，要么是商品的问题，要么是服务、售后等方面的问题。

原来在B2C的业态下，一个商家做不好顶多是你自己的问题，但在直播电商的场景下，所有的矛盾都会集中在主播这里。如果用户不满意，就会在下面刷评论，主播就很难再开播，平台也会有压力。

我们经过两年的积累，在海量的商品里面挑选出来了50万个能够适配直播场景的SKU，品类覆盖度达到90%，直播间热销的95%以上的商品都能在魔筷找到，同时商品库也在快速迭代。

现在，我们也打通了跨境品牌的链路，还有头部的品牌与我们合作，包括国际一线品牌50+、国内一线品牌300+、大众品牌1 000+。

魔筷有专业的选品团队和强大的议价能力。我们的选品团队里有300多个买手和50多个专业质检人员，团队最重要的工作就是为主播组货。在议价能力方面，对品牌商品我们可以谈出其他电商平台购物节促销时的价格，大众品牌也有很强的价格优势。

在我们打造的爆款中，既有品牌产品，如康巴赫的不粘锅，也有厂牌、白牌产品，比如竹浆纸巾、黄桃罐头、酸辣粉、蜂毒牙膏等。

其实除了技术和供应链，我们围绕服务商这个角色还做了很多事，包括仓储、培训、客服体系建设、活动策划、直播基地建设等。

从仓储方面看，我们联合合作伙伴在杭州、义乌、大连等地布局样品仓和云仓，保证 96% 的产品在 24 小时内发货。在快手活动期间，一些爆款产品要提前入仓，因为发货量非常大，普通仓的发货效率是跟不上的。比如大连的魔筷云仓，非常大，可以开车进入仓内，仓储、物流的服务质量都提升了。

我们还会给魔筷店主提供免费的培训服务。目前，合作的讲师有 5 000 多名，在混沌大学等各大平台授课，也建立了 50 多个城市的线下培训合作机构。我们在快手平台内也做了魔筷的公益直播课，曾经有 1.5 万名快手主播同时在线观看。

还有客服体系建设。卖货无非就是两件事，一个是货的质量和价格好，另一个是服务好。我们的客服团队有 500 多人，7 天 24 小时随时待命，全天候为主播服务。如果主播举办大型专场活动，我们可以提供 VIP（贵宾）专属客服。

现在，我们分别为大主播和中小主播提供服务。大主播做的专场活动很复杂，直播现场要有场控，活动怎么策划，货品的脚本怎么写，什么时候上秒杀款，什么时候上利润款，什么时候做抽奖，都需要提前策划与安排。对于中小主播我们也有专人对接，服务到位。

服务做好的一个显见好处是，魔筷和大小主播都保持着很好的关系。可以随时让他们帮忙推某种有潜质的产品。

联动工厂打造爆款

直播电商时代的供应链，也在重新定义产品和工厂。2020 年我们在尝试和工厂联动，比如一款化妆品，从打版到寄样给主播做测试，行得通再生产，根据前端反馈快速突破，这样可以把链条缩短。这种生产流程非常高效，可以减少库存。

我们现在联络在库的有1万多家源头企业和工厂。跟我们合作的工厂都是非常现代化的，配备设计和产品定义团队。

目前只有直播电商有机会做这个事情。以往的电商，包括社交电商，要经过很多环节才能把产品传递给消费者，社交平台也不知道到底上架多少货能卖完。现在靠一位主播，就可以将产品传递给消费者，从而带动工厂的生产。

现在中国很多工厂的产品是不错的，但苦于没有销量。我们可以根据市场的需求重新定义产品，然后去改造和激活工厂。

比如"可立克牙膏"，这是一个在快手上快速成长起来的新品牌，并成为一个爆款（参见第十章长出快品牌之《可立克：一款蜂毒牙膏的爆品之路》），现在已经注册了商标。很多主播都在卖这款牙膏产品，而且这样的热度也会溢出到其他的电商平台。

2020年我们还做了一款螺蛳粉，叫"合味芳"，是一位驻港部队的退伍老兵创立的品牌，有20年的历史了。原来在深圳华强北开线下店，后来他想把自己的产品包装化，走线上途径进行售卖。产品做好了，工厂投资了，投入还不小，结果发现在原有的电商渠道很难冲得出去。

他也是在偶然的机缘下找到魔筷，我们觉得这款产品非常适合在快手上推广，就对产品重新进行定义、包装、定价，并找到大量主播在统一的时间段推，做成了爆款。当时他自己都震惊了。

现在这款产品月销售额达1000万元，增速非常快。同时，这个热度已经溢出到了其他电商平台，在我们没有做任何干预的情况下，其他平台的销量也在稳步提升。

通过可立克蜂毒牙膏、合味芳螺蛳粉等案例，我们自己也积累了一些打造爆款的心得和方法——如何将不知名的品牌打造成快手的热点和爆款。

淘宝生态里的一些代运营公司，比如宝尊就是阿里的重要服务商之一，它们先帮其他品牌做代理，然后开始自己做品牌，再独家代理一些品牌。所以宝尊更懂品牌应该如何运营。我们也要想办法成为快手生态里一个重要的角色，就像宝尊之于淘宝。

全国已挂牌 20 多个魔筷直播基地

魔筷直播基地是我们推出的可提供网红直播基地一站式解决方案的综合品牌，致力于打造集直播培训、网红孵化、直播运营、网红爆款打造和电商代运营于一体的地方特色网红产业。

目前，在全国已经挂牌的魔筷直播基地有 20 多个。

魔筷直播基地的功能，包括基地运营、直播培训、电商化运营、网红供应链、网红孵化等。比如直播培训，一些在线下开档口的商家原先没用过快手，魔筷直播基地会教他们如何在快手里做生意。

直播基地的优势主要体现在人、货、场三个方面。

在"人"的方面，基地能够聚集主播，构建直播电商人才社群。

在"货"的方面，直播基地主要有两个作用：一个是本地化招商，输出产业带当地货源；另一个是建立样品仓，输入魔筷爆款货品，成为当地即时供应链。

我们走遍全国，发现很多主播的选货范围比较窄，选出来的产品不一定是最好的。所以，我们会把一些热卖的爆款铺到样品仓，扩大当地主播的选品货源。

在"场"的方面，地方政府有很多政策支持，为我们基地业务的发展提供了优质环境。我们也会有效整合供应链、仓储、物流、客服、培训等资源，完善产业生态，与主播、供应商寻求更多合作，形成浓厚的直播电商氛围。

我们在全国各地的基地可以联动起来。比如一个品牌加入魔筷的池子，那么它的商品在全国的魔筷直播基地都可以立刻上架，一方面把货供给主播，另一方面当地的基地也会为主播提供深度的服务。

我们的目标是要在全国做 100 个这样的直播基地，帮助快手平台完善直播电商的基础设施。

直播——商业新基础设施

很多人会问我：以快手为代表的直播电商，内在的逻辑是什么？我们认为，以快手为代表的直播电商形态，其实是粉丝经济的延伸。

如果我们把历史周期拉长到过去 30 年，会看到每次通信技术和终端技术的变革，都会引起媒体平台的变革，比如 2000 年前后互联网的兴起，就催生出以新浪为代表的门户和以人人网为代表的社交网络。到 2010 年移动互联网开始普及，微博、微信公众号这样的媒体形态逐渐出现了。

到了 2015 年之后，随着 4G 移动网络的普及，短视频和直播形态开始兴起，并推动产生了以直播带货为主的网红主播群体，变现的逻辑也发生了改变。

也有人会问，视频和直播这种内容传播形态会持续多久？会不会是一阵风？我认为至少在未来的3～5年，手机和视频这样的媒介形态，都会是一个非常广泛的存在。

我们在整个直播电商生态内观察到了三股力量，未来可能会形成三足鼎立的格局。

第一股力量是我们所谓的传统电商平台的直播化，就是以淘宝、京东、拼多多为代表的电商平台的直播化；第二股力量是直播和短视频平台的电商化，以快手为代表的内容平台，均在全面拥抱直播电商；第三股力量是社交平台的直播电商化，以微信、微博为代表。所以，我们觉得未来直播电商会在这三股力量的共同推动下，成为电商行业的标配。

总结一下，我们认为直播正在成为电商和零售行业的标配和基础设施，未来直播电商会是整个电商行业非常重要的组成部分。

卡美啦创始人萧飞：
专注为中小主播提供供应链

> **要点**
>
> · 卡美啦是杭州一家电商供应链平台，主要帮助中小主播解决缺货的问题。
>
> · 卡美啦对接了 30 000 多名中小主播和 3 000 多家工厂、品牌以及供应商，高效连接主播、工厂和品牌。
>
> · 卡美啦研发的数据系统，可全程跟踪每一笔订单，这是供应链的核心能力。

卡美啦是杭州一家电商供应链平台，通过一套电商服务系统为中小主播提供货品。

卡美啦的业务占比最高的是快手电商，约占 70%，目前合作的快手主播已经有 3 万多人。卡美啦是第一批接入快手 API（应用程序接口）的服务商之一，也是快手好物联盟的第一批招商团长。

2020 年 10 月，卡美啦加入快手好物联盟不到三个月，实现成交额近 40 倍的增长。

本文作者为快手研究院高级研究员李召，研究助理甄旭。

◎ 以下是卡美啦创始人萧飞的讲述。

卡美啦为什么要做内容电商的供应链？因为 2017 年，我们发现在很多靠内容吸引流量的平台，达人做不下去的主要原因是无法变现。所以我们想服务这些达人，开始做供应链，让他们通过带货变现。

我们研发了一整套电商服务系统，包括电商服务中台、红人伴侣 App，以及供应商系统，主播卖货可以直接在 App 上成交。2018年，我们发现有一些人的带货数据非常好，仔细研究发现其中大部分是快手主播，于是我们马上全力为快手主播提供供应链服务。

最开始我们也服务大主播，后来慢慢把重心放到服务中小主播上。因为中小主播是一泉"活水"，每天都在源源不断地产生。

我们现在合作的主播有 3 万多人，他们的粉丝量集中在 10 万～100 万。10 万粉丝以下的主播比较少；100 万粉丝以上的主播对合作的要求比较高，也不稳定。

2020 年 9 月，快手推出好物联盟。我们申请成为快手好物联盟的招商团长。凭借优质供应链资源和主播资源的良性循环，不到 3 个月，卡美啦实现成交额近 40 倍的增长：2020 年七八月，月成交额在 100 万元左右，到 9 月直接升到 1 000 多万元，10 月达到将近 4 000 万元。这说明我们与中小主播合作的路子是对的。

为什么专注于服务中小主播

大主播自己找货的能力比较强，相比之下中小主播更需要服务。我们发现，现在一些商家给中小主播的商品性价比很低，他们只关心大渠道，只愿意给大主播做一键代发。

中小主播对优质供应链的需求很强烈，他们都有变现的需求。而在变现的途径里，电商是最稳定的。

中小主播不是专业的电商销售者，可能他们当中更多人擅长全职做内容，但很少有人擅长全职卖货。像大货车司机，24 小时都在路上，自己没时间进货。他们擅长做内容，但不懂货，更不懂进销存、EPR、周转、库存。

他们自己找货的成本高，要囤货、发货等很可能亏钱。他们中很少有人有从正规渠道进货的意识，找到的很可能是小作坊，出了问题都是自己背锅。

比如连云港一位快手主播想卖小龙虾，怎么做的呢？他在网上搜索到湖北潜江的小龙虾供应商。结果被骗了，货不对版。我问他为什么不去找潜江的农民专业合作社，或者当地的电商协会。他说我咋找，找不到啊！实际上，很多主播没有这样的意识，即使一个月赚了一千万元，他的供应链负责人还是以亲朋好友居多，也招不到什么人才。

后来他在自己家搞了一个 5 000 平方米的仓库，买了一辆大货车，亲自跑到潜江拿现金买货，全程监控，拖到连云港，放到仓库里冰冻着，自己打包、发货。在这个过程中，就产生了很多损耗。其实潜江物流很发达，当地就有企业支持代发，很大的信息不对称，导致了这一结果。

这种信息不对称造就了很大的市场空间。现在有一些 MCN 机构说是服务中小主播，其实是"帮你成为网红主播"，这些主播都挂在它名下，谁做起来了就服务谁。

要想真正服务中小主播，只能规模化。一是拓展的主播数量越多，边际成本就越低，收益就越高；二是提高对供应商的议价能力，一个人的时候供应商看不上，但是卡美啦背后是成千上万的主播，有一个放大效应。

快手中小主播的天花板足够高，量足够大。我们发现，快手上粉丝量在 100 万左右的主播数量很多，是粉丝量 1 000 万主播数量的上百倍；粉丝量在 10 万的又是 100 万的上百倍，1 万的相比 10 万的更多。所以说粉丝量越少，主播人数越多，这是指数级别的增长，这个金字塔，越往下越稳定。

目前，我们先把 10 万粉丝量级别的主播搞定，提高自身的服务能力和服务效率。为这批主播提供服务之后，系统就会收集到更多数据，我们就可以服务粉丝量在 1 万乃至 1 000 的主播。

连接人与货两端

卡美啦的运营主要依靠我们自己研发的电商服务系统，核心是找对"人"和"货"。现在人与货之间有很大鸿沟。主播有流量，想要卖货，但拿不到好货；很多工厂有货，但卖不出去。卡美啦要把主播和工厂、品牌连接起来。

我们给主播提供货源，做一键代发，售后、客服都由我们提供，主播安心做内容。我们根据系统数据测算主播的卖货能力，给他推荐最适合的货。

卡美啦团队现有 150 人左右，商务拓展团队占一大半，分为招商选货、主播拓展两个方向。

招商选货团队负责在全国寻找货源。他们大都在行业里做了一二十年，很清楚货的源头厂家在哪里。团队分为不同类目，每个类目的人跑不同的地区，比如美妆类去广州，食品类去河南。

我们找的是源头工厂。源头工厂的一键代发能力对我们很重要。如果找不到有这样能力的供应商，就找价格合适的代理商，把货采购走。

和供应商合作的早期一定要看货，做初步鉴定，建立信任以后可以让他继续供货。我们有品控团队审核货品质量，售后出现问题，供应商也要按照我们的规则来，比如客诉多的，就扣保证金。

服饰这种货品变化很大，一种服饰就有几百个款，每一个都寄过来不太现实。我们就看供应商之前的货有没有问题，如果一开始供的 10 万件货没问题，之后只把样品寄过来就好，这样能很快出货。

主播拓展团队负责寻找海量主播，我们的玩法是，每天刷直播广场，看到好的主播就记下来，通过各种渠道联系他，或通过主播推荐，我们也会去主播聚集的地方找。

我们合作的是在快手已经长成，有变现潜力和带货能力的主播。主要看粉丝量和直播间人数，这些数据是快手官方提供的，大概率不会有错。目前我们不会与只有几千个粉丝的主播合作。因为我们是从货出发，让主播通过卖货赚到钱。一个人没有粉丝，也没有粉丝画像，我们很难通过系统服务他，更不能保证他在卡美啦能赚到钱。

我们计算的是主播的赚钱效率。我们还做了一个"粉丝订单力"系数，用来筛选主播，即粉丝数和订单数或者交易额的比值。

刚开始我们也和主播签署电商协议，要求他们必须卖我们的货，后来发现可行性不强。卡美啦现在不限制主播，而是通过服务，让主播选择我们。

找齐全国源头好货

直播电商的本质是货。主播之间相互竞争，不会把自己的货源分享给别人，所以垂类的中小主播拿不到好的货。我们的强项是找工厂，以食品行业为例，我们会先找在传统电商平台开店、卖货量很大的店铺，再找到其背后的工厂，签署正规合同，公对公打款。主播从卡美啦进货的成本比自己去找货的成本只高不到10%，但这帮他节省了大量的时间、精力。

我们希望把全国的源头好货都找齐，变成一盘货，挑出来最好的，给最适合的主播。

比如，与我们合作卖水的工厂有100家，但可能只有3家的商品能出现在我们App的选货界面上。不可能每个货都给主播，我们只做性价比最高、主播收益最高的产品，一般挑出来第一名就不要第二名。那为什么还会有两三家呢？因为层次不一样，高中低端都有，同一个水平线留一家最靠谱的。

我们对供应商的要求高，管理也很严格，他们要遵守我们的服务准则。供应商的货品最终的曝光程度，全靠货品本身的价值。我们对供应商有很强的约束力，他们发出去的货要和给我们的样品一致。

我们的货是全品类的，SKU数量是以万为单位的。美妆个护、食品百货占比最高；服饰类主要做品牌专场，交易额很高。因为食品品质要求的特殊性，我们也偏向选择品牌货；百货类主要是和源头工厂合作。

总体来说，我们的货以快消品、复购率高的为主，生活里需要什么我们就卖什么，吸引眼球买了就废的产品我们不卖。

靠数据驱动服务

我们用统一的系统服务成千上万的中小主播。主播在我们的平台上，点一下商品就可以到快手上直接卖。订单会自动进入系统，系统可以判断货来自哪个供应商，供应商发完货，系统中会显示相关信息，整个过程不需要人工操作。

主播可以在系统上看到自己的卖货数据，比如粉丝情况、复购率、直播转化情况，他还可以拿两部手机，一边卖货一边看数据；所有供货商也可以进入系统看各种数据，当然他不知道是哪个粉丝买了他的产品，也不会把主播的粉丝数据导出去；通过系统我们也掌握了所有主播真实的卖货数据，谁在什么时间点卖了什么东西，什么东西卖得多以及卖得好坏都很清楚。

绝大部分主播看到的是首页推荐类的商品，是性价比高、适合他卖的商品，也算是"千人千面"。我们根据内容标签、粉丝画像、交易额等数据，或者根据跟他有相似内容标签、粉丝画像的网红主播的卖货情况，推送商品，因为人群、卖品是有相似度的。这样就提高了主播的变现效率。

我们根据最近这两年积累的直播订单数据，研发了一套售后数据看板，可以针对每一笔订单进行全程跟踪。这是供应链组织中非常核心的能力，而且一定是靠数据和智能实现的。

所以本质上，我们是一家靠数据驱动的公司。服务的人数越多，积累的数据就越多，给主播推荐的商品就越精准。

与网红、平台之间的正向循环

不只是中小主播，垂类主播也需要我们提供差异化供货。他们擅长单一类目，甚至更垂直的类目。比如有的主播做女装，有的只做裙装，有的只做 T 恤。他在某一个领域扎得很深，但没有更多的精力研究其他的方向。

但是粉丝不可能只买单一类目，到快手上来逛的人，大都没有明确的购买目的，是看到什么喜欢的，就顺便买了。所以垂类主播刚起来的时候，做自己的货可以，当他们慢慢成长起来就会变得焦虑：我的粉丝在别人的直播间买货，马上就会离开我。所以他们需要补充新的品类和货源。比如山东主播小佛叶在直播中卖的货有 50% 左右不是她自己的，她主要是卖服装的，我们给她提供食品和美妆类产品。

大主播需要我们帮忙活跃粉丝。比如他们自己卖酒、茶叶、化妆品，利润很高，还需要搭配一些性价比高的货给粉丝送福利。而我们的货性价比高，粉丝会觉得这些商品还挺好的。

我们非常需要快手这种平台，有了快手我们才能成立。我们也能帮助快手更健康地发展。

小贴士

卡美啦的全国供应链基地计划

目前我们卡美啦在浙江的杭州、湖州建立了供应链基地，接下来准备在江苏海头、山东临沂、河北石家庄同时建立供应链基地，把根据地铺向全国。我们还会去其他的快手主播集中地，像沈阳、郑州、广州等地。我们也不用搞很大规模，放几个人在当地运作，主要还是依靠杭州本部的技术、产品和供应链。

为什么我们必须去当地建基地？光口头说我们是杭州的工厂，很难取得主播的信任。建基地可以更清晰、更及时地了解到当地主播的需求，不用每天跑。比如连云港当地的团队，可以每天去连云港主播那里陪他们做直播，了解他们的需求，看看主播都在卖什么，缺什么，我们就马上帮他们找什么。各地的供应链基地相当于一个展示窗口，展示全国的货，供货不是最主要的。主播如果想要湖北潜江的小龙虾，我们就可以直接从潜江发货。

为什么选在湖州建基地？第一，湖州市政府的政策好；第二，湖州离杭州近，地价也便宜；第三，湖州本地有美妆小镇，很多品牌在这里，供应链也比较集中。这样，主播可以从全国各地飞到湖州，在这里待一个星期，一下子能播好几个品牌。

星站创始人朱峰：
传统广告投放思路要变一变

要点

· 快手开创了功能性直播，极大地释放了各行各业原有的生产力，也使商品普惠地触达更多的用户成为可能。

· 星站模式是快手生态下成长起来的新物种。企业要想取胜，需要"内容＋运营＋数据"共同驱动。

· 如果要抓住直播机遇，企业就一定要亲自布局，建立企业内部MCN部门，让企业拥有"中台化能力"。

星站 TV 创始人朱峰毕业于清华大学，是一位"90后"创业者。在快手上，星站的账号加上他们所服务的客户账号，共有2亿多粉丝。

朱峰经常提及的一个案例是"醉鹅娘的小酒馆"。她是红酒卖家，在快手先后开过两个账号，第一个账号有10个粉丝，第二个账号有700多个粉丝，然后就放弃了。后来星站接手帮她运营账号，现在她的账号拥有100多万粉丝，月销售额700万元，曾上过快手美食排行榜的前五名，经常出现一晚上清空库存的

本文作者为快手研究院研究员李玉超，研究助理蔡煜辉。

情况。

朱峰认为，直播正在成为像水电煤一样的生产资料，进入每个人的生活当中。直播带来企业家转型的机遇，一个与时俱进的企业未来一定要把直播运营的体系把握在自己手中，具备中台化能力。

◎ 以下为星站创始人朱峰的讲述。

一个网红的果断转型

我本科就读于清华大学新闻传播学院，毕业后开始创业。我和合伙人入选过"2017 年福布斯亚洲 30 位 30 岁以下杰出人才"榜单，也是清华企业家协会最年轻的成员之一。在快手上，我们有自己的账号，加上我们服务的客户账号，一共有 2 亿多粉丝。

2016 年底大家主要用优酷、爱奇艺看视频，那时候我算是一个网红，做足球赛事解说，在优酷的娱乐类目上排名第一。后来我发现一个问题，我的粉丝不在优酷和我互动，他们根本不"生活"在上面，反而跑到贴吧、QQ 群和我互动。于是我就做了第一次转型，开始找新的平台，当时发现了快手。

那时候我看不懂快手，但我发现一点，快手的粉丝黏性和互动维度远远高于其他平台，它不像是一个媒体，更像是一个社交平台。我们做了一个非常重要的决定，切掉所有其他平台的内容，断了所有的广告和拍摄宣传片等的收入，全力做快手。

直播改变了社会生产关系

我们不是一家 MCN 机构，我们是在快手这个环境下长出的新物种。我们是快手官方认证的产业带基地，也是快手目前比较大的品牌代运营商之一。

我们为什么要选择快手？因为在我看来，短视频直播本质上是在改变社会生产关系。过去的直播，更多是秀场直播，它是一个舞台，有唱歌、跳舞及其他形式的表演。那时我去给企业家做分享，上台后介绍说我是做网红的，下面的人一片哗然，他们对"网红"这个词是有偏见的，觉得网红都是从秀场里走出来的。但是后来我们发现，直播不一样了，这种不一样的出现是从快手开始的。

今天直播已经由秀场直播变成功能性直播。什么叫功能性直播？即可以通过短视频直播这个工具来改变社会的生产关系。比如再厉害的老师，一节课也只能教几十名学生。但是今天在快手上，一位老师上一节课能影响几百人，这是不是老师的生产力被解放了？再比如带货主播，过去卖货的可能是柜哥、柜姐或者是批发商，现在销售因为有了短视频直播这个工具，极大地释放了原有的生产力。

我们再放眼望去，中国是一个经济纵深非常大的国家。中国这么多人，如何让偏远地区的人买到好货？我当时想到这个，心潮澎湃，"天呐！在我们国家有太多事情可以做"。什么平台能够让我触达这些人呢？快手能够普惠，是能够触达每一个普通人的工具，让我们看到直播生态在慢慢往更好的方向走。

之前，董明珠在快手上直播 3 个小时，销售额 3.1 亿元；2019

年"双十一"时，某头部主播团队销售额超过 20 亿元。他们是因为这一次"双十一"搞了活动所以卖得很好吗？不是，他们在快手这个生态里一直卖得好。这里沉淀下来的流量能够持续稳定地带来销量增长，所以这个平台我站定了。

直播给企业带来转型机会

企业家现在面临着一个时代转型的机会。我们看到，短视频直播正在成为一种像水电煤一样的生产资料，进入每个人的生活。

以前的 PC 互联网时代要做推广、投广告，投完了平台方就会给我上首页。相当于以平台方为中心，影响周边的节点。但是现在不一样了，现在我们面临的传播模型是分布式流量、多节点传播。每个用户都是一个节点，可以做内容的分发，每个分散的节点都有它的影响力。

举一个例子，我当时在快手上刷到一个视频，是卖压路机的。这个账号粉丝量不到 1 万，但是有一次他开直播，3 个小时卖了 20 台压路机，一台的客单价是 40 万元左右。它只是一个非常小的节点，但是因为在一个分布式流量的社交平台，它能影响的人群非常精准，所以 40 万元一单也能卖得出去。

再讲一个例子，快手上有一个账号，200 多条视频都是在钓鱼，连姿势都是一样的。这个账号如果在其他平台，可能并不会上热门。有一次我看了他的直播，整整 3 个小时一句话都没有说，就是在钓鱼。下面的评论却很热闹："我看见鱼饵了""鱼竿是什么型号"，非常热闹，我当时就蒙了。后来我加了这位主播好友，发现他一个月能卖出一千多条鱼竿，流量大多是从快手来的。

所以分布式节点本质上是一个很有意思的社区，你在里边能找到志同道合的人，并且可以用短视频做交互。为什么是短视频？因为门槛低。你能让村口的大妈写一篇长达万字的文章吗？不太可能。但是你给她一部手机，她就能拍出她的生活。所以，快手能够脱颖而出。

"内容 + 运营 + 数据" 共同驱动

也许有人还有这样的偏见，觉得这个平台很"土"。但是我一直觉得"土"的本质是信息差，你看到这个地方的信息差越大，你能创造的价值也就越大。在中国还没有电子商务的年代，阿里巴巴就实现了这样一个巨大的信息差的跨越，所以它创造了巨大的经济价值。截至目前，我们服务了一百多家企业，但是还不够。

最近我去了全国很多地方，发现中国真是地大物博，四会的玉石、东海的小海鲜、江西的纺织品……你想一下，中国的基本面是什么？不是那些大品牌，而是千千万万的中小商家。已经有大量的商家拿着手机在短视频平台上直播卖货了，但是还有一个问题，就是我们下沉市场产业带的商家们还不太懂什么是 ROI，什么是数据分析。

我就给商家做了一套简单的工具，他们只需要明确想达到的目标，我们来全控。在此之前我们已经摸索出了一套可复制的打造爆款的公式，我们在快手上投了非常多的账号和视频，通过不断做灰度测试、AB 测试（为网页或应用程序界面或流程制作两个或多个版本，分析评估出最好版本），测出有上千个维度能影响一个视频的流量。比如上传时间、封面图、色辨率、饱和度、标题字体与字数，渐渐分析出如何能在快手上热门。

现在要想获胜，不再是"内容为王"，因为平台上有太多好的内容了，而是需要"内容＋运营＋数据"共同驱动。同样的一个段子，两个人拍，不同的运营与数据分析，会呈现完全不一样的效果。所以你经常会看到那种内容做得非常好的一夜爆红的账号，但是如果想长期在平台保持热度，或者说想有一条变现的道路，没有运营和数据分析的支撑是无法实现的。

在流量投放过程中，我们 100% 的客户实现了 ROI 的增长。一位珠宝玉石类目的主播，与我们合作之前的 ROI 是 1：0.01，就是投一元赚一分，现在上升到 1：8。我们合作的一个运动品牌客户，此前的 ROI 是 1：0.2，在我们帮他做流量投放之后，现在的 ROI 是 1：10。商家赚到了钱，我们也赚到了钱，这就是为什么有人说"商业是最大的慈善"，你把商业模式"跑通"了，本质上这就是一个能够循环往复，具有生态能力的慈善。

传统广告投放的思路要变一变

现在一些外企、大品牌，在面对短视频方面的需求时，还是会去找原来的供应商——老牌广告公司，他们的思维还没有转变过来。

我们和广告代理公司最大的区别是算法与流量，平台算法推荐能给主播推精准的人群。比如，在包装手法上，机器会根据主播的封面、整体节奏识别并将其推送给精准的人群。在这种情况下，制作的经验决定了怎样在算法推荐的平台上匹配到最适合的受众。

而传统广告的投放，是所有人无差别看到些内容，并且广告代理公司的预算基本上都花在大场面、创意、文案上，很少会思考在快手这样的新平台上到底应该如何生存。

所以说衡量标准要变，制作方法也要变。前段时间我们帮"王逗逗的小时候"投了一场化妆品直播，效果非常好，她的王牌产品转化率达 96%。那一场直播，她准备的货全部卖完了，而且我判断如果把库存设得更高，还能再卖。

我们会根据后台实时销售转化数据做投放变化，比如接下来有一个新品秒杀，在这个时间点一定要把直播间人气拉到最高，那我们就"火力全开"，她平时直播间人气只有 6 000 ~ 8 000，当时我们帮她投到了 1.8 万人，这个产品的声量就打出去了，目标也完成了。接下来我们把投放速度降到正常水平，再继续投后面的产品。

企业一定要有自己的 MCN 部门

第一阶段代运营，我们帮助很多企业实现了涨粉。企业涨粉之后要做什么？要卖货。在这个过程中 MCN 的价值到底在哪里？它最终的目的是让企业拥有自己的中台化能力。

我们服务的一家客户，在全国大概有 1.5 万名销售人员。这位老板跟我提了一个要求，说要把这些优质的销售人员全部搬到快手上来，不需要我们 30 天做出 10 万粉丝那么多，但要保证每一名销售人员有 2 000 个粉丝，这样，这家企业就有了 3 000 万的线上粉丝。

企业应该有一个官方账号用来打品牌，接下来可以开多个子账号打造不同的人设，以渗透各个圈层。像学而思的学科矩阵、喜马拉雅的栏目矩阵，都是我们做的案例。简单来说，当一个用户关注了某一教育品牌的官方账号，接下来可能就会收到其他子账号更细分的内容。这样就把一个个节点圈起来了。品牌矩阵建立之后，就可以搭建线上销售体系，这个体系最终是牢牢掌控在企业自己手里的。

在这种模式中，企业矩阵中的每个账号都有不同的人设和圈层，比如你是做女装的，有优雅风格、萝莉风格，各种不同风格针对不同的圈层。我们作为代运营机构，可以帮助企业针对不同圈层的多个账号做标杆账号。

一个与时俱进的企业，在未来一定要设立自己的 MCN 部门，有一套完整的主播、运营、摄像团队，扎根直播生态去做销售。不要老是找外部的 KOL 带货，KOL 的不确定性比较大，而把这种团队握在企业自己手里，将它运营稳定之后还可以变出千千万万的团队。

所以，企业应该有自己的中台化能力，未来应招收更多的主播、更多的销售进行培训。当框架搭建起来后，媒介采买投放的时候，所有的流量就都会落在自己的流量池里，这时它就形成了一个联动。从快手上得到流量，然后引入私域，形成了一种循环。

帮助企业建立自己的中台化能力，这是我们未来主打的方向，毕竟企业不可能把增长这么重要的事情，长期交给一家外部企业。

第四部分
快手生态（下）：品牌崛起

第十章
长出快品牌

- 淘宝有淘品牌，快手上也正在生长出快品牌。
- 本章提供了两个案例，一个是被机构推火的可立克蜂毒牙膏，一个是被主播 77 英姐自己推火的品牌"春之唤"。

本章篇目

可立克：
一款蜂毒牙膏的爆品之路

要点

· 快品牌崛起的底层逻辑是消费主力的改变。新的消费理念开始出现，"90后""00后"更重视高性价比。

· 在传统电商生态、微商生态里没有机会的一批人，手里有好货，借助直播、短视频这种高效渠道，找到了新的机会。

· 爆款是打造品牌的必要前提，但要想成为真正的品牌，需要溢出单一平台，在全渠道发展，才能撬动供应链。

2020 年，可立克牙膏曾获得快手平台牙膏单品月销量的冠军。之前，这款产品在传统渠道未能打开销量，它完全是在快手爆红的。

可立克蜂毒牙膏创始人陈日和，在行业耕耘多年，专门钻研蜂毒产品和配方，夯实了产品的优质基础。

而可立克牙膏走红的重要推手，是一家叫作"魔筷科技"的公司，地点位于杭州，成立于 2015 年。

可立克牙膏是如何抓住直播时代的机遇，成为快品牌的成功

本文作者为快手研究院高级研究员李召，研究助理蔡煜晖。

案例的，我们可以分别看看可立克牙膏创始人陈日和以及魔筷科
技创始人小飞（王玉林）怎么说。

◎ 以下是可立克牙膏创始人、日和堂医药科技有限公司董事
长陈日和的讲述。

"蜂毒牙膏"的诞生与成长

我先后在日本花王、霸王和三九集团从事市场工作，后来自
己办化妆品工厂，由于不懂技术，亏了很多钱。2008 年，我创办
了日和堂公司。2016 年开始将"蜂毒"概念与牙膏相结合。我研
究蜂毒十几年，做可立克这个品牌也有十年了。蜂毒是一种中药，
蜂毒牙膏是一个中药现代化、产品化的范例。

我们的蜂毒产品还包括面霜、沐浴露、膏药等，大概有十几
种。蜂毒的膏药贴，我们在市场上卖了很多年，走的是美容养生
的专业渠道，口碑也是非常好的。在快手上我们主要做牙膏、沐
浴露、香皂这类产品。

国内有一个很知名的中药牙膏品牌——云南白药牙膏。我研
发蜂毒牙膏，也是受这个启发，根据对云南白药牙膏的长期跟踪
研究，我给蜂毒牙膏的定位是全效型，尤其是对口腔炎症的功效
很明显，我判断这是有市场需求的。

2017 年，我们在传统电商渠道上定价每支牙膏卖 38 元，价
格和云南白药牙膏差不多。第一年大概卖了 10 万支，销路没打
开，导致几百万支牙膏积压在仓库。这时候我们决定走降价这步

棋，降到十几元一支后，一年能卖几十万支了。

2019 年 6—7 月，我们和魔筷科技达成合作协议。魔筷根据产品的情况给我们定位为"国货之光"，认为高价位是没有办法与云南白药等大牌牙膏竞争的，干脆就做低价位，卖 8 元 / 支。低价位的功效型牙膏一般售价在 11 元左右一支，如果我们定在 8 元 / 支，在这个领域是没有竞争对手的。

我衡量过，如果低价位能卖得好，能造福老百姓，也是不错的定位。我就同意在魔筷平台试推广，没想到第一个月就卖了 100 万支，后面几个月有时单月销量几百万支。从 2019 年的 9 月到 2020 年秋，一年多的时间，销量一直很稳定，快手、天猫等渠道加起来，总共卖了一两千万支，在国内牙膏单品中销量已经可以排到前几名了。

"爆款"持续的核心因素是超高性价比

我们客观地评价，这款牙膏的的确确是在快手平台上做起来的，前期网红的推广起了很大作用。蜂毒是个很概念化的东西，大部分人都不太了解，需要由口才很好的人去介绍、演示，让大众了解，才能获得消费者的信任。

一开始是魔筷把蜂毒牙膏推给了几位粉丝量比较大的快手主播，产生了不错的销量，当量上来后，影响扩散，其他一些快手主播一起加入售卖。前期如果没有这么多快手主播推广，没有爆发性地走一波量出来，也就不会有后面持续的发展。蜂毒牙膏在快手爆红了以后，我们再逐渐向其他平台扩展。

销量上去之后，工厂的生产布局也有了变化。我们现在有两个工厂供货，不会把所有的生产放到一个篮子里，这样一旦有风吹草动我也可以做出平衡，便于风险控制。我有经验和教训，只有一家工厂供货，如果在节骨眼上赶不出货来，就会产生很大影响。

按我的分析，网红产品走到后期，能持续稳定发展，核心因素还是超高的性价比，在这个价位上你很难买到这种功效型牙膏。

我们是国内蜂毒牙膏的首创者。大概在六七年前，意大利出现过一款蜂毒牙膏，但是它只是做了一个概念，没有卖好。现在我们这款牙膏的功效很多，比如消炎、镇痛、止血、口腔溃疡修复、持续清新口气、防止牙齿敏感等。当时为了做这个配方，我们花了一年零八个月的时间。其中一款香精，是瑞士一家公司的工程师专门针对我们的蜂毒牙膏研发的，独家定制，结合我们自己生产的中药提取物，可以持续清爽好几个小时，消费者使用一次就会有很明显的感受。

功效来不得半点虚假，因为这不是我们自己评价出来的。截至目前，我们的牙膏在各平台累计有几百万条评论，好评率达到97%以上，算是很高的了。做了一年多，我们明白最重要的就是产品，产品好，价格又便宜，碰到合适的契机，就很容易大卖。

我认为蜂毒这个概念起的作用也很大，它很新奇。还有一些小的方面，比如在包装设计上，我们是特立独行的。开始人家觉得这款牙膏的包装像鞋油，行业内也有很多朋友跟我说，老陈，你这种牙膏要不就卖爆，要不就一塌糊涂。但是我坚持了这种风格，考虑到后续发展，我也同步申请了相关专利版权的保护。

还有，牙膏一年四季都得用。再加上这些年国人的刷牙习惯已经改善了很多，偏远地区的人也逐渐习惯了一天刷两次牙。且随着互联网的普及，大家的健康理念和生活方式都在进步，消费习惯已经大大地发生了改变。

2020 年的新冠疫情作为偶然因素，对于线上销售的拉动还是很大的。疫情期间多数线下店铺不能开门，按照传统的渠道怎么卖？而网络渠道不存在开不开门的问题，直播电商反而迎来了机遇。我们的销售量也是在 2019 年 12 月到疫情期间暴增的。

成功有很多综合因素，我大概是这么判断的：首先，核心因素一定是产品功效和超高的性价比。其次，快手平台的主播助推作用也很关键。第三是阶段性因素，主要是受疫情影响，线上消费增多。现在这款牙膏的回购率能达到 20%～30%，这在国内一线品牌牙膏中也算高的。

由品牌带动中医药的现代化

借助平台和机构的力量，销量先行，这算是一种新型品牌模式。现在我们跟魔筷采取的是紧密型的合作，我们的产品开发及各种促销活动，都会根据他们的建议进行。目前我们和魔筷定下的目标是一年销量达到五千万支，同时他们也希望我们进行产品升级，开发一些新的蜂毒牙膏、儿童牙膏等，适应不同消费群体的需求。

品牌要想真正发展起来，达到一定的规模和知名度，不能只依靠单一平台，而是要让产品线在全平台丰富起来，包括线上线下全方位的布局。目前我们做得还比较窄，快手的销售量占总销量的 60%～70%，其他很多渠道都还没动。未来我们希望有代言人，可以是各平台的大咖，便于在多平台做起来，线下的推广也在我们的发展规划之中。

现在我们能做的是把"互联网+"，尤其是直播电商这个风口抓住，如果抓不住，就不可能发展那么快。我们成立了一家网络公司，有专门负责直播的团队，研究各平台的运营。我有坚定的信心，迟早会让可立克蜂毒牙膏在中国的中药牙膏市场占有一席之地，成为老百姓喜爱并且用得起的功效型牙膏。

当然，我的长远目标不仅限于可立克牙膏，而是要做一个中医药大平台，把我们传统的好东西产业化，也就是把中医药现代化。目前蜂毒还没有真正被产业化，未来的前景还是很广阔的。

人还是要有点梦想的，万一实现了呢！

◎ 以下为魔筷科技创始人兼 CEO 小飞（王玉林）的讲述。

说起我们是怎么打造可立克蜂毒牙膏的，还有一些故事。

魔筷专门有一个品牌孵化部，部门中的人员基本都是做了很多年产品出身的。他们在全国到处寻找有潜力打造成爆款的产品，结果在广州找到了搞研发出身的陈日和先生。他研发的一款牙膏，主打消炎止痛，含蜂毒，刷完牙有清爽的感觉。

当时他这款产品的销售遇到了困难，有 80 万支库存，想通过微商渠道卖，结果发现卖不动。我们拿过来看，觉得产品挺惊艳的，就开始在快手上推，一下子就爆了。2020 年几大平台加起来估计卖了几千万支。

这款牙膏具备几个特征。第一是确实好用，很多大工厂逆向做它的配方，都做不出这种感觉。第二是包装看上去不错，品牌也有多年积累，只是还没有爆。

我们当时的打法就是，先与一些头部主播沟通和试用，他们觉得不错之后，才开始带货。后来，我们再与中小主播沟通，他们在了解和试用产品之后，很快就决定一起卖。另外还有一些主播，是自己用完觉得好，才开始推的。这个时候快手用户会发现，好像大家都在用可立克牙膏。

我们在做可立克牙膏的过程中发现，产品在快手上做起来之后，淘宝旗舰店的销量也起来了，很多渠道的销量都跟着起来了，而且基本都是从快手溢出的。比如很多人在快手上买过可立克牙膏，第二次想买的时候，就去淘宝搜索。搜索量起来之后，就由淘宝店承接。还有一些人先在快手上看到，又在社群里看到了，发现这个牙膏是爆款，于是赶紧买。消费者在多个渠道、多次接触这些信息，就会建立起品牌认知。

从爆款到品牌还有多远？

爆款是建立品牌的必要前提。除了销量大，还要具备复购率高、购买决策成本降低、转化率高这些属性，才可以称之为品牌。

老陈原来就有两把刷子，产品做得很好，就是缺少渠道。借助直播、短视频这种高效渠道，将几个要素整合在一起，就为这个品牌的诞生奠定了基础。

我们发现，在快手上除了可以卖品牌货，还可以高效打造快品牌。在一个平台做起来，就会吸引、挖掘出一批新的供给资源。这些人可能原本在传统电商生态、微商生态里已经没有机会了，但手里的货品质好，一旦有了新渠道，他们就有新机会。

快品牌就跟淘品牌一样，只不过是从快手这个生态里孵化出来的品牌。

目前在快手上沉淀出的快品牌还不算多，但是有很多机会。它的底层逻辑在于消费人群，"90后""00后"成为消费主力，他们不熟悉也不在意原来的那些品牌。他们重视的是性价比等一些新的理念。

魔筷科技作为与快手关系密切的服务商，熟悉快手生态，并与头部主播保持着很好的关系，想推某个品时，可以找到他们。再加上魔筷本身就给一些中小主播提供服务，可以优先找到他们推介某个品牌。

之前我们想做"C2网红2M"，就是通过网红收集C端的需求和数据，汇总起来再去改造上游的生产，这样效率可能更高。后来我们发现，这条路目前还比较难走。主播自己做品牌都不容易，因为量太小了，不足以支撑工厂的议价空间。而且如果是主播自己做的品牌，其他主播是不大可能帮他/她带货的。

真正的品牌要有很大的规模，才能撬动供应链做更好的品质、更高的价格。而且要全渠道铺开，不仅在快手上卖，淘宝、京东上也要有。

还有一种方式是主播和品牌联名。比如隆力奇牙膏与某主播推出了一个系列，相当于双品牌。隆力奇是大众认可的品牌，这时候再加上主播背书，我觉得这种推广也是有机会的。

春之唤：
义乌主播 77 英姐的垂类耕耘

要点

· 做快手两周年纪念日那天，英姐直播近 16 个小时，销售额 3 700 多万元。

· 拒绝各种爆单诱惑，英姐坚持做化妆品垂类，在众多义乌主播中后来居上。

· 打造"春之唤"快品牌，客单价比较高，不打价格战，注重产品效果。

2020 年 9 月 7 日，是 77 英姐做快手两周年的纪念日，这一天，她在快手直播了近 16 个小时，销售额 3 700 多万元。

英姐和丈夫在义乌发展，是比较早开始做快手直播电商的一批人。他们和诸多同行一样，聚焦垂类，坚持做品牌，开启了义乌电商的 2.0 版。

本文作者为快手研究院高级研究员李召，研究员梁晓妍，研究助理毛艺融。

◎ 以下是 77 英姐的丈夫、公司创始人刘岩的讲述。

我出生在东北，十几岁到山东青岛。我在少林寺学过几年武术，到青岛开健身俱乐部，三年啥也没干成，最成功的是娶了英姐。英姐名叫徐晓英，是山东潍坊人。

成家后，我们不能再向家里要钱了，就和朋友摆地摊。从青岛摆到扬州，整个江苏都走遍了。后来人家说，你想货发全国，就要去义乌。2013 年 12 月，我们两手空空，背包到了义乌，在北下朱村落脚。

我们在闫博的影响下开始做快手，当时他是义乌北下朱村做快手的第一人。我们跟在闫博后面学，2018 年 9 月 7 日，英姐开始做快手直播。（闫博的案例，参见快手研究院出版的《被看见的力量——快手是什么》。）

最初，英姐和义乌的很多主播一样，主要做服装和百货，不是专门做化妆品的。当时她觉得，化妆品是往脸上擦的，看不见摸不着，怕人家用着不放心。

我们做了几个月，百货做不动了，服装也有点过季，生意变淡，打底裤、羊绒大衣的退货率有 30% ~ 35%，就想做化妆品试试。一试发现老铁们能接受化妆品，而且退货率只有 8% ~ 10%。英姐接触化妆品行业比较早，以前也做过供应链，所以我们在 2018 年底转型做化妆品。这个类目能提升产值，一旦做好肯定比百货强很多。

"春之唤"快品牌的由来

每一个平台都能沉淀出一些好品牌，比如韩都衣舍是淘品牌、可立克牙膏是快品牌。在快手平台，我们的"春之唤"现在也是数得上的快品牌了。

现在有三家工厂帮我们做产品代工，主要在广州市白云区。在做直播之前，我们就和这些广州工厂有紧密合作。以前他们主要是给美容院等渠道供货，没有自己的商标、品牌。做直播电商给我们带来的启示是，要做一个自己的品牌。

我们合作的工厂主要给美容院生产产品。在化妆品行业，美容院线和日化线产品不一样，需要更专业的知识，产品要有更多功效。美容院线产品的配方因客户而异，日化线都是通用配方，一个洗发水的配方，贴什么标就是什么牌子，可以批量生产。

所以美容院线产品的品质一般比日化线的要高，比如有效成分的活性物含量要高，因为美容院要保证顾客使用后看到效果。你在超市买一支洗面奶或者水乳霜，用着不好大不了就不用了，但美容院不是这样，要想吸引顾客办卡成为会员，你选的产品给客户用了要有明显效果，脸色红润有光泽，气质提得上来，人家才认可你。做了一两个月，啥效果没有，美容院就开不下去了。

我们的产品质量好，成本也不可能做得太低，所以没法跟其他主播打价格战，只能用产品的效果说话，必须要把品牌做出来。2020 年 9 月 7 日的活动，平均客单价是 401 元，但是很受用户欢迎，当天卖了 3 700 多万元。这场活动，我们也请了"春之唤"的研发团队总顾问、生产总工程师等一起推介产品。

为什么坚持做垂类、做品牌

每个类目都有赚钱的机会，我们既然决定做化妆品了，就把其他的类目全部抛弃掉。主播一定要坚持做垂类，这是我们在这一行沉浮多年摸索出来的。这种方向感来自实际经验，没有多么高深的思想支撑。要做就要专一，不要东做西做，做杂了，最后粉丝都不知道你擅长的是什么。

在义乌，有几十万粉丝的这类主播很容易动摇，一会儿卖这个，一会儿卖那个，被热门牵着鼻子走。如果一个主播本身是卖包的，拍一个月关于包的视频也上不了热门，忽然发现人家拍水果上热门了，就忍不住跟着去拍水果，但他不知道人家可能也是拍了几个月才上热门的。跟着拍了一段时间发现水果也没那么容易上热门，可能又跑去拍童装，这么来回折腾，账号可能就被折腾废了。因为你拍包的时候吸引了一些包的粉丝，拍水果的时候吸引了一些水果的粉丝，最后你又去卖童装，前面那两个类目积累的粉丝就不具有针对性了。

跟风比较简单，有人在前面想，你在后面跟着做就行。但如果你做垂直类目是没人帮你研究的，只能自己探索。这也是件很艰苦、需要熬得住的事情，我们做垂直类目，其实内心也很煎熬。

义乌小商品市场非常成功，但这里做直播电商的人，坚持做垂类的不多，可能和这个地方的基因有关：一是货，二是人。

第一，义乌主播以货为中心的思维比较严重，容易忽视对人设的打造。义乌的产品太多了，7万多家商户，每一家的后端工厂都有很多的产品。产品太多，就很难让人定在某一个类目上。

你的账号刚做起来的时候，说不定赶上什么节点就上了热门，但如果你坚持做一个垂类，等待它上热门的时间一般会特别久。

第二，来义乌创业的主播很多都是草根起家，一开始都是两手空空，甚至负债累累，所以喜欢赚快钱、追热门。你描绘得再好，说做垂直将来会很好，但持续一个月不挣钱，可能都吃不上饭了。所以他们宁可跟风，先上热门，挣生活费。如果不爆单，下个月生活费没了，就得离开义乌了。

不垂直很难做成大主播。道理都懂，但是不容易做到，一是可能自身经济条件不允许，二是抵不住各种诱惑。

其实快手平台很适合做品牌，适合稳定持久、真正有耐力的人做。在快手，前期的成长可能没有那么快，但是绝对稳，因为快手重视主播的私域流量，这是快手独有的优势，也是快手扎根下来，往品牌化转变的好机会。不要因为其他平台搞流量扶持，拉新快，就自乱阵脚。

尤其是快手推出小店通后，把公域和私域打通了。通过小店通这个工具，英姐的粉丝增长非常迅速，从 2020 年 8 月只有 300 多万粉丝，到 2020 年 11 月已经有近 800 万粉丝了，而且粉丝黏性非常高。我们每天的营业额都差不多，如果做活动就会更高。

主播客单价低，想往高转，恐怕要经历一个很长的痛苦期，因为做久了，粉丝的消费能力就集中在这个价位了。快手要支持垂类主播，把品牌树立起来，这样就有了标杆。

英姐的定位和别人不一样，只做自己的品牌，不给别人供货，也不卖别人的货。我们主打的是产品的效果和科研技术。现在所有的类目，价格战都很严重，不仅仅是化妆品行业。未来我们会坚持住自己的方向和品质，确保不被带到价格战的漩涡里。

直播之链：从广州工厂到义乌市场

现在我基本上每个月会有一半时间在广州，一是去催货，二是去开发新品。

2020年9月7日这场活动中有很多夏季产品，活动做完就要开发新产品。夏季产品是偏清爽的，而秋冬季节空气干燥，风沙又大，所以要开发一些偏滋润的产品。

我到广州和研发工程师讨论，他们会根据我的诉求调整配方，然后打样，打样回来我再试版，觉得可以就定版，之后开始做盒、做瓶，然后生产。这是一套常规的流程。

就像服装有春款、秋款一样，化妆品应对季节不同，也有清爽款、滋润款。我们的工厂都是专门做定制化产品的，可以根据客户的需求进行生产。

淘宝、天猫是电商，直播也是电商，但不同平台的差异很大，平台属性不一样，每一个品牌对应的客户年龄段、消费能力不一样，城市、农村居民的消费观念也不同。品牌也是这样，有一个国货品牌的产品和"春之唤"的一些产品在同一家工厂生产，同样的产品在不同渠道销售的差别还是很大的。这个国货品牌在其他渠道卖得好的产品，拿到直播间就不一定好卖，有时候我们推得好的东西，他们就卖不动。

不同主播所面对的粉丝群也不一样。英姐和另外一位主播的彩妆是在同一家工厂里生产的，那位主播的彩妆走得多一些，我们的彩妆就走得少。因为英姐的粉丝年龄主要在30岁以上，而那位主播的粉丝的年龄主要在25岁以下，年轻小姑娘彩妆用得多，年龄大一些的女性往往需求的是系统护肤，如淡化皱纹、延缓衰老等。

英姐说话轻声细语的，她的声音很有"魔力"，每句话都能印到你的心上，这个特点其实也跟产品特点有关。我们的产品客单价高，主播就得细致一点，慢慢地讲明白它的功能、成分和好处，为什么贵，贵有贵的道理。这种东西你用激情去讲是没有用的，它不像商场搞促销，要讲得有激情，让大家赶快抢，让人认为"不抢就吃亏了，赶上了就是机会"。这种烘托氛围的方式对我们没用，我们要用数据而不是靠情绪来证明这个东西好。

我们在广州和义乌两地都发货。义乌发的货相对较多，我们自己发货，信息会更加及时。在广州，我们是用云仓发货。云仓属于第三方，我们要把发货的相关数据传给他们，来回传递信息，速度会变慢。出现错误的时候，也不好核对，因为他们发货的体量很大，不好追查。另外，云仓就赚那么一点费用，要他们花力气帮你追查，成本就变高了，所以配合的力度也有限。而我们自己发货，哪怕亏钱也得把它弄好，不然影响评分，影响粉丝的体验感，增加多少成本都得把售后做好。不过云仓也是有好处的，它确实能在短时间内发出很多货，量很大的时候，可以减少我们的压力，发货的速度会变快。

我们的工厂在广州，为什么还选择留在义乌？主要是因为我们是从义乌起步的，7年了，朋友、圈子都在这里，如果换个地方再用7年重新维护一个关系圈，也需要隐性成本，所以我们不会轻易换地方。

另外，在义乌背靠那么大、那么活跃的小商品市场，也有特殊的优势。虽然广州的供应链体系强大，制造业发达，货的价格有优势，但信息感知是比义乌慢的。义乌的好处是市场特别灵敏，信息传得特别快。无论什么模式、什么玩法，义乌一般都会先知道。

举个例子，我们 2019 年三四月开大巴车带主播去广州拍段子，好多工厂都不让我们拍，只有非常大胆的老板，或者有前瞻意识的老板知道这是给他们免费做宣传。到了 2020 年四五月，我们再去广州的时候，很多工厂都提前把横幅准备好，电子屏幕打上——"欢迎义乌某某主播团队"。广州工厂搞直播相对滞后一些，但也在逐渐改变，它们对快手的认知度也越来越高。

另外从生意的角度看，我们在义乌赚到钱了，这个地方可能是我们的福地，适合我们，就选择留在义乌了。

第十一章
老品牌的新市场

• 不同行业的三个品牌企业如何抓住直播的机会，闯出一片新天地。

新居网：
疫情期间订单逆势大增背后的逻辑

要点

· 提前布局短视频行业，早在 2018 年全网粉丝量就已达到亿级规模，自主孵化出"设计师阿爽""wuli 设计姐"等十几个家装垂类大 IP。

· 2019 年至今实现爆发式增长，2020 年短视频和直播带来的订单量比去年同期增长了 200%～300%。

· 本文介绍了新居网 MCN 孵化达人的组织架构，以及"线上留线索，线下成交"的营销打法。

新居网是定制家居龙头企业——尚品宅配集团的全资子公司，成立于 2007 年，通过网络设计平台和虚拟现实技术，整合产业链资源，为客户提供个性化定制服务，开创了网络直销和"大规模数码化"定制相结合的 O2O（线上到线下）＋C2B 商业模式。

新居网旗下的新居网 MCN 是一个优质内容平台，也面向家居全行业的龙头 MCN 机构。新居网 MCN 自主孵化和签约超过 300 个家居类达人，旗下头部 IP 包括"设计师阿爽""设计帮帮忙""wuli 设计姐"等，新居网 MCN 致力于让天下没有难做的装

本文作者为快手研究院高级研究员李召，研究员杨睿。

修，通过优质内容的生产及输出，为消费者提供优质的决策内容，让消费者更好地完成装修。

◎ 以下为新居网 MCN 负责人钟锭新的讲述。

2020 年涨粉 4 000 万，变现同比增长 200%～300%

早在 2017 年，我们就提出了视频化战略。当时主要的考虑是各渠道的获客成本居高不下，我们想去探索新模式，看能否降低获客成本。

短视频是一个新赛道，当时整个家装行业还没有多少企业进入。我们从大数据发现，短视频行业增长很快，用户在快手等平台上的停留时间越来越长，于是决定向短视频进军。

2017 年末，我们正式组建了做短视频的团队，应该算是装修家居行业里第一家组建几十人团队做短视频的企业。刚好赶上 2018 年春节短视频增长迅猛，我们才做了几个视频就出现了爆款。我们的第一个视频现在已有上千万点赞量，做到第四个视频时点赞数达三四百万。

当时我们每拍摄一条视频最多能增长 100 万个粉丝，这对一家企业来说，实在太过刺激和震撼了。所以我们认为必须加重、加快在快手等平台的布局。从 2018 年 3 月开始，我们基本上每个月都会有 600 万粉丝的增量，最多的一个月甚至累计有 1 000 多万新增粉丝。

2018 年全年，我们在快手等平台的粉丝量积累了近 1 亿。从

2019 年到现在，整体态势可以说是呈爆发式增长。在定制家居行业，我们谈到商业化变现，一般以量尺为标准，即设计师做出效果图方案，并给客户一个具体的方案报价，算作一个客户。按照这种计算方式，2020 年我们的短视频和直播的变现比 2019 年增长了 200% ~ 300%。粉丝量增加了 4 000 多万，一直到现在都保持着每个月 200 万粉丝的增长量。

为什么我们在短视频平台上能吸引那么多粉丝？

我们内部总结出三个原因。一是起步早。当时短视频平台上与装修有关的内容非常稀缺，用户对这些内容很感兴趣。二是我们积累了很多优质内容。我们把当年浏览量超过 10 万的图文内容转化为视频，发现效果很好，爆款出现得很快。三是我们倡导创新，这是企业内部非常重要的文化。团队之间会就增粉量、视频量展开竞争，你追我赶，很快就把短视频变成了常态化工作。

从内容上看，我们的短视频要么是知识输出型，教用户怎么去装修、设计，用知识输出引流；要么极具观赏性，粉丝看了之后大开眼界、心情愉悦，自然会为你点赞。

以"设计师阿爽"为例，她在快手上有 1 000 多万粉丝（截至 2021 年 2 月），现在每个月都在涨粉。她的视频看起来都是类似的，先讲一个装修设计痛点，例如 20 平方米的房子怎么装出 60 平方米的感觉，接着再教你怎么具体操作。粉丝接受度很高，因为眼见为实，看得懂。

阿爽的视频浏览量从 30 万 ~ 150 万不等，完全是自然增长，不用花钱做推广。

从零开始自主孵化达人：组织架构和相关制度

像"设计师阿爽"这种达人账号，我们新居网内部有 13 个。从建立账号、起名字、定位、选达人再到内容创作以及后续一系列运营，每一位达人都是从零开始孵化的。比如"设计师阿爽"，我们从 2017 年底就已经开始对其进行规划，2018 年 3 月才正式亮相。

新居网在组织架构方面将内容分为两大中心，分别是内容营销中心和内容运营中心。内容营销中心负责前端的内容创作，还有达人运营、达人矩阵建构以及前端的商业化。而内容运营中心则负责尚品宅配、维意定制以及整装这些业务的粉丝变现，获取他们的联系方式，将这些流量转化为私域流量，再升级为有直接需求的客户。

两大内容中心下面还设了很多部门，比如内容营销中心下设 7 个部门，第一个部门就是短视频团队，大约有 70 人。这个短视频团队又分出很多工作室，例如"设计师阿爽"工作室、"wuli 设计姐"工作室等，基本上粉丝多的达人都会有自己的工作室。

图 11.1 展现了新居网的内容组织架构。

阿爽的"设计师阿爽"是目前公司最大的号，因此单独配置了一个更高编制的工作室。其他号也都是工作室形式，但编制人数相对少一些，统一由两个短视频部门管理。基本编制是文案、编导、主播、助播、拍摄各一人。

阿爽也是从零开始做起的。她在探索阶段改过几次名，前期定位不那么精准，所以积累的粉丝数量也不够多。我们不断调整，一直到现在这个样子。她一把头发剪短、染成黄色，整个人设立马就起来了——一位干练、专业的设计师。她本名就叫阿爽，性格

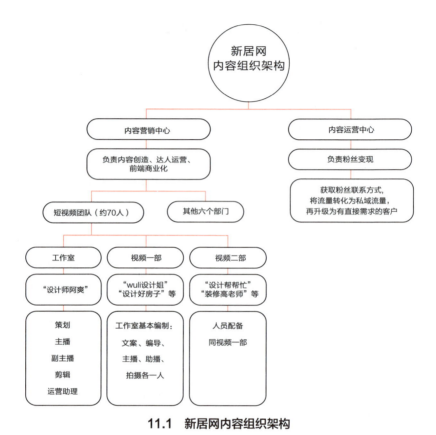

11.1 新居网内容组织架构

又非常直爽，再搭配职业化的服装、配上那句"爱设计超过爱男人"，视频马上就爆了。粉丝被她高辨识度的人设所吸引。我们也从人力上给她加持，做脚本策划，现在她每个月的粉丝增长量都很稳定。她的账号属于公司资产。

阿爽工作室目前有十几个人：三位策划、两位剪辑、一位运营助理、两位副主播等。阿爽主要做大主播和拍摄视频，也接商业化广告。平时的设计工作由助理分担，她基本上就是看方案、审核方案、做修改。原本阿爽只是一名普通员工，但现在变成了流量很大的网红。

阿爽最开始做快手主播时，会亲自写脚本、做设计、挑选合适的家装空间。我们也会请专业人士给她做脚本优化以及培训。她也很好学，很热爱装修设计。她看到一些特别美的家居线条有时会流眼泪，只有特别热爱才能创作出粉丝感兴趣的内容。她的推荐也都是一些很实用的、能帮助粉丝在装修设计时避免掉坑的内容。

我们公司大概有近两万名设计师，阿爽在成为主播前也是其中一员。公司要组建短视频团队时，阿爽刚来不久。我们对主播的挑选标准有几点：一是总体打分较高，例如外形有辨识度；二是沟通表达能力强；三是会一些设计；四是要有个人特色。

我们的"wuli 设计姐"是设计师出身，广东腔很浓，讲话很有槽点，所以她的个性宣言就是"普通话很普通，但设计不普通"。

现在一个工作室通常配有两位编导、两位拍摄。小组两两 PK，自己报选题自己做，还会有一些月度、季度上重要的专题策划。

为了减少员工流失，我们会签协议。一是竞业协议；二是我们会有利益分成，以保证主播的收入足够高。这个行业还有个很特殊的地方——需要有丰富的场景资源以及专业团队。这些主播如果离开后做同类工作，不一定能撑得起来。

一方面，我们需要大量的拍摄场景。我们有很多客户，平均每个月量尺的客户就有 6 万多个，这给我们提供了很多拍摄场景。我们的很多拍摄现场都是在客户家里。我们还有很多门店，也可以作为拍摄场景。

另一方面，短视频光靠一个人不行，要有很强的内容创作和运营团队。装修行业的知识点非常细，没有专业的人才支撑，很难做出有竞争力的内容。而且有粉丝不代表有商业价值，最终还是要变现。我们有行业内很强的变现和商业化团队。我们的确曾有个别主播出走，但最后他们没有成功。

营销打法：线上留线索，线下获体验

我们工作室的变现方式有三种。第一是主营业务，即通过整体装修变现。阿爽一场直播大概有几千单的销量。第二是广告，现在有很多品牌方会找主播做直播。达人是按照粉丝量报价的，阿爽一场直播报价 30 万元。这个行业大的账号几乎都在我们这里。第三是电商卖货，目前进展得慢一些。

快手给我们的支持力度很大。我和快手房产家居的负责人沟通过，这个行业的客单价很高，所以没法在线上完成交易，需要打通整个变现的路径，也顺便提出了我们的需求：在直播间可以让粉丝留下联系方式，作为获客的线索和入口；并在直播账号里留下企业的联系方式。

大约在 2020 年 5 月，快手页面新增了一个"小铃铛"功能，通过它可以直接打通变现。用户可以点击"小铃铛"输入姓名、电话，抢零元在线设计并免费领取设计图，还可以看直播预约上门量尺设计。阿爽现在做一场直播最高能收到 6 000 多个（线索）提交。

正常来说，平台是不希望品牌把流量引到线下的，一般都希望交易发生在平台上，这样才会有收入。但装修设计行业很特殊，消费者不可能在线上交付几万元。所以消费者只在线上传递意向，我们的设计师做好方案后再约他去门店看方案、看产品，然后才会成交。这是一种"线上留线索、线下获体验"的营销方式。

从 2020 年 2 月到现在，我们的模式基本上就是以线上直播作为引爆点，销售额产生在各门店终端。具体来说，我们通过线上大 V 直播，给消费者一个信任的窗口，再引导他们到尚品宅配、维意定制在全国的 2 000 多家门店，进店、看直播、做活动、消费。

2020 年 3 月 15 日，我们还做了一个"3·15 大牌直播团购节"，请了 80 多位装修设计垂类的达人，公司内部的十几个大 V 也全部出动。直播主会场在尚品宅配东宝体验店，全国各地还有 80 多个分会场。这场团购节我们给了粉丝很大的折扣和福利，补贴了一个多亿元，而且拿了非常多的爆款产品做秒杀，比如沙发的价格低到三四折。

我们还联合了 50 多个大品牌，像方太、老板、喜临门、TATA 木门、海尔，把它们的产品放在我们的直播间售卖，一起让利给粉丝、客户。

我们还请一些老板做嘉宾，主播当场跟他们砍价。最后真实的成交额超过了 1.3 亿元。

另外我们还把客户引到门店，客户在门店就可以直接看直播。他们在店里看阿爽直播的时候，我们就开始放福利优惠，可以砍价、"砸金蛋"。线下的设计师会跟客户说，赶快交钱就一定能够获得抽奖"砸金蛋"的机会，价值上万元的冰箱、洗衣机都有可能抽到，还有免单机会。

有大 V 背书，价格足够低，加上线下门店看直播的体验，还有设计师在一旁提醒交款有折扣福利，消费者在这种氛围下一般就会交款。这是一种"线上＋线下"的模式。而且我们的门店还会吸引很多老客户，因为他们知道当天来门店一定能获得很大的折扣和福利。

其实在 2020 年 2 月 22 日，我们就做了一场直播团购，但是以锁定定金为主，而非成交。当时有 1 万多笔订单交了定金，按照客单价 2 万元来算就是近 4 亿元，但其实到后面真正的成交额只有几千万元。有了 2 月 22 日的尝试，我们才又搞了"3·15 大牌直播团购节"活动，把没有成交的客户再次引过来。

疫情之下的增速：线上需求增多 +AI 赋能

实体行业如果不拥抱互联网，会很危险。疫情期间，以家居行业为例，我们看到一些已经率先开启线上直播的企业，成交量都不错。反观一些前几年线上布局做得较差的企业，现在确实很艰难。不少装修公司的设计师都经历了降薪、裁员。

如果我们以线上获得免费量尺设计的客户申请量作为变现标准，那么 2020 年 3—5 月由短视频和直播转化的申请量比 2019 年同期增长了 200% ~ 300%。从全渠道来看，我们的客户申请量相比 2019 年翻了一番。

从 2018—2019 年开始，我们就感觉到流量吃紧，获客成本每年都上升得很快。但在 2020 年，我们的获客成本却下降了。

主要原因有两点，一是疫情造成一些线上的装修设计需求明显增多；二是集团推出了在线设计新模式。

我们把以前非常优秀的设计案例集合起来，通过 AI 技术做出一些标准化方案，形成一个方案库。全国两万名设计师可以通过方案库快速匹配他（她）想要的方案，工作效率很高。以前设计师三四天才出一个方案，现在基本上半天到一天就能出方案。

随着疫情逐渐缓解，各地陆续可以开展线下量尺设计的工作，但是我们依然会把线上设计作为重心和坚持的方向，在线上做好沟通，给出详细的方案和报价，再邀请客户到门店进行最终交付、参观样板间。

哪里有流量就向哪里开拓

新居网是伴随着互联网的发展进程一路走来的，至今已经有14年历程了。图11.2展示了尚品宅配的营销大事记。

11.2 尚品宅配的营销大事记

2009年我刚加入公司时，公司还在做建材团购。后来由于QQ用户量大，我们就转型做自营产品，在网上搭建（营销）渠道。

其中一个渠道是QQ群，当时我们探索出了一套QQ群的营销获客模式：通过加入一个个QQ群，在群里推广免费的家装设计。这也是我们的私域流量。另一个渠道是搜索引擎：百度竞价、精准投放，这是按照投放效果来付费的。

2010年，我们开始做淘宝、天猫。2011年微博兴起后，我们开始做微博。2013年我们做微信。可以说哪里有流量、哪里兴起一个渠道，我们就会去哪里拓展。

而且我们有个习惯，如果判断是流量大的渠道，我们基本上会 All-in。整个集团会花费较大的财力、人力以及技术去打通这个渠道。

现在新居网至少在做十几、二十个渠道。各渠道下面还有细分的团队。但凡流量在几千万以上的渠道我们都会进去。

从整个家居行业来看，新居网做短视频、搞直播算是比较早的。我们认为，想做直播电商，比较好的平台是快手和淘宝。

快手是私域流量。从粉丝的活跃度以及我们内部运营情况看，快手的粉丝黏性要比其他电商直播平台高很多。这与快手本身所倡导的"老铁文化"有一定关系。快手上有很多非常接地气的用户，粉丝量可能没那么高，但粉丝对主播本人的认可度、对其推荐产品的认可度以及粉丝的购买力都是非常惊人的。

装修家居这个行业本身是缺流量的。即便已经形成了一个个品牌，但行业里仍然没有出现一个绝对的冠军品牌，甚至没有出现千亿级企业。这是一个机会。而每家企业又都承受着客户流量的压力，所以为了获取更多流量，企业一定会拥抱互联网、拥抱短视频和直播。

我们虽然做得早，但依然会有很大压力。目前我们的整体流量、播放量包括粉丝量的增长速度已经放缓，因为同质化太过严重，平台和消费者都有点审美疲劳。现在我们在尝试加入特效，让粉丝看到我们有 VR（虚拟现实）的能力，也在做短视频的定位升级，几乎把创新当作每周的重要工作。

我们也不知道未来哪种方式会更受消费者和平台喜欢，但即使在某一段时间内被认可，之后也还是会迅速变成旧模式。我们能做的就是跟时代赛跑。

我们目前的探索是把整个装修过程记录下来，从工地、毛坯房开始拍，根据作业流程把整个过程拍下来。比如阿爽现在拍的视频只有一个空间、一个知识点，之后我们要让消费者看到家居是怎么从无到有、怎么设计、怎么安装出来的。如果把整个流程告诉粉丝，他们以后就会懂得怎么装修他们的家了，这会更加真实、更有质感。

至于变现模式，我们会逐渐把快手等平台的粉丝引入私域流量池。通常我们认为私域流量池是粉丝群，快手也有粉丝群。运营粉丝群时，我们要不断输出一些装修知识，入群后还要让他们时不时获得一些福利、折扣。粉丝既能获得家装知识，又能享受低价产品，就会愿意留在群里。我们也通过这种方式不断提升粉丝对我们的好感度，这样他们以后装修时就会想到我们。

江淮汽车：
全员直播，领跑车市增长率

要点

· 2020 年疫情期间，江淮汽车全员直播，经过 8 个月尝试，江淮汽车的直播矩阵粉丝数接近 400 万，涉及快手号 1 475 个。直播带来了 25% ~ 30% 的购车用户。直播获客的整体成本比 4S 店模式低。

· 介绍汽车品牌直播具体是如何运营的，包括主播从哪里来，主播带来的销售线索如何分配等。

· 直播拉近了企业和消费者之间的距离，很多不敢进 4S 店的人，通过直播间了解了相关知识，释放了购车需求。

2020 年车市整体低迷，江淮汽车的增长率却能领跑车市。这得益于疫情出现后，江淮汽车在第一时间全员拥抱直播。

2020 年 10 月，经过 8 个月尝试，江淮汽车的直播矩阵粉丝数接近 400 万，快手直播号 1 475 个。直播带来了 25% ~ 30% 的购车用户。

本文作者为快手研究院研究员李玉超，特约研究员吴小飞。

◎ 以下是江淮汽车乘用车公司直播短视频项目负责人黄开新的讲述。

直播间也能卖汽车

2019 年 9 月，江淮汽车在内蒙古鄂尔多斯市的一家经销商最早使用快手直播卖车，门店的快手账号是"杨哥 - 说车"，目前粉丝量近 2.5 万。账号是门店老板开的，实际的直播是一位年轻的销售顾问在做，小伙子很厉害，一个月通过直播可以卖好几台车。他只管在直播间里介绍车，后面会有专人去跟进。

鄂尔多斯这家门店的经验被介绍到公司总部，我们推荐给下面的经销商，本着自愿原则，没有强推。

随后云南的一家经销商进行了尝试，效果不错，一开始在门店找了两位销售人员进行直播，后来增加人手到全员直播。

至此，公司总部认为，可以将这种形式更系统地推广到全国。2019 年 10 月，公司开始投入一部分精力推广直播。嘉悦 A5 上市活动期间，我们邀请了一些优秀的经销商主播去现场参加活动，也邀请了一些直播大咖，希望我们的经销商感受下直播的氛围并学习头部主播的操作方式。在疫情之前，我们已有约 50 个直播账号在运营。疫情期间，我们能很快反应，也是因为有了全员参与的基础。

2019 年车市整体低迷，好不容易迎来春节销售旺季却因为疫情来袭无法卖车，大家都很恐慌。

2020 年春晚，快手做的广告给大众留下了很深的印象。江淮汽车乘用车销售公司总经理张文根，首先想到用快手直播来卖车。2020 年春节期间，大家还在放假时，我们就已经通过线上会议把直播、短视频活动提上议程，要求全员进行直播。

2020 年 2 月 6 日，江淮汽车成立了直播销售项目组，我是负责人。项目组是跨部门运作的，人员来自数字营销部、营销管理部、培训等。项目组主要有两个任务，一是直接参与直播，介绍产品；二是对江淮汽车的快手矩阵号的运营进行指导，包括直播的开发、运作的流程、直播方法的培训以及直播激励等。

全员直播应对疫情

江淮汽车的直播矩阵是 2020 年 2 月 17 日成立的，当时入驻的快手账号才 110 多个，从初步考虑到全员动起来，差不多用了一周的时间。路径就是我们做方案，公司内部培养教练，再派往下面的经销商。其实没有等到教练成长起来，就把直播任务派给经销商了，等于教练和经销商是一起成长起来的。

在疫情之前，大家对直播卖车的参与度并不高。疫情暴发后，在直播工作开展的过程中也遇到了很多问题。比如员工不能到店复工，自己又没有车，直播没有车讲什么？

快手有个功能叫"直播伴侣"，当时主要是用来做游戏直播的，但我们利用这个功能把一些产品的图片、宣传片拿出来，放到直播间或者短视频里跟老铁们介绍，出现了销售线索就先收集起来；家里开着江淮汽车的员工可以直接在家对着自己的车进行直播。当时总部的员工是分班制，部分员工返岗，他们就在公司的楼下进行直播。

试水稍微成熟点后，我们就发动江淮汽车全国的经销商参与，给他们派任务，每天直播 2～3 场。从公司高层领导、工程师、研发人员到销售人员，全员参与。最高峰的时候，我们内部的主播有近 100 人。

通过这种全员拉练、全员教练的方式，江淮的直播销售迅速起步。疫情期间我们几乎每天都开会，收集优秀案例和创新方式，集合成册，编写成内部培训材料发放下去。即便有的主播不知道说什么，他们也可以直接照着读，熟悉之后就可以跟老铁们交流自己的想法，这种尝试本身就是一种海选和淘汰的过程。

我们跟快手华东区域的同学也一直保持着密切沟通。最早是在 2019 年 9 月他们给我们讲什么是快手、什么是直播带货，当时我们听得云里雾里，不是特别明白。疫情期间我们请教他们如何在快手上卖车，他们给我们做了很多分享和培训，我们也反馈了一些应用方面的问题。

在汽车行业，江淮应该是第一个做品牌直播的企业。当时快手希望江淮在汽车类的直播上做第一个吃螃蟹的人，所有的新产品都可以在快手上试，在试验中有任何问题都可以提，所以在汽车品牌直播方面，基本上快手的很多工具我们都是第一个使用的。

汽车品牌直播具体是如何运作的

从成立直播矩阵到 2020 年 10 月，8 个月积累下来，江淮汽车的直播矩阵累积了 340 多万粉丝，直播账号 1 475 个，头部主播的粉丝量有十几万，粉丝量 1 万以上的主播有近百位，日均观看量在 150 万~200 万次。从单个主播来看数据比较一般，但聚集在一起，专为一个品牌服务，几乎可以实现全网、全程、全时的覆盖。

目前江淮汽车直播矩阵的主播主要是经销商的员工，其次是一些社会招聘人员，比如经销商会招募一些大学生来兼职做直播，再次就是汽车主机厂的工作人员。这些主播有一定的基础工资，线索成交后会有一定的提成，为了鼓励销售，提成会比一般 4S 门店高。

社会招聘是我们鼓励经销商去做的，因为 4S 门店的员工有本职工作要做，经常忙不过来。主机厂更多的是承担做示范和培训工作。

对于主播提供的客源线索，我们一般本着谁的线索谁负责到底的原则；若主播不是经销商的员工，我们的原则是按照客源区域就近分配线索。

长期做直播，主播彼此间有时候也会连麦互动，所以主播之间都比较熟悉，资源的分派会根据他们各自建立的信任关系来进行。

在管理方面，我们对不同的主播有不同的要求。比如一个拥有两三万粉丝的主播，我们会要求其有一定的观看量。我们会对矩阵后台的数据进行监控，采用一定的方法和机制对这些直播账号进行管理。我们目前有将近 1 500 个直播账号，活跃比例是 45% 左右。

直播销售汽车这段时间以来，我们每周头脑风暴，紧跟快手的玩法，做了很多营销方面的创新。比如百咖风暴类的主播 PK 赛、跟网红大咖连麦、头部主播带领底部主播组队百团会战等。这些活动利于主播涨粉，我们也给予一定的流量作为奖励。主播最终的收益主要来自粉丝的转化，也就是购车的订单量。

直播这个事情必须要有经销商老板层面的支持才能做下去。一来老板不支持的话不可能做到全员参与；二来不管做直播还是短视频，红包、礼包、推广，都需要一定的费用。我们在快手中的头部直播账号基本都是店长或投资人，因为他们是老板，更愿意花钱去投入。

另外就是直播不能一个人单打独斗，需要内外部的氛围，要大家重视起来一起干，这样有利于长久持续地做下去。比如疫情期间我们鼓励大家直播，主机厂率先成立工作组打了样，然后再带动经销商干，示范是非常重要的，我们从矩阵中寻找标杆，进一步鼓励大家。

用户从线上转到线下的大致流程是，消费者在直播间或者短视频中看到了我们的产品，想要进一步了解车子或者产生了购买意向，可以通过快手直播间的小铃铛或者私信我们留下联系方式，这就算一个销售线索。具体的交易流程还是在线下，比如体验产品、商品议价等。

C 端对直播销售的接受度是慢慢培养起来的，是经过时间和诚信经营逐渐积淀的，目前看来老铁对直播买车的接受度还是比较高的。我们对直播间销售的明确要求就是要讲诚信，承诺的东西一定要兑现。主播介绍产品时，不管什么价位，一定要据实介绍。很多人连车都没看，就付订金了，那一定是基于信任，在传统 4S 店，不看车是不会有人付订金的。

另外直播销售也能让很多老铁获得更多的尊重和理解。比如快手老铁有些是务工人员，一个月收入不到 5 000 元，平时可能不太敢去 4S 店问车子的价格、产品的信息等。但在线上，隔着屏幕，没有人知道他收入怎么样、是什么消费水平。他也不会有太多顾虑，问的问题再浅显我们也会回答，自己不问也能通过别人的问题了解很多信息。当他们了解到，手上只要有 1 万多元，就能买一台 7 万~9 万元的车，这部分需求就会被激发和满足。

很多人其实对车并不了解，但在直播间看了一两个月，就会相对比较了解，去门店几乎不用销售人员介绍，自己就知道要点了。

一些草根客户很纯朴，不懂也不好意思直接去门店咨询，或者一直有买车的想法，但没有迈出这一步。直播的方式打动了他们，让他们迈出了这一步。直播互动的方式也让人感到很亲切，让他们没有距离感，很多老铁对直播间的主播是非常信任的，认准了人才买车，这其实也是人与人之间真诚互动的过程。

当然，我们也会有一些销售技巧，比如线上购车会有很多优惠政策，发红包、折价或者送一些周边礼物等；比如付完订金后如果看了车不满意可以退款。我们宁愿自己辛苦点也想让消费者满意，赢得一个好口碑。

直播带来三成购车用户

我们以前做品牌，很难直接增加销售转化率，而直播就可以做到。通过内部回访，直播购车的用户画像是：年纪在 25 ～ 30 岁的男性居多，主要分布在西北、东北、西南等地区，且以四、五线城市或者县城为主。就目前的数据来看，直播获客率在 25% ～ 30%，即在 100 个购车用户中，大概有三成是通过直播了解车的。

直播的整体获客成本相比传统的 4S 店模式降低了。快手平台本身流量很大，我们开一个号，就相当于在流量面前路过，获得一个客户是一个。成本主要体现在人力方面，需要主播不停地说，这也是个辛苦活。

品牌影响力和销售转化是分不开的，没办法单纯地说只看哪一个的成效。不过随着时代的变化，投放比例会有所侧重。另外我们一般是各个平台联动起来做推广，根据一个策划方案，确定一个主题，各个模块都服务于这个主题，线上线下同时进行。

在新品上市或者重要的节点性活动，比如车展之类的场合，我们也会请一些直播大咖或者网红来站台，比如"二哥评车"（2021年2月有417万粉丝）、"大可说车"（2021年2月有740万粉丝），效果都挺好的，他们的主要作用是增加产品曝光度。比如江淮汽车此前的云发布会，也请了"二哥评车"来，当天的观看量有三四十万，与主播互动的粉丝有很多，留下了6 000多条线索。

令我印象比较深刻的直播事件是2020年4月成都车展。当时还处于疫情尾期，现场人比较少。我们从江淮直播矩阵的头部主播中挑了30多位到车展现场，对新上市的嘉悦X7进行了全天候的直播。很多经销商还进行了现场PK，吸引粉丝观看，现场气氛非常热烈。

现在江淮矩阵的直播账号，在没有额外投入资源的情况下，一天下来的直播观看量大概有100多万次；如果投入资源，一天的直播观看量能达到1 000万次。我们的直播吸引了很多垂直领域的消费者，而且转化率是比较高的。

现在我们所有的发布会，线上线下都会考虑，未来将以线上为主。基于疫情的因素，目前来看，线上传播的效果要比线下好，比如2020年9月思皓X8上市，就是将线上线下结合在一起，效果也比以前更好，在线人数是过去的几百倍，还能获得大量销售线索。单纯从费用方面来看，线上并没有节约多少成本，一些流量大咖的出场费也比较高，但是线上观看的人数会多很多，效果也比较好。

现在的销售模式已经从传统的门店销售、电商销售发展成社交销售了。主播带货更像是一种社交销售，关系需要维护，口碑非常重要，一旦发生信任崩塌，这个账号就很难做下去。

汽车类的大件商品销售，最终还是要看实物，而且与一般家用电器不一样，汽车存在售后、保养等问题，也不可能用直播电商完全取代线下门店。

所以传统的线下活动我们也不会放弃，江淮的品牌发布某种程度上已经成了粉丝大会。单纯的线上活动，人和人之间有一定的距离感，还是需要线下的接触，让粉丝了解一台车是怎么生产出来的，和想见的主播见见面，有真实的接触，才会感情更深。

直播销售肯定是大趋势，未来的汽车销售可能不需要这么多4S店。

目前我们也在致力于打造车生活、车生态，即不单单做汽车的销售，而是以车为中心，不断打造汽车周边产品。类似于卖手机起家的小米，目前在智能家居销售这块表现优异。我们也会围绕车生活来做销售服务。

小贴士

实实在在尝到直播流量变现的甜头了

以下是江淮经销商、蒙城宏通汽车副总经理张倩（快手账号"蒙城宏通张漂亮"）的讲述。

2020年2月，疫情蔓延，（汽车）主机厂在我们工作群里发了一个消息，让我们下载快手搞直播。主机厂给我们做了几次培训，然后我们就尝试在家里对着手机直播。

因为主机厂的全员动员，我们觉得做直播是工作的一部分。我们店有一个叫毛哥的人接触快手比较早，对直播比较熟，自己原始积累的粉丝有 2 万多人。毛哥擅长直播但不擅长销售，转化率一直不理想，厂家有直播要求后，在操作上一些不懂的地方我们就去问他，比如请教他怎么开播、怎么挂红包、直播时应该说些什么、怎么动员直播间粉丝点关注和红心，还有一些直播的话术。因为进入江淮汽车直播账号的矩阵后，主机厂也能关注到，所以他们也会给我们支持和指导。

蒙城县属于安徽省亳州市，和我们相同规模的门店在蒙城县是屈指可数的。源于厂家的鼓励，我们在蒙城做快手直播算是比较早的，投入也比较大，疫情期间在我们县城卖的车也比较多。疫情尾期，我还通过直播卖了好几台车。

刚开始直播就像谈客户一样，介绍自己、介绍车，这样简单的事情重复做；后来开始介绍汽车的性能等细节信息，或者关于汽车养护的知识等。因为每天开播，老铁既有之前的，也有新增的，在保持直播基本内容稳定的前提下我们也会变换一些内容。后来老铁会在直播间和主播互动、提问，聊的内容也就能更生活化、更丰富一些。

就我自己的经验来谈，坚持很重要。前期我们是在主机厂的要求下才能坚持下来的。我是管理岗位，所以我的初衷不是直播卖车，而是了解新的销售模式。既然大家都说现在是"互联网 +"时代、短视频时代、直播的流量时代，我就想参与其中，看一下这些概念到底是怎么回事、是怎么玩的，没想到最后真能够带来流量转化。

我记得第一笔来自快手的订单是在 2020 年 4 月前后,那时候疫情刚结束,从 2 月到 4 月我们天天播,坚持去做这件事。4 月以后,订单陆续到来,等于前期都是在培养用户。

第一个成交的车主不是蒙城本地的,这也是快手能给线下门店带来不一样的地方,消费者是没有区域限制的。那位车主是从距离我们一小时车程的邻近县城来的。他说看了我的直播想买台车,后来大家留了联系方式开始聊,我就把店面的位置发给他。当时觉得隔着手机不可能有那么高的信任度,觉得这个客户也不太可能过来,没想到后来真来了。

他到店后就说要找"漂亮姐","漂亮姐"是我在快手上的名字,一听到我的声音就知道是我,说自己是快手老铁,见了面就进入了线下的销售流程。他说他在直播间已经观察了我很久,也比较了解产品信息,看了颜色就定了车,买的是我在直播间介绍过的嘉悦 A5。因为前期的铺垫已经很充分,随后的流程就走得很快。

按照进店转成交的比率看,线上比线下的转化率稍微高一点,客户只要能进店,大概率能够成交。我们所在的区域是 4S 店的聚集区,是一个汽车产业园,客户的精准度比较高。但是按照粉丝量与成交转化率看,线下跟线上就没法比。

对于我们经销商来说,疫情之后的直播都是挤时间来做的。我们毕竟不是专业的主播,每个门店有自己的经营压力,日常也有很多工作要做。直播业务是员工兼职在做,我们既要兼顾日常工作,又要挤时间做直播。疫情高峰期我们是全店五六个销售顾问都在直播,现在包括我在内还有三个人坚持在做。

直播对于我们来说就是一种对销售的补充和支持。从趋势来讲,以后的销售总归是要将线下和线上结合起来的，我们的营销工作更要与时俱进。

此外，通过直播，确实有流量变现了，我们是实实在在地尝到了这种方式的甜头。即便刚开始很多人不相信、不理解，觉得我们对着手机叨叨看起来有点傻，但我们知道自己在做什么，也打算坚持做下去，不会说疫情结束马上就放弃了。

目前是由我们经销商承担做直播的成本，员工做直播的奖励就是流量变现后的佣金。直播间的红包、给粉丝的一些奖励和优惠都是由我来核定发放的标准。主机厂会再给一些流量奖励之类作为补充。短时间内直播的投入产出效果还不明显，我们把快手直播以及短视频日常运维的成本当作门店的广告宣传投入，能够坚持到现在，也是老板比较舍得投入。

我们做快手直播也要感谢主机厂的引导和支持。主管销售的张文根总经理是个市场嗅觉很敏锐的人，他始终在市场的前端，不脱离销售一线，也很鼓励大家在市场低迷期多创新销售的方式方法。快手直播就是在他的引导下，在江淮体系内自上而下地推广开来的。

我们期待直播平台也能定期组织一些培训，帮助我们更好地使用快手 App，丰富直播的内容和形式，也更加熟悉快手的规则和要求，避免因信息不对称造成的使用屏障，同时也能促进平台和用户的沟通和交流，以利于双方共赢。

童装品牌巴拉巴拉：
2020 年直播成绩与下一步打算

要点

· 2020 年 1—9 月，森马集团在快手的直播电商规模超 1.5 亿元，其中，巴拉巴拉品牌占 5 000 万元左右。6 月起，巴拉巴拉在快手的销售规模每个月都超过 1 000 万元。

· 快手主播的表现，改变了公司对直播的看法。现在公司很明确，要投入更多精力去做直播，包括找外部主播以及品牌自播。

· 巴拉巴拉目前有三位王牌主播，不仅能带货，还可以传递品牌价值。希望巴拉巴拉这个品牌至少有 30 位主播。希望主播与区域经销商能够建立起长期稳定的合作关系。

森马和巴拉巴拉在电商方面有超过 8 年的经验，公司所有品牌加总，在传统电商渠道的销售额一年已超过 100 亿元。疫情暴发后，他们开始接触直播电商，心态比较开放，加上原来就有电商基础，取得了不错的成绩。接下来，他们准备加大对直播电商的投入。

本文作者为快手研究院研究员李玉超，特约研究员赵晓娜。

◎ 以下为巴拉巴拉品牌相关负责人的讲述。

2020 年新冠疫情对实体经济影响很大，但直播电商迎来了快速发展期，我们真正开始做直播也是在疫情之后。

2020 年 1—9 月，森马电商在快手直播的销售规模超 1.5 亿元，其中，巴拉巴拉占到 30% 左右，销售规模超 5 000 万元。

巴拉巴拉直播电商走到现在，有两个关键的点，第一个关键点是 2020 年 3 月，巴拉巴拉与快手主播"娃娃"进行了一场合作，一共播了 10 个产品，带货销售额达到 100 万元，这是巴拉巴拉第一次在快手进行直播。

第二个关键点是 2020 年 6 月，巴拉巴拉和快手主播"MiMi 童装源头工厂"进行了第一次合作，后来我们进行了年度的合作，每个月播 4～5 场，带货销售额稳定在将近 1 000 万元。从 6 月开始的四个月里，巴拉巴拉在快手电商的月销售额都超过了 1 000 万元。

今后我们希望通过和快手平台主播们的深入合作，使集团所有的品牌都进入快手平台，打造多品牌标杆。

2020 年 3 月，快手发布"品牌掌柜计划"，巴拉巴拉和森马是第一批入驻的品牌。我们的设想是，结合品牌掌柜计划，在快手构建起我们的分销体系。快手的一些中小主播，做内容比较厉害，但是对于如何带货、如何选品等是不太清楚的，我们通过构建这个分销体系，可以为这些主播提供培训服务，还可以为他们提供货品、客服、物流等服务，他们只需要做好内容和直播。通过这个分销体系赋能给广大尾部主播，让快手电商的生态更加繁荣。

小贴士

关于森马和巴拉巴拉

我们的主品牌森马，1996 年在温州创立，做成人休闲装。巴拉巴拉在 2002 年创立，做童装。这是集团最早也是最大的两个品牌，目前在国内的零售额都超过 100 亿元。围绕这两个品牌，我们延伸出了成人装的品牌集群和童装的品牌集群。

森马的商业模式为"虚拟经营"，就是两头在外，生产、销售分别找供应商和经销商，我们只负责研发、设计和品牌打造。

刚开始，我们的销售主要依靠经销商，经销商就是线下有店铺的人，他们有资源，我们把品牌赋能给他们，他们与当地的客户维系关系。目前整个经销商和直营销售份额占比约为 9∶1，直营的战略定位是做品牌形象，店铺基本上都开在大城市，成本比较高，所以很难赢利。

电商起来后，我们在嘉兴平湖的乍浦镇有一个园区，仓库占地面积近 20 万平方米，这个园区是专门建设给电商用的。我们在杭州也有一家电商公司，占地面积 1.4 万平方米，就在阿里巴巴旁边的未来科技城，也是专门为电商服务的。很多主播、直播基地在杭州，不愿意到上海来，这样一来我们在杭州也可以服务他们。

现在直播电商起来了，我们认为，主播在线上代理我们的品牌，强化了我们在互联网上的影响力，是渠道从线下到线上的转移。当然，现在更多的是一种线上线下的融合，因为有些主播实际上是在帮线下经销商带货。

三位王牌主播：不光带货，还传递品牌价值

目前我们有三位王牌主播，一个是"MiMi 童装源头工厂"，一个是"凡尘妈咪童装"，还有一个叫"九妈家童装工厂店"。为什么说她们是王牌主播？因为她们不光能带货，还可以传递我们的品牌价值，对于品牌理念的学习能力很强。

"MiMi 童装源头工厂"主播王昕是快手官方推荐给我们的，第一次合作直播她就给我们就带了大概 100 多万元的货。我们也特别看重她，不只是因为她带货的能力，更重要的是她对品牌和产品的理解、讲解和展示能力比一般主播强很多。2020 年 6—7 月，我们投入精力跟她合作，两个月做了 7 ~ 8 场直播，带货销售额在 2 000 万元左右。

快手主播的表现，在一定程度上改变了公司对直播的看法。现在公司很明确，就是要投入更多精力去做直播，包括找外部主播以及品牌自播。在这之前，我们是不知道怎样与快手这样的平台合作和衔接的，在有了这样一个标杆以后，总部成立了一个 40 多人的团队，专门做这件事情。除此之外，每一个系统都会配备专人负责。

除了"MiMi 童装源头工厂"，还有"凡尘妈咪童装"，每次带货销售额都在增长，最近还上了快手带货榜。"九妈家童装工厂店"第一次带货 88 万元，第二次带了 180 万元。

不过，三位主播远远不够，我们挺缺主播的，一方面是因为我们对主播是有要求的，另一方面是我们的货盘足够大。目前我们的模式是以大代理商为主，头部代理商占到 30% ~ 40% 的市场份额，他们更有清货的意愿和需求。

我们招来的主播主要还是给经销商赋能。比如说"MiMi 童装

源头工厂"主播王昕老师卖的不是总仓的货，而是上海某个系统的货，这样主播和上海系统就可以形成比较良性的合作。

我们对经销商不是强管控的，毕竟他们跟我们没有隶属关系，而是一种平等合作的关系。不过，我们还是希望总部统一招商，比如，"凡尘妈咪"是长春的，我们就把她对接给长春的直营，武汉的"九妈"就对接给武汉。根据带货能力的强弱，按照区域就近分配，这样有利于长期合作，一位主播长期两地奔波是不行的。

巴拉巴拉的这种模式对经销商是有利的，因为主播是直接对接经销商的，我们希望他们对接得更高效、更长久，相互都能看得上眼，这样才能长久合作。

我们始终秉承一个观点，希望主播与区域经销商之间建立起相对长期稳定的合作关系，形成良性的合作。只有长期的合作，才有机会进行彼此之间更好的磨合，才有机会做更大的生意。这样各个系统和主播合作久了，彼此熟悉了，就不只是简单的利益关系，而是战友、同事，是一种很亲密的关系，哪怕出点什么问题，大家也可以相互理解，这样才能走得更远。

我们现在合作下来的这三位主播，基本上都是这样。到后来她们卖我们集团非常小众的一个品牌"马卡乐"，一次直播就带了220多万元的货，破了纪录。主播很高兴，我们品牌方也很高兴，这样的合作才能更好。

品牌与主播之间相互赋能

现在主播卖的大部分是前一年的库存。新品也有，比如2020

年的夏装，受到疫情影响，库存压力比较大，所以也在直播出货，相对来说打折力度比较小。能起量的主力还是 2019 年的货，这些存货的打折力度更大一些。

不管是新品还是旧品，主播的卖价基本上要比经销商低，因为如果原价带货，直播电商用户的购买欲会有所降低。经销商基本上不会做到主播这样的折扣，比如小代理商订货是 5 折，如果卖 6 折，基本没钱赚，因为他们还要支付租金、人工、税等费用。所以线上直播渠道对这些小代理商的冲击不小。

老实说，在代理商的控价、锁价方面，我们到现在也没有做得特别好。我们以巴拉巴拉为例，假如有 50 个经销商，基本上规模都在 1 亿元以上，最大的大概 10 亿元，不同规模的经销商获得的进货折扣是不一样的。如果你规模小，可能打折力度就小一些，规模大打折力度也就大一些，因此他们对这个市场的影响不一样，最后收仓的时候，大的经销商可以打折的力度再大一些，但有些小经销商不行，因为他们的成本摆在那里。

"MiMi 童装源头工厂"的王昕老师也跟我们说，巴拉巴拉在快手的池子会很大。巴拉巴拉在一、二线城市的直营店打折力度大，但是快手上大部分粉丝的老家所在地，清货时也只能做到 8 折，因为这些地方的代理商拿货的折扣相对较小。

目前来讲，我们是希望同一个款式在整个直播平台的同一个时间、同一个保价期内，价格一定要统一，不然品牌在直播电商领域是做不大的。王昕老师也提出希望我们在一定的时间内为直播进行保价，不能这边刚直播完，那边实体店就打折。

主播在与品牌合作的过程中，涨粉也挺快的，品牌和主播之间是相互赋能的关系。像"凡尘妈咪"最早与我们合作时有 32 万粉丝，"九妈"有35万粉丝，王昕老师有99万粉丝，到2020年10月她们的粉丝量已经分别达到50万、90万和300万。这不能说只是依靠与我们合作达成的，她们跟其他品牌也合作，但品牌有助于她们涨粉是肯定的。

不过，涨粉还不是最主要的。主播与品牌合作之后，也给主播增强了信心，他们对下一场GMV的预期一次比一次高，这种合作比较良性，第一，主播可以带货、可以出业绩。第二，品牌也可以为主播背书。在与主播合作的时候，有人觉得直接打森马集团的品牌会不会不好，我说没关系，我们既然合作就要有诚意，我们就打森马集团，这就是诚意。第三，主播与我们合作也可以很安心，我们的货品、供应链、售后都是非常完善的，会有更多的可能性。

我们有50个规模过亿的大的代理商，但真正想做直播要配足团队，每个代理商至少要配4个人，对代理商来说要付出一定的精力。所以我们现在就找愿意做直播电商的代理商，先帮他们做起来。目前我们的基本想法是，希望在巴拉巴拉这个品牌至少有30位主播。

如果有30位主播，每位主播一个月大概能带1 000万元的货，那一年就是一个多亿，30位主播一年就是30多个亿，而且品牌方还很轻松，不需要到处去找主播。如果说在快手只有30位主播能带巴拉巴拉这样的大品牌，而他是其中之一，主播的感受也会很好。所以我们的想法是集中精力与优质主播合作。什么是优质主播？优质主播不一定是粉丝量大的，而是那种具有成长性的。

自播、服务两不误，为直播购物设"冷静期"

除了找外部主播，我们也在做品牌自播。巴拉巴拉和森马一样都是从 2020 年 6 月开始，正式有了比较专业、独立的主播团队和用户运营团队的。这些主播有的是原来的员工转型过来的，有的是从社会上招聘的专业主播。当时快手官方运营团队也给了我们辅导和支持。

森马官方账号在 2020 年 6—7 月涨粉将近 10 万，并且在 7 月份达到一个销售高峰，月销售额突破了 150 多万元。一同运营的巴拉巴拉账号，到 9 月份开始跑得比较快。2020 年 10 月 11 日，巴拉巴拉官方账号 6 个小时的直播单场销售额突破了 10 万元，这是巴拉巴拉自播账号阶段性的突破。

我们曾经和达人主播通过连麦的方式合作过，但是现在这些达人主播不太愿意跟我们连麦，因为他们觉得粉丝会转向我们。

另外，直播还减少了一部分客服的工作量，这在店铺自播方面表现得特别明显。因为自播会有更多的时间和消费者进行互动和沟通，了解消费者的需求，并及时回答问题。当时我们比较过其他直播平台的一些数据，发现在整个自播场景中，客服的工作量是下降的。

受到疫情的影响，实体门店受到严重冲击，门店流量萎缩严重，一些门店也开始自己做直播电商。

比如牡丹江的姜雪英，疫情期间，她掌管的 13 家线下门店全都停业了，她将全部希望放在了快手直播上。复工不到一个月，姜雪英在快手上的营业额就超过 40 万元，一下子就让门店销量冲到全国前列。这就引起了公司的注意，之后总部带动了 400 多家巴拉巴拉线下门店进驻快手学习直播。

我们还为直播销售设置了一个"冷静期"，也就是会延迟一点时间发货，这是我们从直播实践中摸索出来的。刚开始做直播的时候，我们发现如果播完马上就发货，一些反悔的消费者就不能退款，而是需要退货退款，这意味着我们要承担来回的物流费用。后来我们就摸索出冷静期过后再发货的规律，整个退货退款率大大降低。

我们认为这和直播购物属性是有关系的。直播确实吸引人，看直播觉得不错就买了，买完以后又觉得用不上就想退掉；有的是看到后面的更心动，就把之前买的退了。直播和其他形式的销售还是有很大区别的，有专属于直播的逻辑和思维。

"MiMi童装源头工厂"的王昕老师也跟我们说过同样的感受。有一次直播，卖完一个款，后面有个款和前面的款式差不多，有些粉丝觉得后面的款更好，就把之前买的退了。当时她也提出，单场直播中，类似款式的产品是不是可以少一点，比如裤子最多四款或者五款，同风格的产品四五款等。因为快手是私域流量，粉丝是信任主播的，都是从头看到尾，停留时间也比较久。

其实每次直播结束后，我们都会和主播进行复盘，特别是在大型的活动结束之后，发现一些规律以后，就进行优化，很多经验就是这样摸索出来的。比如只有同材质的才能做拼款，为什么呢？因为直播是一个迅速下单的过程，无论是拼款也好，颜色过多也好，都会使消费者比较难下决定，一旦决定不下来就很容易放弃购买。

刚开始和主播合作的时候，有些主播会觉得我们没有他们专业。他们做了那么多场直播，对直播场景更熟悉，包括货品应该怎么整理，现场如何摆放等，我们就一点一点从细节上改进。

主播参与源头设计，开设专供直播渠道生产线

我们现在尝试开发一些"期货"，专供直播渠道。有时候线下货盘，第一是量不深，第二是在镜头上没有表现力。有些衣服在线下看起来不好看，但上了直播以后卖得特别好，一上就是爆款，所以线下和线上的逻辑是有差异的。当然，我们一定是小步快走，比如先尝试一下，生产3万件、10个款，直播卖好了就加单、推广，找更多的主播去带货。

接下来，我们计划把直播做成一个真正的渠道，请主播参与源头设计。为什么传统渠道要让客户来订货？这是因为，客户比我们更接近市场，让他们来定更准。但是现在很多客户做了十几年以后变成大客户、大公司，不像以前对市场那么敏感了，有多少大老板会到柜台前面天天盯着顾客？很少了。反而是主播，天天跟市场打交道，跟他的粉丝打交道，而且会通过数字化、数据化赋能自己的大脑，更接近市场。就像人工智能，能更容易感知用户在当下需要什么产品，并引领款式的变化。让主播参与设计、介入源头，这是很重要的，相当于主播推动生产进行变革，也是一种模式。

新品爆款的测试也是我们正在做的一件事。上次王昕老师来公司总部，我们就找了研发团队和她聊。当时有几个产品在测试，比如小孩用的餐盘的定价和颜色，她给出建议，来做初期选货，定好以后她就愿意带货。

王昕老师还提到，品牌商家做"期货"，"好的不够卖、坏的卖不动"，直播不一样，因此很多品牌都在考虑"快反"，主播也帮着出主意、选款式等。

　　事实上，主播在带货过程中，也给了我们一些比较直观和快速的粉丝建议。比如，巴拉巴拉有一款毛毛虫童鞋非常受欢迎，在我们向主播征求款式或者颜色的建议时，有主播给我们反馈，这个毛毛虫童鞋是不是可以做一个魔术贴？因为有一些宝宝的脚背比较高，有个魔术贴穿着更舒适，这就是主播反馈的一线粉丝的直接建议。我们采纳了，会在以后的产品中加以改进。

　　这种信息的流通和反馈机制现在还是欠缺的，不过也要逐步建立起来。刚开始我们只是单纯的合作，到后期合作时间比较长了，会选择一些有选品能力的主播，让他们引领整个行业爆点的产出。

　　基于直播电商的需求，我们开设了专供直播渠道的生产线。在直播电商市场上，一些需求会得到反馈，比如某个款在直播市场特别好卖，如果按照以往的供应链模式，我们线下开发要提前三个月，所以这个品类在线下是没有的。

　　在这种模式下，我们就倒推回来，根据消费者对款式和品类的需求，为主播和他们的粉丝量身定制产品。在这个模式下，我们想做到C2M，就是从消费者直接到供应商，我们将纱线、面料、印绣花、成衣加工、拉链等资源整合，根据消费者的需求追溯回去，比如从开始就锁定一些好的面料等。

　　比如王昕老师，她也会向我们反馈她在销售中的感受：面料摸起来是紧实的、厚厚的，消费者买到就会感觉良好；如果衣服面料洗完后皱皱的、软软的，她会觉得不好。这些信息反馈给我们以后，我们就会在下一次的产品开发时做更新。

　　对于比较信任的主播，我们会与他们深度合作、签署年度框架协议。之后，会根据他们的粉丝画像进行分析：这些购买我们产品的粉丝是潮流妈妈还是精致妈妈？分析匹配后，再分析出这类人群的需求，从而定向地做一些开发。

我们还可以更进一步，专门为头部主播定向设计，让主播也参与研发和选品，让产品变得更加有爆点，也可以去谈一些 IP 叠加进去，成为主播的专属款。

目前直播还只占我们整体销售非常小的一部分，属于一个卖货渠道。从公司角度看，找网红也要顾及经济利益，公司未来一定不是基于处理库存的目的，用促销、打折来发展业务的。我们将设置一个分配的机制，本着和谐共赢的理念，在整个产业链中，让生产的人赚生产的钱、零售的人赚零售的钱、直播的人赚直播的钱，我们要规划、设计一种商业模式来组织这个社会化大生产、大循环。

第五部分
新基建、内循环

第十二章
消费升级与就业创造

- 以临沂一个城市为例，看直播电商如何带动就业。
- 以新疆四位用户为例，看离临沂主播 3 500 公里的人们如何消费升级。

本章篇目

直播带动临沂就业情况初探

> **要点**
> · 直播电商主播团队迅速扩张成为直接就业的原动力。
> · 直播电商带动配套及全生态就业，拓宽就业渠道。
> · 直播电商"薪情"上涨，高薪招募专业人才。

直播电商如何带动就业？2020 年 10 月，我们去山东临沂做了一次小规模调研，希望通过几个案例让读者有一些直观认识。

我们发现，过去两年，临沂出现了大量主播，为主播服务的团队直接创造了大量就业机会；直播电商订单数量的增加，也带动了产业园和快递等配套产业的繁荣；同时，大批量的订单还救活了很多工厂，这些都为当地创造了很好的就业条件。

另外，临沂电商行业的工资水平较以前有大幅增长，尤其对高端人才需求强烈，但人才供给明显不足。

本文作者为快手研究院研究员卢雅君，研究助理蔡煜晖、田嘉慧。

直播带动就业

快手主播陶子家：我们刚开始直播带货的时候只有一套三室两厅，也就一百多平方米的房子，现在行政楼层和直播间面积一共有 3 200 平方米，这还不算搬到外围的 1 万多平方米的仓库。

公司现在有 200 多人，包括直播间运营团队、行政、售后、仓库物流、财务等，人数最多的还是仓库物流团队。在直播间里可能只看得到几个人，其实后方很多人在为主播服务。

稻田网络：稻田网络是快手主播徐小米所在的公司，现在有 300 多人，有 6 位主播，一般一位主播配 5 个直播间助理，分别负责视频拍摄和上传、货品管控、熨烫、回仓等。对于一天销售额在 30 万元左右的腰部主播，为他们服务的仓储人员大概还有 20 人，包括售后、仓储物流、采购。我们公司属徐小米的订单量最大，直播一天可售出 8 万单左右，为她服务的人也最多。

顺和产业园：我们园区建筑面积 15 万平方米，分为一、二两期，共入驻了 200 多家公司。旺季时，一、二两期一天的订单量就有 60 多万，客单价按 50 元算，1 个月差不多 10 亿元。

直播电商对解决就业问题有很好的帮助。中腰部主播一天能卖五六千单，公司至少要配备三四十人的团队服务这样一位主播，如果孵化出 100 位这样的主播，那将会增加多少就业岗位？

临沂现有人口约 1 200 多万，注册的快手账号数量达 800 万。每天直播带货销量在 1 000 单左右的有大约 8 000 个账号。

顺和产业园是从家居建材行业转型过来的，原来每天客流量在 300 ~ 500 人。现在整个产业园内不包括客流量，仅工作人员加起来就接近 2 000 人，包括周围的实体商铺都被直播电商带动起来了。

配套产业促进就业

直播电商带动了配套产业的兴起，最直接的体现就是快递业的飞速发展，仅 2020 年上半年临沂已经达到了近 200 亿元的订单销售总额，同比增长 75%，在山东省排名第一。此前临沂没有云仓，现在由于快递单量上去了，也兴起了云仓业务。

快手主播陶子家：我们这里最早只有一个快递收件员，现在常驻我这里的收件员增加到十几人。最早的收件员做了组长，底下带三四个人。他以前一个月收入只有 5 000 元，现在估计有近 1 万元。

稻田网络：现在我们用申通、中通、百世和邮政四家快递公司。就徐小米而言，每天差不多售出 8 万单，一天需要几十个人负责发货，几十个人背后解决的就是几十个家庭的生计问题。2020 年 11 月 2 日，我们利用"快手购物节"的机会，一天就卖出了 200 万单，成交额达 1.04 亿元，快递公司要忙疯掉了。

顺和产业园：我们园区一个月就要发 60 多万单货，相当于申通在临沂一年的发货量。顺和集团投资建设的智慧云仓将于 2021 年 6 月前投入使用，这是临沂首家全自动智慧云仓，日配送单量

可达到 20 万单。同时，我们与快手等平台的主播、商家合作，由
顺和云仓负责解决销售订单、退货、存储、二次销售等难题。

带动全生态就业

稻田网络：到现在为止，徐小米已经卖了 1 300 多万件产品。
我们的供货商有 500 多家，其中深入合作的有 200 多家，这是对整
个就业生态的带动。我们有时候甚至能救活一家工厂。之前与我们
合作的一个美妆供货商，工厂正面临着停业。徐小米一场直播就卖
了它们 35 000 多瓶"青春定格原液"。那场活动之后，好多主播都来
跟着卖这款产品，但没货了，于是工厂"死而复生"又开始生产了。

我们还"喂饱"了很多工厂。一连串地带动了包材、纸箱、化
妆品等至少三个产业的多家工厂，带动的就业岗位就更多了，无法
具体计算。

顺和产业园：临沂有 130 多家专业批发市场，直播电商首先改
变了副食城的 400 多家商户。副食城总经理最早做共享直播间供商
户直播带货，依托原有的场地做了 10 个直播间，后来又依托商铺
的货和产品建了选品间，让主播先到选品间选品再开播。2020 年 8
月他们一个月的 GMV 已经破亿了。

现在很多品牌方要在临沂建选品间和直播间。比如"361°"
的直播负责人说 2020 年底他们要在临沂建设一个 1 000 平方米的形
象展厅，专供直播用。整个行业都在升级。

工资水平提升

快手主播陶子家：在临沂，以前淘宝客服的基本工资在
2 800～3 200元/月之间，做了两三年的能到3 500元/月，但直
播电商售后客服的薪水都在4000多元/月。

稻田网络：我们人均月工资大概6 000元，高的可以到一两
万元。比如，打包组是计件付工资的，人均月工资在8 000元左
右，有的能拿到1万多元，在临沂算不低了。

渴求高端专业人才

快手主播陶子家：我们不缺基层员工，而是缺管理层，整个
临沂的直播行业大都如此。我们最早的主管是由猎头公司帮忙挖
来的，猎头费就支付了3万多元。他的薪资标准挺高，对标的是
杭州的薪资水平。

我们现在对招聘的基础售后服务人员有学历要求。之前招聘
时要求初中学历就可以，现在标准提升到了高中及以上。最起码
要熟悉电脑操作，包括办公系统和办公软件的熟练使用。

为了招募人才，我们还在杭州建了分公司。在杭州招了7位
主播，目前还在培训阶段。做主播需要具备一定的技能，不是短
期就能练出来的，具体需要的培训时间和主播个人综合能力挂钩。

顺和产业园：人才缺口很大，尤其缺乏专业的直播电商人才。

　　我们感觉最累的地方就是人才的发展跟不上公司的发展速度，有些岗位招了半年都没有招到很理想的人才。从刚开始试着去卖货，后来发展越来越好，到现在进入瓶颈期，就需要一个专业的团队来进行策划、分析、管理，以提升公司的运转效率。

谁在 3 500 公里外买临沂主播的货：四位新疆用户访谈

要点

· 邮费仍是新疆用户线上购物的痛点，快手上以陶子家为代表的主播实现了全国包邮，非常受欢迎。

· 疫情后更多的新疆消费者选择在线上购物。新疆用户收入不算很高，但是购买力非常强。

· 直播电商对塔城、克拉玛依、和田等地的用户帮助很大。当地实体店可选择的货品少，直播电商改变了这种情况。

2020 年 10 月，我们在山东临沂调研。主播们多次提到，她们有很多新疆用户，而且购买力很强。

新疆距临沂约 3 500 公里。过去，临沂批发市场只能辐射周边几百公里的用户。如今，直播连接了临沂主播和全国的消费者。

在临沂接触主播之后，我们还想看看交易的另一头——远在新疆的直播电商消费者，想知道直播为他们带来了哪些改变。不巧，新冠疫情的突袭打断了我们去新疆的安排，所以我们先用电话和四位用户聊了聊。

本文作者为快手研究院研究助理郭森宇。

◎ 以下是四位新疆快手用户的访谈。

访谈一：何女士

新疆塔城地区额敏县，主播陶子家铁粉

我看快手一年多了，是 2019 年六七月开始关注快手主播陶子家的。陶子家最吸引我的地方，就是她性格直爽，很实在，因此慢慢地我成了她的铁粉。

刚开始，我也不能确定主播卖的东西怎么样，只是尝试性地买了一些小东西。后来收到货，觉得品质挺不错，而且性价比高，还包邮。

过去在其他电商平台的卖家那里买东西，我们新疆不在包邮范围内，要自己承担邮费，快递费基本都是 10 元、15 元。我平时网购多，邮费肯定是考虑的重要因素。但是陶子家发的货全国包邮，售后服务也很好，货物出了什么问题，都能及时回复，态度也很不错，所以我愿意一直在陶子家买东西。

因为疫情，我们很少去实体店了，很多东西都在网上买，只在线下购买生活必需品。我觉得线上购买能满足大部分生活所需，线下购物占时间，东西还不一定有期望的那么好。

直播带货刺激了我的消费欲望，每天没事就拿出手机看一下，很多东西不一定是我需要的，但看到喜欢的，或者听过主播介绍之后觉得以后用得到的，就会下单。

塔城算是一个比较偏远的地方，网购的东西到这里不方便。直播电商的兴起，对塔城的改变很大，最直观的变化就是快递代收站越来越多了。原来我们整个县城只有一个大的快递代收站，

现在，快递代收站把县城划分为几个大的片区，每个片区设置多个小快递站。

大的快递公司基本都开通了这里的业务，顺丰快一点，其他的快递一个星期左右也能收到。

快手在我们这里比较深入人心，大家都在用。我周围的人也开始接受快手直播带货。我也会把自己喜欢的店铺、主播、性价比高的东西跟大家分享，周围越来越多的人用快手买东西了。

访谈二：唐女士
新疆克拉玛依独山子区，主播陶子家和娃娃家的铁粉

我是快手主播陶子家和娃娃家的铁粉，因为在她们两家买东西可以包邮。我与陶子是老相识，一直保持着联系。2018年陶子刚开始在快手卖东西的时候，邀请我去山东帮忙，我也是从那时起开始接触快手，知道在快手上还能买东西的。

10年前我就开始线上购物了，但是买的数量少、频率低，因为总是买到次品，假货很多，在新疆退货又很难，运费很高，所以更多是去商场买。身边的人和我的情况差不多，一直以来大家都持有一种观念，网购容易上当，买东西还是要去实体店。

但近几年，克拉玛依的实体店越来越萧条。拿服装来说，2017年以后，这边的衣服款式、品牌的数量以及上新的速度，都比过去差了很多。实体店衣服款式非常落后，价格还比线上贵很多，其他东西也都普遍偏贵。现在感觉线下商店卖得好的基本上只有柴米油盐这类每天都会用的食品和日用品了。我感触最深的

是，现在这边几乎没有什么人逛街，大商场也都没什么人，可能和新冠疫情的影响关系很大。

在2019年前后，受陶子影响，我开始在快手直播上买东西，越买越多，现在每个月都要在快手上消费四五千元。

一是因为快手直播卖的东西不仅便宜，而且质量有保证，退货更有保障，客服态度也非常好，这些服务都是以前线上买东西时很难感受到的，给我的感觉特别好。二是快手直播电商帮我节约了很多时间，过去我每周买一次东西得绕着全城的商店、百货商场挨个转，衣服、鞋子、日用品都需要到不同的地方去买，特别浪费时间和精力。自从有了直播，就可以在手机上一边看一边买了，非常方便。

我们新疆这边的生活氛围特别安逸，大家想吃什么就吃什么，想买什么就买什么。大家都喜欢买好东西，其他的因素不太考虑，收入不算很高，但是购买力非常强。

我还观察到，这边时尚的小姑娘很多，她们很难在线下逛街时买到流行的款式，所以一般都在线上买衣服。现在有了快手的直播电商，很多主播卖衣服、教搭配，我估计这类人一定都会去快手直播买东西的。

访谈三：叶女士
新疆乌鲁木齐头屯河区，主播蓝多铁粉

我用快手三年多了，从2020年7月开始看直播卖货。因为当时新疆暴发了疫情，我们在乌鲁木齐好久都不能出门，空闲时间比较多。我非常喜欢快手主播蓝多家的商品风格，就一直在她家买东西，基本上每次直播都会买，然后攒几次集中发货可以省一些邮费。

我感觉乌鲁木齐的实体店都很不错，线下商场的价格、品类都还可以，所以衣服、化妆品什么的我不在网上买，最多会买一些这边买不到的小东西。现在我也是逛实体店居多，但因为喜欢蓝多，所以我会经常在快手上买东西。

电商如果不包邮，对我们来说还是不方便。新疆的客观地理条件摆在这里，我们很理解也愿意付邮费。但是如果买的频次多，邮费叠加起来，我们也受不了这个成本。所以新疆地区网购的退换率一直以来都很低，因为太麻烦。

再就是我自己和身边的人都不太喜欢等，因为到新疆的物流速度慢。像我在蓝多家买东西，好几单攒在一起发货，但是等寄到这边距离我下第一笔订单已经过去一个多月了，衣服到手可能都没有新鲜感了，甚至都快过季了，等得很累。

比乌鲁木齐更偏远的一些地方对直播电商的需求更大一些。因为全新疆的快递都是从乌鲁木齐发货，偏远地区的实体店能买到的东西都是从我们这儿发过去的。所以就服装来说，那边的线下商店就比我们这里差远了。如果直播带货可以直接从产地给他们发货，那给他们带来的好处是不言而喻的。

访谈四：苏苏
新疆和田古江巴格乡，主播蓝多铁粉

大概三四年前，我就开始用快手了，第一次在快手直播间购物是在 2019 年。我一般只在直播间买化妆品、服装和零食。

之所以关注到主播蓝多，是因为她的穿搭非常好，很有品位，她们家的衣服质量也不错，差不多每一场直播我都会买。但是需要把几场直播的订单攒着，截图发给客服，让他们帮忙处理一起发货，这样可以节省邮费。其实快手上一些主播是不发新疆的，更别提包邮了。但蓝多愿意发新疆，还愿意帮我们处理攒订单这种麻烦事，所以我很喜欢在她那里买衣服，每次都是买好几千元的。

我在和田这边很少逛实体店，因为这边整体比其他省份还是落后很多的。这边实体店存在的主要问题不是价格，而是买不到自己喜欢的款式，可选择的种类非常少。我一般只有买化妆品才会到实体店里试一试，买其他东西都不会去实体店。还没有快手直播电商的时候，我一般在传统电商平台上购物，找一找包邮的东西，当然如果比较着急，20 元以内的邮费我也能接受。

直播电商改变了我的很多消费习惯，比如本来没有买东西的需求，但是拿起手机打开快手，看着直播就有了购物欲。我周围的人基本上都在用快手看直播。

在这四场访谈后，我们对新疆用户和直播电商在新疆的情况有了初步的了解。其一，邮费仍是新疆消费者线上购物的痛点，而快手上少数以陶子家为代表的主播实现了全国包邮，非常受新疆消费者欢迎；其二，由于受到疫情的连续打击，以及快递物流业的快速发展，新疆（尤其是乌鲁木齐以外的地区）的线下实体业普遍不景气，消费者选择线上购物的意愿较强，而直播电商弥补了线下商店的缺位，很大程度上激发了消费者的购物需求；其三，直播电商兴起后，对塔城、克拉玛依等偏远地区的消费者有很大帮助，直播电商由主播直接对接消费者的商业模式大大改善了边远地区消费者在线下买不到好东西的处境；其四，新疆消费者的消费观念并不保守，整体拥有较高的购买力。

小贴士

编者的话

本书出版前，我们请一些朋友提意见。有朋友问，新疆4个用户访谈这篇文章，为何会与消费升级和内循环挂钩，令他有些费解。

我恰恰觉得，这篇文章看似不甚起眼，其实意义非凡，于是想多说两句。

新疆塔城是中国最远的神经末梢，距北京约3 500公里。今天，塔城的用户居然可以和临沂、杭州、上海的主播"面对面"，直接购买这些主播卖的衣服。

这意味着，塔城和临沂、杭州、上海实时同步了！这句话最重要的两个字是"实时"，其次是"同步"。这在过去是不可想象的。

实时同步意味着：（1）杭州、上海、临沂的商家卖的东西，在款式，花色上有更新时，塔城人民也同步知道；（2）塔城如此，意味着全国都是如此；（3）全国都是如此，意味着全国形成了"同一个市场"，全国其实变成了"同一座城市"。这是亘古未有的现象。

这是信息基础设施建设带来的内循环，这个循环可以抵达全国最远的毛细血管，而且能够实时到达，全国同步。

这样的循环一旦形成，意味着全国的消费迭代速度会大大加快，全国任何一个地方有新东西，可以瞬间同步到全国。因为手机、

4G、物流和支付的普及，我国已经形成了统一、复杂、更新速度最快的市场，这在全世界都是绝无仅有的。这样的市场为创新奠定了基础，也会创造巨大的财富。

其实，视频互联网只是把时空缩短了而已。

其原理和100年前汽车普及带来的影响在本质上是一样的。因为中产阶级有了汽车，大量的乡村被并入了城市，原来的乡村与城市是两个世界，有了汽车，时空缩短了，乡村与城市融为了一体。城市的创新、消费可以实时地被同步到乡村。

这是100年前的内循环和消费升级。

今天，视频互联网是更强大的信息基础设施，把整个中国的960万平方公里真正融为一体。

这是我们觉得这篇文章有价值，把它放在消费升级和内循环里的原因。我们国家的经济增长已经处在一个全新的起点上了。

第十三章
直播 + 扶贫

- 通过短视频与直播，贫困地区的物产、美景能够被全国人民看见。
- 本章提供两个视角：一个是四川阿坝一位扶贫书记张飞直播扶贫的亲身经历；一个是由清华大学国情研究院副院长鄢一龙撰写的一篇研究文章。

本章篇目

四川阿坝甘家沟第一书记的直播扶贫路径

要点

· 乡村一切可变现的资源，如民俗文化、风景特产，都可以通过直播将其转变为收入来源。

· 农产品直播带货，需要解决产品质量不齐、类别单一、物流慢、售后难等问题。

· 传统的销售方式，是把农产品卖给县城老板、中间商。直播电商的兴起拓宽了销售的深度与宽度，农产品可以直接卖给全国各地的消费者。

　　10月中旬，正是四川彩林的观赏期。不少游客驱车从成都出发，一路向西，经都江堰、巴朗山隧道、卧龙，进入303省道，在小金县的四姑娘山停留，再寻找新的美景。

　　此时，打开快手同城发现页，可能会刷到快手账号"忘忧云庭"的直播，一位男青年或是他的妻子，对着镜头展示云海美景，分享山间美食。

　　男青年名叫张飞，是四川省阿坝州小金县美兴镇的宣传委员，也在甘家沟村担任第一书记。2016年11月起，他用快手短视频记录甘家村的扶贫工作日常。2017年，他开始用直播帮助农户卖腊肉。直播和扶贫，就这样以一种意想不到的方式结合在了一起。

本文作者为快手研究院研究助理毛艺融。

直播间卖出的腊肉反馈不一，用户的意见催促着张飞统一生产环节，把好质量关，将农产品标准化。生鲜水果类的农产品季节性非常强，数量也有限。只有扩大货品类别，才能保证直播间一直有产品可卖。

张飞作为村干部和快手主播，不仅要把货品带给消费者，还要聚合当地农产品，做好供应链。在寻找货源的过程中，他也和当地委托商、加工企业展开合作，保证了货源的规模和品质。

随着粉丝量的增加，消费者的需求也日益多元化。直播间产生了新的交易模式：在山里试点黑猪认养模式，把农副产品变成了一种"期货产品"，预先支付订单，让快手用户的"云养猪"需求落地；企业级的交易订单也能在直播间谈成，农产品走向大批量的定向采购模式。

在快手生态内，张飞积极寻求与各圈层用户的互动。早期，他为学习拍摄技巧，和一些快手主播成了朋友。后期，张飞用技术反哺大山里的老百姓，开设短视频培训班，带动当地农民在快手直播卖货。

直播，不仅让农产品走出大山，还把外面的人带进大山，美食、美景通过直播，变成可交易的资源，"忘忧云庭"也从带货账号逐渐转变为地理名片。未来，旅游业的发展将进一步盘活当地经济。图 13.1 展示了张飞的直播扶贫路径。

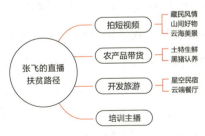

13.1 张飞的直播扶贫路径

◎ 以下是阿坝州小金县甘家沟村扶贫第一书记张飞的讲述。

在使用快手的这几年，我感触最深的就是快手使山村与外界相连，把山里的"不可能"变为"可能"。

快手对我的驻村扶贫工作帮助非常大。首先，我的眼界变得开阔了，用快手这种新型工具，通过短视频和直播的形式，力所能及地帮老乡们卖货，打开了山里农产品的销路。其次，短视频连接了山里的资源与外界的资本。老铁们不仅愿意买山里的土特产，还特地跑来旅游做客，为我们的扶贫工作与村庄的发展建言献策，甚至愿意在此地投资。山村的老乡们思想也愈加开放，越来越多的乡亲们开始拥抱快手，学着拍短视频，开一家快手小店，用直播带货。

遇见快手，记录扶贫工作

2016 年，我到甘家沟村当扶贫第一书记。当时，甘家沟有 26 户建档立卡的贫困户，村民们没有什么收入来源，基本上靠山吃山，自给自足都难。夏天去山上采点松茸和野生菌，到县城里卖点钱。冬天下雪，就没有收入了，非常不容易。

弟弟来小金县看我，我带他到村里玩。在上山的路上，他让我下载快手 App。我说玩快手有什么好处？他说，快手直播有礼物打赏收入，可以用在贫困户帮扶工作上。于是我就下载了快手，他帮我起了一个名字，叫"飞哥闯四川"，还帮我拉了 10 个基础粉丝。就这样，我开启了玩快手的大门。

2016 年 11 月底，我在快手上传了第一条短视频。视频内容很简单，对着山里一户石头房和远处的景色扫了一下，说："朋友们大家好，这里是阿坝州小金县老营乡甘家沟，从今天开始，我会记录脱贫攻坚的故事！"

我基本上就是拍村里的房屋、鸡、猪和老百姓的生活，画面很抖，也不清晰。虽然每天都坚持发两三条，但播放量、互动量很少。当时，每条短视频的标题都一样："老营甘家沟！不将贫穷留给下一代！"我也关注了一些快手主播，看别人怎么拍、学习怎么上热门。

2017 年 11 月的一天，我进村，偶然间拍了一段村里放牛娃赶着牛群的视频，上了热门。那条视频播放量有 80 多万，我当时老高兴了，感觉放牛娃要火了。放牛娃的个子很高，笑起来很淳朴。他家里条件不太好，从来没出过大山。快手老铁非常关心他，经常在评论里问他的情况，还给他寄来衣服、鞋子，甚至送了一部智能手机给他。

第一个热门后，我的粉丝量涨到了两千。有一定的粉丝基础后，偶尔会出现一个热门，三四十万的播放量，就这样，粉丝量一点点涨起来。当时，很多人不理解，第一书记怎么每天拍短视频，还有人举报我，说我不务正业。

我觉得，扶贫工作不仅要落实，还要有创新思维，有创新，就容易出成绩。快手只是一个穿针引线的撮合者，最重要的是让乡村找到成熟的发展模式。

2017 年初，我的粉丝量涨到一万多的时候，我就开始尝试直播。刚开始没人看，慢慢地，直播间积累了二三十个高黏性的粉丝。

小金县全县有 88 个贫困村，加上部分非贫困村，共派出了 100 多个第一书记开展扶贫工作，整个阿坝州差不多有一千位扶贫第一书记。我相信，在全国各地，埋头苦干的扶贫第一书记有很多，大家只是缺少一个被外界看见的渠道。

在快手上打开腊肉销路

在甘家沟村，每家每户都会养一两头黑猪，年底做成腊肉吃。遇到老乡家里有好的腊肉，我会就地开一场直播，卖腊肉。当时的腊肉交易和发货方式都非常原始。直播时，粉丝说他要哪块腊肉，现场称，在肉上贴上他的名字。然后他会加上我的微信，发来快手号和地址，我到县城把腊肉装箱，用快递发过去。为了打消粉丝的疑虑，有时候我先发货后收款。就这样，也卖出了几百斤腊肉。

2017 年虽说腊肉卖出去不少，但农户的腊肉质量参差不齐，有人收到后觉得太肥，就会退回来。老铁们来自天南海北，快递费也高，亏了很多钱。后来，我和妻子商量，自己做腊肉，统一把关。2018 年 10 月 3 日，我们夫妇俩从县城搬到了麻足寨，到山顶上定居。

为什么搬来麻足寨？因为一个偶然的机会，我下村工作时，看到山顶上有连片的火烧云，觉得特别美。山顶人少又空旷，用烟熏腊肉也影响不到别人。和妻子商量后，我便在这租了一间石头房，准备熏腊肉。白天，石头会吸收太阳散发的热量；晚上，热量就会释放出来，使房间保持恒温状态，有利于腊肉的熏制和保存。

我们会从农户那儿收购新鲜黑猪肉，村里有人杀猪，就会叫我们过去。两个月内，我们先后在村里收购了一万斤新鲜黑猪肉，都是现金结给农户的。没钱，我们就借，保证每次收猪肉都现场结钱给农户。每头猪收购 100 斤肉，农户就能增收几千元。村里农户一般每家多养一两头黑猪，算下来也能增收不少。

1 万斤鲜肉，最后熏制成了 6 千斤腊肉。为了卖腊肉，我们把快手账号名改为"让腊肉飞"。当时听说有些地方发生了非洲猪瘟疫情，我心想糟了，没人愿意吃猪肉了，怎么办？我们搬到山上时，账号只有 2.5 万粉丝，也卖不了那么多肉。整个 12 月，我们都在发愁，怎么把腊肉卖出去。

没想到，事情很快出现了转机。2019 年 1 月，我们发布的一条短视频上了快手的热门，内容就是山顶上支着一张桌子，背后是云海，我们一家人吃饭的画面。粉丝很喜欢这种云山云海、世外桃源般的山间生活，视频播放量也从一百万迅速飙升到五百万，粉丝数量噌噌往上涨，很快涨到 6 万。之后我们又发了几条短视频，也上了热门，粉丝数量涨到了二三十万。

这样，我们再次开播的时候，直播间人数比原来多了，买腊肉的老铁也越来越多，凌晨两三点，外面飘着雪，我和老婆还在打包腊肉。就这样，一周后，腊肉全部卖完了。

当时，老铁们一般每次买二三十斤肉。有一位湖北恩施的客人，他们家一年四季不吃新鲜肉，只吃腊肉。在快手热门上看到我的视频后，先买了 10 斤。到货的第二天，他和家人尝了觉得好吃，就立马下单了两万元的腊肉。

为什么那么多人喜欢我们的腊肉？因为我们会挑选猪肉最优质的部位，腌制腊肉的过程也很讲究。比如，选猪肚与猪屁股的二切、三切肉。收购的鲜肉，要先排酸，把血水除去，再倒入红酒、白酒、白糖、盐、花椒捶打，然后腌制。第二天把肉挂起来，等表面的酒和水汽蒸干后，用藏区特有的盘香和葡萄皮烟熏。熏制一整天后，把肉放在石头房晾干，一个月后就能出成品。

扩大农产品类别，做到产品标准化

随着粉丝数量不断增长，因不同的消费者有不同的需求，我们的货品渐渐变得多元化。农产品这块，除了腊肉，我们目前主推的就是小金苹果、小金松茸、牦牛肉。另外，红酒、野生干菌片、小金花椒也在推。除了农户的产品，我们也会帮小金县的企业如沙棘饮料厂、金山玫瑰基地带货。

但苹果、松茸这些产品季节性强，卖完就没有了。为了让小黄车里一年四季都有东西卖，一方面，我们在小金县寻找更多好的产品，另一方面，老乡也会主动找我们提供产品。

我们要做的，就是在产品质量上把好关，要分辨什么是好的、什么是不好的。比如松茸的外观都差不多，但手感是不一样的，不好的可能再存放一天就会发霉。苹果也是如此，表面上看是好的，但一切开，就可能有虫或者坏心，需要我们仔细查看。

农产品这块，我们带货量最大的是小金苹果。小金苹果往往是低半山的农户在种植，比较难找。低半山昼夜温差大，日照充足，苹果口感比较好。然而需求量大了，我的选果时间就不充裕了，山里村民很多时候把苹果卖给我，就不管了。同时水果需要强大的售后支撑，利润点也低，我和妻子两个人根本顾不过来。

现在，我们和当地一个代办人合作，委托他去小金县各户人家寻找货源、把控品质。代办人帮我们选果，也帮我们打包发一部分货。如果我们要发货，得先从代办人那儿收购，再打包卖出。这两年，共卖出了 1.5 万斤苹果。

在快手上，我们卖了三年土蜂蜜，从 100 多斤卖到 900 多斤，好评率是 100%。

最早发现土蜂蜜，是在一位农户家里，他住在原始森林和草原的结合地带，蜜园和花园的海拔 3 500 米，资源非常好，但每年只产 10 桶蜜。我通过直播帮他卖出去后，他才敢扩大规模。第二年产出 50 多桶，第三年产出 130 多桶，足足有 900 斤。

后来，我们和其他两户养蜂老乡也合作了。为了保证蜂蜜质量，我们会和养蜂农户签署协议，约定不能用白糖喂蜜蜂，一年只取一次蜜。回收蜂蜜的时候，我们会看蜂蜜的黏稠度、测量活性酶，再用一些土方法来鉴定蜂蜜的质量。

农产品标准化的经验，我也是慢慢摸索的。疫情期间，我参加了第三期"快手幸福乡村创业学院"。在线上参加快手电商培训的课程，让我最受用的就是农产品的品牌化建设。

品牌化建设的目标是，产品可以上架到超市，在大的市场中流通。对于我们偏远山区来说，要对农副产品进行品牌化是很难的。要注册商标、有自己的厂房、进行 SC（食品生产许可）认证，还要统一产品包装，资金投入大，时间跨度也非常长。此前，我们虽然有了品牌保护意识，也注册了"忘忧云庭"的食品和文旅商标，但品牌化建设还有很长的路要走。

为此，我们也开始与具备生产资质的厂商合作。比如我们卖的牦牛肉，是和当地一家牦牛肉厂对接的。他们把农户手里的肉加工好，然后我们在直播间卖。

金山玫瑰生产基地也是如此。他们有生产线和科研力量，能够生产玫瑰花茶、玫瑰花酱、玫瑰纯露、玫瑰面膜、玫瑰霜这些产品，这样可以带动周边农户扩大玫瑰种植规模。2020年8月，我们开始帮金山玫瑰带货，两个月带了3万元的货，算是初有成效。

2020年，我们开始试点黑猪认养，因为山里的黑猪非常好，纯粮喂养，生长周期至少8个月，肉质更香、肉纤维更密，之前很多网友留言说想认养。既然老铁们有这样的需求，我就在中间牵线，把快手老铁和当地老百姓连接起来，把城市和乡村打通，帮助农户实现增收。

报名认养黑猪的有100多名老铁，我筛选出了10名来试养。他们需要提前交付认领金，包括猪苗费、农户日常管理费，年底再交代养费、快递费。本来山上每家农户都会喂养一两头黑猪自己吃，现在再多喂养一两头就可以了。

这类似于一个"期货交易"的渠道，通过快手，让交易前置。我每周会拍短视频或者开直播，更新猪的生长情况，网友能看到认养的猪放在哪一家、环境如何、吃什么。时间久了，他们就对养猪的过程有了参与感，这也是一种情感寄托。

直到现在，很多网友还在私信询问有没有黑猪认养的指标，也有很多人想认养鸡，但我们还没有开始进行，主要是精力有限。如果可以，之后果树认养、鸡认养、羊认养的模式都可以发展。

认养模式的扶贫效果是很好的，它已经不单单局限于带货了。带货对主播有要求，需要会后台操作，能用直播把存量的农产品卖出去。认养最关键的是农户提前有订单收入了，能保证前期投入。而且不管是种植果树还是养殖黑猪，农户不愁销路，就不会打农药、喂催肥饲料了，真正实现了"生态绿色"。

我们的客户除了快手老铁，也有企业。2020 年 5 月，在快手扶贫的牵线下，我和小金县副县长，与久久丫公司的老总在直播间连麦沟通，线上签订了 500 万元的花椒采购单。在这之前，久久丫是通过一家公司来采购我们小金县的花椒的。这次，久久丫相当于和小金县签订了一份战略框架协议，直接预订了农户的花椒。

在快手结交一帮新朋友

通过快手，我认识了天南地北的很多朋友。有一些是快手的大主播，还有一些是快手老铁。我从大主播那儿学到了很多短视频的拍摄、剪辑技巧和直播带货方法。来自各行各业的网友也非常热心，在交流互动中，会令我产生一些扶贫工作与生活的新想法。

2016 年，为了学习怎么上热门，我当时关注了一位快手主播，他在徒步重走长征路。小金县的夹金山是红军长征翻过的第一座雪山，我猜他肯定要路过小金县。

看到他到猛固桥的时候，我就去找他，把他带到了甘家沟村，一来二去也建立了感情。他教我怎样拍摄视频：什么时候停顿、如何配音乐、如何选封面，我才知道原来制作短视频有那么多技巧。

后来，一位有几十万粉丝的快手主播何玉也关注了我，我非常激动。通过我发的扶贫短视频，他知道山上的一位贫困户姐姐行动不便，每天吃不上热饭，就私信我，捐了 200 元，想给她买一个微波炉。后来，我们也成了朋友，从他那儿我也学到了很多。

再后来，我又陆续认识了快手上的其他主播，他们中的很多人也会偶尔来"忘忧云庭"待个几天。比如主播"玩哥在荷兰"来的时候也帮我打开了思路，让我不要受限，可以增加直播带货的品类。

短视频培训：技术反哺大山

山里的资源多，我们直播带货，能带的量还是有限的。以松茸为例，每年 7—9 月，在麻足寨后山挖松茸的就有上千人。后山松茸的年产量可达 200 吨，产值近 5 000 万元。通过我直播间卖出去的松茸大约只有 1 000 斤，杯水车薪。

传统的销售方式，是把农产品卖给县城老板或者中间商，钱一点点地赚。随着直播电商的兴起，农产品可以直接卖给全国各地的消费者，对农户来说，相当于拓宽了收入来源，增加了销售渠道。

作为直播电商的早期入局者，我会身体力行地带动村民，让大家知道在快手上可以卖出特产，这样，大家就会开始效仿。我在田间地头开展工作的时候，也会向他们推荐快手。

小金县美兴镇下面的村子，比如甘家沟村、大水沟村、木兰村等，至少有 200 户人家都听我讲过短视频和直播。我希望村里人的思维能转变过来，快手不是只有有知识有文化的人可以用，他们也能在上面开账号、做直播卖货。

村民注册完快手账号后，我都会教大家怎么拍视频。我发现，发快手视频就像写作文一样，要具备五大要素：时间、地点、人物、情节、结果。我鼓励大家要敢于面对镜头，你站在镜头前，就有人物了，要先让别人信任你。拍的内容也要垂直，不要今天拍婚礼，明天拍做饭，这样没有意义。

比如你要卖苹果，就发和苹果相关的生活状态，拍苹果的生长过程，把快手短视频连接到你的特产上。刚开始拍，怎么积累粉丝？从零做起，坚持拍。哪怕只有 1 000 个粉丝，其中有 100 个都是大山外的人，你就能卖货了。不要小看这 100 人，每人买一箱苹果，也不得了，这 100 人会裂变，影响身边的同事和朋友。说不定明年你们家的苹果卖完了，还能卖亲戚家的。

2020 年，我和快手的一位工作人员在木兰村举办了一期短视频培训班，有二三十人参加。现在，他们当中已经有人在通过快手卖货了。比如，快手主播苹果姐姐，以前他们家的苹果都是商贩来收，现在她和家人会用快手卖苹果，坚持发短视频。她也经常给我打电话，交流短视频的拍摄经验。

未来，如果有时间，我想去小金县的每个村都讲一下，希望把整个小金县的电商都发展起来，村民们从看客转变成主播，把短视频和直播真正地与农村生活连接起来，卖自己家的农产品。

旅游盘活当地经济

我们在"忘忧云庭"，一开始没想过发展民宿。所有的想法，都是随着时间一点点冒出来的。最早的游客是来自内蒙古锡林郭勒的一对夫妻，他们在 2019 年大年初三时过来玩。在这之后我们就开始思考，除了把山里的特产卖出去，能不能把快手老铁也引进来，带动这个地方的旅游业发展。

2019 年 3 月，我把快手账号名正式改为"忘忧云庭"。

每天我都收到很多老铁想要过来玩的私信，但我们没有接待能力，基本上都拒绝了。有的老铁不打招呼，就直接来了，没办法，我们就带他们去山上的农户家里住，还支了几顶帐篷，让他们可以露营。截至 2020 年 10 月，有 1 000 多名游客来过"忘忧云庭"。回头客也比较多，有的人来过 2 次，甚至 5 次。2020 年 4 月，成都一对夫妇来我们这里考察后，决定建设 8 间民宿。5 月份动工，6 月底完工投入运营，对前期民宿投了 30 多万元，算是有了初步的接待能力。也是在这一年的国庆节，我们共接待了 200 多人。短短三个月，有 5 万多元的营业额。我们和对方签了 20 年使用权合同，我相信下一年营业额能做到 30 万元。

这里还要完善旅游服务配套设施，但基建的成本非常高，政府在这里的投入也很大。2018 年，我来麻足寨的时候，从山下到山上的路已经修好了，修这条路至少投入了 1 000 万元。山上没有网络，10 月我向政府申请拉了网线过来。后续，这个地方的道路还需要拓宽，要增加安全饮水，建设排污设施，可能还需要政府更多的支持。

快手村设想

麻足寨，一个废旧荒僻的小山村，以前没人愿意来，老百姓都搬走了。现在，越来越多的游客过来，一时间变得门庭若市。为什么会发生这种转变？是快手，让大山外的人看到了这个地方的美景。

我现在做梦都在构思如何建设"快手村"。为什么要做快手村？因为我很感恩快手，"忘忧云庭"这个账号是在快手成长起来的，也是快手官方最先发现我们的，他们不仅给我们流量，还带来很多媒体资源，让我们这个偏远山村被"放大"。

在"忘忧云庭"，冬天可以看到周围连片的雪山，夏天可以看云海、日出日落。周边的资源也非常好，每个点都可以串联起来，打造成旅游观光的模式。

比如三日游，第一天，在麻足寨住着玻璃星空房，体验云端餐厅、瑜伽馆，品尝这里的红酒，享受"无边游泳池"；第二天，去后山草场体验山地摩托，露营一晚；第三天，骑车去天眼牧场，住一晚之后下山，或者去爬雪山，傍晚下山后，住在雪山小屋。未来，从都江堰到小金县，还会开通一列旅游观光小火车，火车三面全是玻璃，相信会吸引更多的游客。

在快手村的设想中，我们会融入快手元素，包括房间、道路、标牌、房屋的整体构造、室内的软装。现在有一些快手主播想认领投资民宿房间，用来回馈自己的粉丝。一位主播认购几间房，我们来帮他建设，快手主播向他的粉丝介绍这里的民宿，粉丝过来住宿，这样就把主播的资本与粉丝资源都留在这了。

小贴士

快手扶贫成效

从 2019 年 6 月到 2020 年 6 月，中国有 2 570 万人通过快手平台获得了收入，其中 664 万人来自贫困地区，在这些贫困地区，每 4 人中就有 1 位活跃的快手用户。国家级贫困县的快手用户记录生活的视频总数超过 29 亿条，被点赞超过 950 亿次，播放量超过 16 500 亿次（统计时间段为 2019 年 4 月 23 日—2020 年 4 月 23 日）。

张飞是快手认证的"幸福乡村带头人"。截至 2020 年 8 月，该项目已开展 3 期，覆盖全国 20 个省（自治区）51 个县（市、区），培育出 36 家乡村企业和合作社，发掘和培养了 68 位乡村创业者，提供了超过 200 个在地就业岗位，累计带动超过 3 000 户贫困户增收。带头人在地产业全年总产值达 2 000 万元，产业发展影响覆盖数百万人。

注意力时代、注意力贫困与信息流赋能减贫 [①]

鄢一龙 清华大学公共管理学院副教授、清华大学国情研究院副院长

> **要点**
> · 在注意力时代，内容电商创造了"无限商场"的销售模式，改变了商业逻辑，同样也改变了减贫的逻辑，注意力贫困问题成为注意力时代需要解决的突出问题，通过信息流赋能，帮助农民把握注意力时代的机遇，能够推进内生减贫。

2020年新冠疫情以来，直播带货成为一个火爆的社会现象。直播带货正在创造一个又一个的销售奇迹。5月10日董明珠在快手直播带货，3小时销售额达到了3.1亿元。联合国官员走进中国直播间，为卢旺达咖啡带货，1.5吨咖啡豆1秒钟卖光，这相当于卢旺达农民咖啡公司过去一整年的销量。淘宝数据显示，淘宝头部主播薇娅2020年9月22日到10月21日一个月内的26场直播销售额已经达到了1 464亿元，[②] 超过了宁夏、西藏、青海整年的社会

[①] 本文写作受益于对快手、阿里巴巴、字节跳动的研究，受益于与快手研究院何华峰、李召，阿里巴巴陈涛等人的讨论，作者谨表谢意，并文责自负。原文载于《文化纵横》，作者授权快手研究院编发。

[②] https://www.taosj.com/taobao-live/index/#/influencers/?id=69226163&page=1&sortType=descending&sortField=date.

消费品零售总额。政府官员、企业家、电视台主持人、社会名流纷纷开始直播带货。直播销售不但成为社会主流，同时也进入了国家战略视野。直播带货等成为扩大内需、活跃市场的重要战略抓手，国务院办公厅发布文件，鼓励实体商业通过直播电子商务、社交营销开启"云逛街"等新模式。① 人社部将互联网营销师列入新兴职业。

这些变化本身不是新冠疫情带来的，而是由于我们已经进入了一个注意力时代，近年来注意力经济已经蓬勃发展，而疫情推动了它的大爆发。

2019 年我们对一些互联网巨头进行了研究，深刻认识到时代大潮背后时代逻辑的巨变。我们已经步入了一个注意力时代，这不但改变了商业逻辑，也改变了贫困问题的逻辑。注意力成为宝贵的资源，信息提供生产力，关注创造价值，通过信息流赋能能够消除注意力贫困，推动贫困人口脱贫。

党的十八大以来，我国提出了精准扶贫战略，并将脱贫攻坚战作为决胜全面建成小康社会必须打赢的三大攻坚战之一。2012—2019 年，我国贫困人口从 9 899 万减少到 551 万，贫困发生率从 10.2% 降到 0.6%。2020 年我国将在发展中国家中率先实现全面消除绝对贫困的宏伟目标，这是人类发展史上的一个壮举。信息流赋能减贫让农民能够掌握移动互联网时代的"新农具"，能够在注意力时代，拥有先进生产工具，从而实现内生式脱贫。

---

① 《国务院办公厅关于以新业态新模式引领新型消费加快发展的意见》，国办发〔2020〕32 号。

一、注意力时代与内容电商的崛起

1. 注意力资源成为宝贵的稀缺资源

早在 1971 年西蒙就指出，在一个信息丰富的世界里，唯一的稀缺资源就是注意力。我们处于一个信息大爆炸的时代，根据联合国的报告，全球互联网协议流量 2017 年 1 秒的流量（45 000 千兆字节）是 1992 年 1 天流量（100 千兆字节）的 450 倍。而全球数据仍然以每年 40% 的速率在增长。与此相对应的是人的时间与注意力的稀缺，注意力资源成为最宝贵的资源之一。这种稀缺性是由信息的无限供给与注意力资源的有限性之间的矛盾所产生的。

注意力资源的有限性首先表现在个体有效时间的有限性。个体一天二十四小时，除了睡觉等昏沉时间之外都在关注特定的事物，这段时间就可以被称为个体的有效注意力时间，个体有效注意力时间乘以国民人口数，就构成了国民总有效注意力时间。整个社会注意力资源总量是有限的，注意力资源除了被分配到生产性劳动上，也被分配在阅读、社交等非生产性劳动及各种形式的消费上。互联网已经成为个体注意力资源配置的主要空间，中国网络视听节目服务协会估计，2018 年网民平均每天手机上网时间高达 5.69 小时，而且 2018 年底比 2017 年增加了 1 小时，增量部分中的 1/3 是用于刷短视频。[①]

其次，注意力的活力效度是有限的。个体注意力无法保持持续的活力，注意力消耗本质上就是个体生命的消耗，除了时间消耗之外，还有精力、体力等的消耗。注意力是个体意念的聚焦，

[①] 中国网络视听节目服务协会. 2019 中国网络视听发展研究报告［EB/OL］, http://www.xinhuanet.com/video/sjxw/2019-05/30/c_1210147518.htm, 2019-5.

类似闪光灯聚焦到关注对象上，而这种聚焦是要消耗能量的。

再次，注意力范围效度是有限度的。注意力相当于我们接受外部信息传递给我们主体并进行处理的带宽，这种有限带宽在面对无限的信息供给时就需要我们做信息的筛选。

与注意力资源有限性对应的信息爆炸，使得注意力资源成为社会的稀缺资源，那么个体是如何配置其有限的注意力资源的呢？心理学对于注意力主义有两个研究范式：意向与关注，心理学家丹尼尔·卡尼曼将心理活动划分为两个系统，系统 1 是不需要有意识努力的自主控制系统，而系统 2 则需要将注意力转移到费脑力的大脑活动上来。系统 1 的活动相当于关注，系统 2 的活动相当于意向。

意向是注意力在个体的内在欲求下对关注对象的主动搜寻，而关注则是外部刺激引起的注意力聚焦，而这种刺激能够吸引注意力是由于它与个体内在的执念存在对应关系。这就意味着能够通过操控外部刺激，唤醒个体的某种执念，使得其对特定刺激产生黏性，从而吸引注意力资源。

线下注意力资源是分散的，很难形成规模效应，而国民平均上网时间已经达到了每天 5.69 小时，线上的注意力资源规模巨大，可达范围广，而且能在很短的时间内积聚。互联网已经成为注意力资源配置的一个主要渠道，互联网信息平台已经成为最大的注意力资源配置中心。互联网时代通过分发信息流就能够有效配置注意力资源，控制了信息流，就相当于控制了注意力资源配置。微信作为目前国内最大的社交平台之一，通过图文阅读和社交媒介吸引了大量的注意力资源。随着视频时代的到来，快手等短视频应用程序成为注意力资源配置的主要平台，例如，快手的 CEO

宿华明确提出快手要做注意力分配，让更多人得到关注。

在注意力稀缺的时代，互联网信息平台要想成为注意力配置中心就需要把握社会注意力配置的规律。首先，要能够提供信息筛选机制，帮助用户在海量信息中找到有意义的信息。百度等搜索引擎，提供了一种人找信息的工具；而微信通过朋友圈、微信群、公众号在看等功能，通过社交网络进行信息筛选；今日头条等则通过人工智能精准推送，来实现个体对于感兴趣信息的触达，使得意向和关注之间匹配得更为精准，实现了第三代信息筛选。其次，要提供敏捷信息，要让网民能够在最短时间内获取最多的有意义信息，信息短且浓缩，易于浏览、易于网民抓取，微博、短视频的风靡就是这个原因。第三，提供"带感"信息。所提供的信息要能够引起受众共鸣，从而引发受众的关注、点赞、转发等行为，短视频之所以比图文信息更吸引用户，就在于它更能刺激用户的感官。第四，心理上的助推，通过下意识的助推，引导用户的特定行为。各种信息平台中未查看的信息都会用红色数字、红点等进行提示，而文字、视频等内容传播的标题党、抓眼球的暗示，实际上都是在撩拨用户下意识地去点击。

注意力时代的表现，不仅在于注意力资源的稀缺性，也在于注意力资源的巨大价值。首先，人的天性就是寻求关注与赞美，通过他人的关注来证明自身的价值，关注本身就是赋予关注对象某种价值判断。人是万物的价值尺度，人能够给他人和事物估价，赋予事物和他人意义，人工智能无论如何发展，在这一点上都无法超越人类。其次，关注是人其他行为的先导，关注引发欣赏，欣赏就会产生情感、心理的连接，引发交往、购买等活动。最后，注意力资源的价值从来没有像今天这样能够直接快捷地变现，移动互联网为注意力资源的变现提供了便捷的渠道，特别是支付的便利性，使得粉丝能够通过打赏、送虚拟礼物，以及网络购物等方式让这种赞赏直接变现。

2. 内容电商的崛起

注意力时代的一个重要现象就是改变了商业消费逻辑，注意力争夺成为商业竞争的先导与主战场。互联网时代的消费逻辑正从产品为王、品牌为王转向注意力为王。中国经济从 20 世纪 90 年代就进入了买方市场，到今天更是进入了一个供给充裕的时代。在产品稀缺时代，人无我有，产品为王，有供给就有市场；在供给相对充裕的时代，需要货比三家，品牌为王，质量、品牌与延伸的服务就成为消费者的首要考虑；在供给高度充裕的时代，注意力为王，有大量同等品质产品可供选择，很难通过品牌来区分产品质量，品牌忠诚度的重要性也在下降，而追新品，消费有故事、有趣味、有文化的产品正在成为潮流，因为特定的消费场景、社交与关注引致的消费成为新的爆发点。

我们可以将内容电商能够取得如此爆炸性业绩的重要原因概括为"无限商场"理论。传统电商将商场搬到了网络上，传统电商类似于在互联网上建立了超级商场，顾客先有购物需求，再到网站上进行搜索与挑选。如同线下商场升级为商业综合体从而创造了新商业模式，内容电商类似于在互联网上建立了一个超级的"商业－娱乐综合体"。

内容电商能够形成"无限商场"是由于其能够聚集海量的注意力资源。先配置注意力资源，再配置商品资源。网红经济本质上就是注意力经济，内容电商是注意力时代的产物。消费与社交

在虚拟世界中融合在一起。内容电商的视频、音频，相较传统的
图文信息而言，门槛更低，情感内容更丰富，这强化了互联网信
息的娱乐与社交功能，也使得信息提供方与信息接收方之间形成
更强的情感黏性，建立更强的连接。粉丝会带来主播的"私域流
量"，同时也可以通过公域导流的方式吸引关注，这就凸显了主播
的重要性，主播粉丝的价值很高，例如，快手上一名普通的电商
主播，粉丝数量 10 万，年毛收入可能就在 60 万元以上。[①]

　　如果说传统电商使得有限货架变为无限货架，从而带来了销
售的长尾效应，内容电商则使得有限商场变为无限商场，从而带
来销售的爆炸效应。直播间的容量是无限的，能够吸引大家的关
注，单个直播间吸引的人数有可能高达几千万，而像一些全网头
部主播的直播间多的时候有 1 亿多人观看，这相当于世界上一个
大国的全部人口，都在短时间内集中在同一个虚拟商场内，这就
带来了销售的爆炸效应，只要有一定比例的购买，就会在很短时
间内创造巨大的销售额。这些全网头部主播则成为这个无限商场
的"超级售货员"，与传统售货员一样都要推销商品，不同之处在
于他们不是面对单个客户推销，而是要同时面对上亿客户推销。
而三千多万的高黏性粉丝就类似于回头客，所以能在短短一个月
内创造了超越一些省份整年的销售业绩。

　　线下商场逢年过节的促销活动，能够带来销售的堆积效应，
而这被运用到电商的"双十一"活动中，由于其面向全国市场，
这种促销效应就被极度放大了。这种促销效应和内容电商的结合，

---

① 相关数据来自快手内容创意中心商业化总监贺昊勋的介绍，2019 年 11 月 1 日下
　午，快手总部 W 座 404 会议室。

会进一步显示其威力。

线下商场提供信用使得商品销售成为可能，传统电商通过用户点评、支付中介等方式使得人们能够与距离很远的地方的人做生意，内容电商则通过线上商场的方式拉近了相距遥远的销售和消费双方的距离，使得购买者某种意义上"熟悉"销售者，从而提供新的信用途径。

内容电商更为重要的一点是它改变了市场结构，线下商场是区域商场，服务的对象是商场周边人口，传统电商已经使得全国联结成统一市场，而内容电商进一步改变了市场结构。由于用户黏性更高，内容电商的十多亿月活用户，就是一个已经被联结的潜在市场。传统商业运行成本很高，就是因为存在大量的中间环节，大量中间商在赚差价，而传统电商的出现已经使得中间环节大大缩减，但还是有一个电商营销环节，而内容电商的进入门槛更低，使得生产者自身可能就是销售者。快手提倡的一个概念是直播加源头好货。[①]内容电商的出现使得中间环节进一步缩减，比如董明珠带货就是厂商直接面向消费者群体，相当于消费者直接从厂家提货，这一方面有信誉度保障，另一方面也能够压低价格，使得直播间成为大型直销现场。

二、注意力贫困

注意力时代也在改变着贫困的逻辑。随着人类社会的发展，

---

① 快手研究院.被看见的力量——快手是什么［M］.北京：中信出版集团，2020.

人类对于贫困的认知也在改变。最早我们对贫困的认识就是收入低，收入低下带来了生产资料的匮乏。随后我们又认识到能力贫困问题，诺贝尔经济学奖获得者阿玛蒂亚·森认为应该从概念上将贫困定义为能力不足而不是收入低下，要根据"可行能力"来衡量贫困。2000 年世界银行发布的《世界发展报告》认为，贫困不仅指物质的匮乏（以适当的收入和消费概念来测量），而且还包括低水平的教育和健康，贫困还包括风险和面临风险时的脆弱性，以及不能表达自身的需求和缺乏影响力。联合国开发署设计了多维贫困指数（MPI），从教育、健康、生活标准三个方面来衡量贫困，这就将贫困的概念从收入贫困拓展到了人类贫困。人类对于贫困的认识已经是多维度的，从最早的收入贫困，扩展到人类的发展贫困、知识贫困、生态贫困、心理贫困等。

从不同的维度，贫困都可以被看成生活或者发展资源的匮乏，或者获取资源的能力不足，脆弱性大。在注意力时代，作为宝贵的稀缺资源，注意力的匮乏同样成为贫困的一个重要维度。社会的注意力资源分配是很不平衡的，一般而言，越是社会精英所吸引的注意力资源就越多，这包括对他个人的关注或者是对他所拥有的物品的关注。这一方面是由于整个社会天然地对于成功的人士更加重视，另一方面，传统媒体的有限版面，以及特定传播议程需求，会带来少数精英群体的聚光灯效应，使得这个社会的大多数人是不被媒体所关注的，在社会信息生产过程中他们是"看不见"的大多数。

互联网上的注意力资源状况可以从四个维度来衡量。第一个是曝光度。个人、产品、品牌在互联网中的曝光情况包括报道、社交账号、阅读量等，很多贫困人口的曝光度接近于零，没有设立任何公共社交账号，而大量的社交媒体注意力资源还是向头部大号集中，绝大多数账号的阅读量与点击率都很低。第二个是美誉度。个人、产品、品牌在互联网上受到赞誉的情况，包括点赞、正面报道、评论等，曝光度不等于美誉度，有许多高曝光度事件是负面舆情，同时也有许多平时曝光度很低但是美誉度很高的情况，例如高级别荣誉获得者，还有许多"做惊天动地事，当隐姓埋名人"的幕后英雄。第三个是忠诚度。就是关注的持续性情况，包括粉丝的数量与粉丝的稳定性等。第四个是变现度。就是将注意力资源转化为收入和财富的能力，许多明星也拥有大量的注意力资源，但是他们的流量变现能力比不上头部的直播网红，这也促使许多明星开始投身直播。网红现象是从互联网诞生开始就出现了的，但是以前的草根网红，例如芙蓉姐姐、凤姐、犀利哥等，或是昙花一现，或是将关注进行线下变现，不像现在的网红，关注本身就会给他们带来巨大的收益。

注意力贫困就是指所拥有的注意力资源匮乏与获取注意力资源的能力不足。注意力贫困最直接的表现是一种社会排斥，因为不被关注，使得个体劳动与产品的价值得不到充分认可，也使得生活的意义得不到充分体现。由于注意力资源的匮乏，使得其在注意力时代缺乏宝贵的资源来获得财富。同时也表现为获取注意力资源的能力不足，农村人口的注意力贫困也存在未能熟练使用"新农具"吸引注意力资源的情况，许多人不清楚如何利用网络来推销产品，不清楚网商的策划、销售、宣传方式，使得自身产品打不开销路。

注意力贫困群体与贫困人口群体不能画等号，许多人有大量的其他资源，并不需要社会关注，他们是注意力匮乏群体，但并非贫困人口。与此同时，这个时代也造就了一大批草根网红，拥有大量注意力资源，从而拥有了获得财富的机会。例如，上海有个流浪汉沈巍，因为能旁征博引，侃侃而谈，他的相关短视频一经发布几乎是立即成了引发海量关注的网红，后来成了月入十几万的签约主播。这些草根网红，并没有传统意义上的经济、社会资源，却因为被关注，而身价暴涨。

三、信息流赋能减贫

在注意力时代，随着新的信息平台出现，改变了社会注意力资源的配置方式，创造了一种新型的减贫模式，就是通过信息流配置解决贫困人口的注意力贫困问题，使得贫困人口被关注，并将获得的注意力资源转化为价值，从而实现脱贫致富。

1.泛在赋能

新信息平台的出现使得信息传播方式由中心化转变为去中心化，这也在一定程度上推动了注意力资源分布的扁平化发展，打破了传统精英群体对于社会注意力资源的垄断。

首先是使得人人都用得上传播工具。快手指出，短视频软件是一种"普惠性技术"，它改变了整个社会的注意力配置方式。传统的信息传播是垄断在媒体手里的，而互联网的出现就使得人人都能发帖，移动互联网时代短视频平台的出现，使得上网自我推销的门槛进一步降低，不需要制作图文信息，只需要能直播、能拍视频就可以，从人人有键盘、到人人有麦克风，再到人人都有直播间、短视频平台。①

同时由于受众可达范围很广，通过精准推送等技术，可以实现信息生产方与信息消费方的精准连接，这使得原先很难得到关注的"小众"信息、"长尾"信息也会受到一定程度的关注，所有公众号、视频都会有一些点击量与阅读量，人人都能"被看见""被听到"。②

与此同时，我们也要警惕，新信息平台出现并不会自然也促进注意力更加平等的分配。如果不加以干预，可能会形成新的不平等。头部主播、爆款视频、爆款文等可能会获得过多的社会注意力，而大量品质很高的内容得不到应有的社会关注。

2. 新市场空间与新社群

新的信息平台将数亿人连接在一起，改变了传统的市场结构和交往方式，创造了新的市场空间与"新社群"，从而使得在传统的市场结构中处于边缘化的贫困人口，获得了新的发展机遇。

截至 2020 年 6 月 30 日，快手的中国应用程序及小程序的平均日活跃用户数为 3.02 亿，这意味着短视频平台成为一个具有数亿用户的潜在市场，只要能够引起他们的关注，就有可能将他们转化为客户。

贫困人口大多生活在偏远地区，经济距离成为他们脱贫致富的一个强大阻碍，而通过信息平台的接入，多远的距离都成了零距离，这改变了他们原先在市场中边缘化的地位。贫困人口的边

---

① 参见快手研究院. 被看见的力量——快手是什么 [M]. 北京，中信出版集团，2020 年.
② 参见快手研究院. 被看见的力量——快手是什么 [M]. 北京，中信出版集团，2020 年.

缘化地位，不但表现为地理上的边缘化，还表现为在传统市场结构中的边缘化，贫困人口处于生产链条的末端，生产的产品或者只能在范围很小的区域市场销售，或者被中间商层层盘剥。新的信息平台，创造了一种新的市场空间，快手称之为一种新的"商品－直播－终端消费者"市场结构，这使得贫困人口能够直接面对广阔的市场，在事实上将贫困人口从市场边缘地带带到了市场的中心地带。例如，江苏省连云港市海头镇是一个渔业之乡，原先销售海产品需要通过海产品市场，渔民的获利空间很小，而匡立想通过在快手等平台上直播打捞海鲜、吃海鲜等内容，秉承着要吃就吃最新鲜的理念，由一个捕鱼郎变成了一名主播，拥有200万粉丝，每次直播带货量都在1 000单以上，同时也带动整个海头镇的海鲜销售转战直播平台。2018年，海头镇以165亿次的点击量，成为快手播放量第一镇；2019年，全镇电商海鲜销售额超过50亿元。

伴随新市场空间形成的是新社群，传统的人与人之间的关系，是在现实生活中通过工作或者生活逐步建立连接的，这种方式成本很高，搜索的范围有限。精准推送技术的产生，实际上使得个体可以在整个平台数亿用户中进行搜索和匹配，这带来了新的关系链接，也造就了新的社群。例如，我们在快手调研时碰到的唢呐名曲《百鸟朝凤》的演奏者陈力宝，他之所以成为快手的活跃用户，很重要的原因就是快手提供了一个唢呐爱好者的新型社群，原先这些爱好者散布在全国各地，彼此联系很困难。像陈力宝这种"庙堂里的演奏家"也需要花很多时间去各地采风，才能听到那些被埋没在"角落里的声音"，现在，快手了解了用户的需求并进行精准推送，就给他推送了全国各地的民间唢呐艺人的短视频，如此就形成了这一小众群体的社区，他开售网上课程，民间艺人可以向陈力宝这样的名家学习，陈力宝也可以从民间艺人那里汲取营养。贫困人口之所以贫困的一个原因是社会排斥，他们的社会关系很难为解决他们的贫困问题提供帮助，新社群为贫困人口提供了开阔眼界的窗口，使他们能够学习到脱贫致富的知识。[①]

3. 内容生产与"设定"打造

内容电商的兴起意味着生产者的全媒体化过程，他们既是产品的生产者，也是信息的生产者，通过信息内容的生产，吸引了消费者的注意力，推动了产品的销售。不论是吸引新的粉丝，还是要保持不掉粉，都需要有持续的内容生产能力，而信息平台之所以能够获得大量关注，是和它拥有大量的优质内容生产者分不开的。

在海量信息时代、信息过载时代，需要让传播的信息自带高光、自带流量，这样才能被人关注，进而引发大规模的传播，同样的风景、同样的产品，经过主题策划、信息包装后，就会变成有爆炸力、有传播力的信息。

这是一个网络人设、景设、物设的打造过程。注意力时代，人们真正消费的不仅仅是产品与服务本身，更多的是产品与服务背后的那种设定，人有人设，景有景设，货有货设，村有村设。这种设定就是产品与服务背后传递的感觉、故事、调性、文化等。

村庄也可以通过打造"村设"的方式形成新的地理标识，来吸引大量的关注。河北省张家口市玉狗梁村，位置偏僻，资源贫乏，村民生活贫困，青壮年大都外出打工，村党支部书记卢文震

---

① 根据陈力宝的介绍，2019 年 11 月 1 日下午，快手总部 W 座 404 会议室。

带领村里面的老人练瑜伽，独创了农民生活瑜伽操，在锻炼身体的同时将短视频上传到快手等平台上，因其"反差萌"吸引了大量眼球，玉狗梁村变成了瑜伽网红村，带动了乡村旅游与藜麦、马铃薯等特色农产品销售，实现了脱贫。[①]

在这些"设定"确定之后，还需要通过视频、图片、文字的方式与用户进行更直接、更多层次的交流，强化网友认知，刺激购买。

4. 信息流的配置

信息流的流向决定了注意力资源配置的渠道，信息平台能够通过信息分发的方式为贫困人口赋能，这是一个信息营销、信息传播、信息价值转化的全链条赋能过程。

同时，通过人工智能信息技术，能够实现信息的精准推送与精准匹配，让信息找人，人找信息，让信息的生产者与信息的消费者相互寻找，实现信息供给方与需求方的精准链接，大大提高了信息传播的效率，使得贫困地区、贫困人口的产品被更多的潜在客户群体所了解。

四、注意力时代与后 2020 减贫

2020 年我国总体上实现了全面脱贫，2020 年以后国家不会再以举国之力投入减贫，乡村可持续脱贫将融入乡村振兴政策，而信息流赋能能够使脱贫具有内生动力，也将成为后 2020 减贫战略

---

① 根据玉狗梁村书记卢文震的介绍，2019 年 11 月 1 日下午，快手总部 W 座 404 会议室。

的重要途径。

在注意力时代，信息成为先进生产力，注意力成为最宝贵的资源，需要把握注意力经济的机遇，通过信息流赋能为后 2020 减贫与乡村振兴注入新的动能。

在国家层面需要有系统的设计，鼓励地方政府、村民、互联网平台、企业、内容生产者、网络营销师形成合力，构建全链条的乡村注意力经济生态，打造乡村注意力高地，进一步推动乡村脱贫致富。构建以政府为主导、农民为主体、平台企业为支撑、社会广泛参与的乡村注意力经济振兴机制。

加大乡村振兴的注意力经济基础设施建设，增强信息基础设施、周边产业配套设施投入力度，帮助贫困地区建设流通服务网点，提高仓储、包装、加工、运输等环节的综合物流服务能力，降低其产品成本，提高市场竞争力。

推进乡村注意力振兴工程。系统挖掘与设计乡村产业品牌，打造由村干部、乡贤等组成的乡村品牌设计运营团队，由头部内容创作者、网络达人等组成的规模化营销团队，由外来资本、村集体、村民等组成的生产团队，构建全链条的乡村注意力经济生态，运用新媒体加大贫困地区农产品的宣传推广力度，打造更多名副其实的网红产品，推动乡村整体脱贫致富。培养一大批掌握信息传播工具的新农人。通过"让手机变成新农具"，使传统农民成为新农人，成为掌握信息工具的网络达人、带动乡村脱贫致富的网红和宣传农村、农民、农产品的大 V。

视频时代的经济新范式
与治理能力构建

郭全中　中央党校（国家行政学院）文史教研部高级经济师

> **要点**
>
> · 新技术革命极大提升了整个社会和经济发展的效率和能力，带来新经济范式。
>
> · 新技术也带来了新的治理难题。结合新技术的内在规律，新治理能力应当具有积极包容性、系统性、技术性三大特点。
>
> · 现代治理能力构建要在坚持政府机构主导的基础上，充分发挥平台型企业的功能和作用。

　　人类有史以来，经历了文字发明、印刷术、电报技术、互联网技术等四大信息技术革命。每一次信息技术革命，都给社会和经济带来了"创造性破坏"，带来新的社会操作系统和底层架构，创造性地从理念、用户（用户规模、用户权利）、产业、业态、模式等方面建构起新的经济范式，也破坏性地颠覆了旧的经济范式。每一次经济范式的颠覆和变革，都对治理模式提出重大挑战，而新治理模式也必须适应新技术的发展规律和要求。

新技术革命带来新经济范式

互联网技术，尤其是大数据、短视频、直播、人工智能等，如今已经成为新的社会操作系统，成为社会平权和赋能的基础设施，极大地提升了整个社会和经济发展的效率和能力，从根本上建立起了数字经济新范式。

在理念方面，新技术重构了用户个体之间的底层连接关系，充分彰显了用户的价值和地位，信息和价值的传递效率和能力都产生了本质性变革，"用户体验为王"与分权的理念深入人心。

在用户方面，由于新技术大幅度降低了进入门槛，基本上人人都可以借助新技术更好地参与社会和表达自己，网民规模极为巨大。截至 2020 年 6 月底，我国网民规模为 9.40 亿，互联网普及率为 67.0%，网络直播用户数 5.62 亿，其中直播电商用户数为 3.09 亿。而快手的日活跃用户数为 3.02 亿，其中直播电商日活跃用户数突破 1 亿。

尤其需要指出的是，用户权利也得到了本质性扩张，即使是偏远地区一些文化程度偏低的用户，也可以通过快手等平台展现自己，进而获得数字资产和经济收入。比如山东广饶的农民本亮大叔成为快手红人，其粉丝量超过 1 782 万，年收入过百万元。

在应用、业态方面，信息分发、内容生产、数字广告、电子商务、金融服务、物流运输、外卖等各行各业中都充满了新应用和新业态，尤其是在短视频和直播领域，快手等开创了直播新时代。

在产业和经济方面，2019 年，我国的数字经济增加值达到 35.8 万亿元，占 GDP 的比重达到 36.2%，对 GDP 增长的贡献率为 67.7%；我国直播电商市场规模为 4 338 亿元，2020 年将达到 9 610 亿元，其中，快手 2019 年直播电商交易额为 596 亿元，而 2020 年上半年则为 1 096 亿元；我国互联网广告总收入约 4 367 亿元，同比增长 18.2%；我国游戏产业实际销售收入为 2 308.8 亿元，同比增长 7.7%；我国直播产业市场规模或超 700 亿元。

特别是新技术还催生了一批世界级的公司，我国的腾讯、阿里巴巴、字节跳动、快手、美团、百度等，都是极具竞争力的世界级企业。尤其是在传统产业进行数字化转型升级过程中，直播电商等新业态能够助力企业更好地了解用户需求，通过"快反"等方式构建起 C2B 商业模式。比如，尚品宅配等公司，借助高黏性、高互动性的快手平台，很好地实现了"快反"。

在商业模式方面，通常采取的是"免费+收费"的商业模式，即先通过免费的功能来吸引足够数量的用户，再通过增值服务来实现商业价值变现。平台型企业形成了规模巨大且良性互动的生态系统，也具有准公共物品的性质，其副产品是大量免费的公共物品，更好地满足了人民群众日益增长的美好生活需要。

新技术需要新治理能力

毫无疑问，新技术在带来新经济范式的同时，也带来了新的治理难题。如技术尤其是人工智能技术的失控风险与伦理，技术平台的社会动员能力规范，用户数据隐私保护，数字知识产权保护等诸多难题，都需要通过提升治理能力来解决。

党和国家早已经充分认识到新技术带来的新机遇和新风险，要求构建起现代化的治理体系和治理能力。中共十八届三中全会提出，推进国家治理体系和治理能力现代化，十九届四中全会更是明确指出，到 2035 年，基本实现国家治理体系和治理能力现代化。

结合新技术的内在规律，新治理能力应当具有积极包容性、系统性、技术性三大特点。

在积极包容性方面，既要积极主动地去预防可能出现的问题，又要包容新技术带来的新的内生问题。一方面，新技术带来的难题极难预判，这要求我们提前积极预防。正如英国哲学家大卫·科林格里奇在《技术的社会控制》一书中指出的，"一项技术的社会后果不能在技术生命的早期被预料到。然而，当不希望的后果被发现时，技术却往往已经成为整个经济和社会机构的一部分，以至于对它的控制十分困难"。

有效的途径之一就是通过对全社会尤其是对科技企业与技术人员进行系统化培训，树立起"技术向善"的理念。一是通过充分发挥技术的巨大潜力，让它惠及大多数人的生活，进而打造出更好的数字经济与数字文明，正如快手 CEO 宿华所说，快手的调性就是普惠，给予每一个人独特的幸福感；二是把"确保新科技被善用而不是被滥用甚至是恶意使用"的观念，内化到每一个人的观念中。

另一方面，由于新技术带来的是革命性的变化，在发展中必然会带来各种各样的问题，这就需要监管部门采取包容的态度，在发展中解决问题，在解决问题中更好地促进发展。

在系统性方面，新技术带来的机遇和挑战是全面、系统和彻底的，而现代治理能力也需要进行系统化的构建和提升。一方面，构建现代化治理能力要全员参与，除了政府机构起主导作用之外，平台企业、用户、平台上的各类服务者、供应链商家、行业协会、科研院所等各类参与者，都要深度参与，以更好地实现多方力量的协同共治。

以直播电商为例，系统化的现代治理体系包括国家网信办、国家市场监管总局等党政机构，淘宝、快手、抖音、京东等直播平台，主播和从事直播的企业，产品和服务的供应链，用户，中国广告协会等行业协会，科研院所等科研机构，形成覆盖直播电商全部参与者、全产业链的现代治理体系，在促进直播电商良性、高速发展的同时，维持正常的市场秩序并更好地保护知识产权等。

另一方面，现代治理能力的构建需要各种手段和工具，包括"技术向善"理念的培育、各类法律法规的制定和完善、平台企业和从业者的自律等。例如，在直播电商领域，国家市场监管总局发布了《市场监管总局关于加强网络直播营销活动监管的指导意见》，中国广告协会发布了国内首份《网络直播营销行为规范》，商务部组织阿里巴巴、快手、京东等 13 家直播电商行业主体代表共同发布了《直播电商行业自律倡议书》等。

在技术性方面，现代化治理能力建构必须基于先进的技术手段，充分利用大数据、人工智能、区块链等新技术。正如熊彼特所说：不管把多大数量的驿路马车或邮车连续相加，也绝不能得到一条铁路。

新技术通过网络把全世界连成地球村，信息、交易、物流的频率和效率都得到极大提升，数据成为新的生产要素，数字资产将成为个人的重要财产。但同时也带来数据隐私泄露严重、网络黑产和灰产违法犯罪现象突出等难题和风险。完全依靠之前的治理能力和手段，已经无法应对，必须依靠先进的技术手段来解决。这就要求我们按照新技术的本质和规律，构建出理念先进、技术领先、实力强大的现代治理能力。

平台型企业治理能力构建的核心抓手

新技术带来的新经济范式的一个显著特点，是平台型企业的崛起。具有较强公共物品性质的平台型企业，已经在平台运行的实践中扮演着重要的公共规则制定者、裁决者、协调者和服务者的角色。现代治理能力构建要在坚持政府机构主导的基础上，充分发挥平台型企业的功能和作用。

第一，平台型企业更了解新技术可能带来的风险。在新技术的应用上，平台企业起着引领和示范作用，也能够最先知道新技术的发展趋势和潜在风险。平台型企业在技术的快速迭代中，能够即时发现技术可能出现的变异和问题，并及时采取对策。

第二，平台型企业规模大、实力强。根据社会责任理论，能力越大责任就越大，目前平台型企业形成了庞大的良性生态系统，是数字经济的核心参与者和经济结构转型的发动机。而且它们绝大多数已经成为世界级企业，成为综合国力竞争的重要因素，在实践中已经在多方参与者的协同共治中起到桥梁性作用。

第三，平台型企业技术强。它们都是技术驱动型的公司，在新技术的研发和使用方面都居于本行业领先地位。例如，以大数据和人工智能为基础的快手、字节跳动等，在整体智能化水平方面就处于国内外领先地位。因此，技术更为先进的平台型企业能够提供更好的技术解决方案，为现代治理能力赋能。

毫无疑问，技术既是新经济范式构建时最锐利的矛，更是面对技术带来的新难题时更坚实的盾，在新技术 – 经济范式的互动中，可以构建起先进的、动态调适的现代治理能力。

在看到注意力时代带来的巨大机遇的同时，也要看到巨大的挑战。信息产品的成瘾性、信息茧房、隐性操纵、信息碎片化、一味抓眼球等问题，都使得这既是信息无限丰盛的时代，也是主体性无限匮乏的时代。老子说："五色令人目盲，五音令人耳聋，五味令人口爽，驰骋畋猎令人心发狂"，许多人深陷在感官刺激带来的注意力黏着中不可自拔，人日益成为孤单的、疏离的、抽象的个体，虚拟的世界越来越真实，真实的世界却越来越虚拟，成为这个时代极为深刻的内卷化问题之一。

在通往数字世界的路上

何华峰　快手科技副总裁、快手研究院负责人

2020 年春节前后，新冠疫情暴发。线下销售受限，直播带货突然火了。

很多人找到快手，寻求直播方面的知识：企业找直播带货渠道，想了解这是短期一阵风还是长期趋势，要做多大投入；政府关注直播，想看这是不是持续的经济新动能；媒体不断报道、评论，有褒有贬，反映出公众的关注和疑虑。

2016 年下半年，宿华就提出，视频是新时代的文本，视频会改变一切。所以在认知层面，我们很清楚，直播带货作为视频时代的重要场景，绝不止是一阵风，疫情只是加速了视频化的进程。有人预计，疫情结束后，世界再也回不到过去了，我们深以为然。疫情犹如望远镜，提前透露了远处的世界。

不过，在实践层面，视频时代具体是如何演进的，是怎样改变商业的，我们也需要通过调研才知道。快手本身是一个中性的工具，具体的平台生态演进，并不由我们提前设计。具体的模式也都是用户在实践中"跑"出来的，我们也要去看了才知道。

一

2020 年 4 月，结束了居家隔离，我们迫不及待地出去调研。视频时代的变化真快，和 1 月相比，短短 3 个月就有大变化。特别是临沂调研，让我们深受震撼和启发。

这次调研回来，正好有政府领导希望了解直播带货。我们决定做一个小册子，用鲜活的案例、浅显生动的文字，把一些问题回答清楚。让政府和企业在最短的时间内获得对直播的整体认识。2020 年 6 月初，我们撰写了 4 万字的《直播电商研究读本》。

薄薄的册子里，临沂调研最精彩。临沂有 130 多个批发市场，是批发之城，短短两年间，就变成了有上万名主播的"快手之城"。陶子等二级批发商向快手商家的转型，充分体现了视频这种新信息化工具的强大力量。

从临沂调研中，我们看到：

（1）临沂批发市场原来辐射周边地区，直播把销售半径扩大到了全国；（2）主播徐小米在 2020 年 4 月 28 日有 100 多万粉丝，一个晚上的直播销售额突破 1 000 万元，这样的体量是不可思议的；（3）有的批发市场因为没有及时转型，变得很被动；（4）线下零售商向直播转型的过程中，也曾遇到不同渠道价格不一致带来的"左手打右手"的痛苦；（5）主播们在向品牌化发展。

这本小册子成了我们与学界、政府、企业交流的工具，没有正式出版，前后印了 1 145 本。

在这个基础上，我们继续到各地调研，不断发现有意思的内容：

（1）杭州的主播、供应链、信息资源最齐备，杭州已成长为"直播之都"；（2）广州货源充足，是"供应链之都"，但主播不够，正在努力转型；（3）在武汉，我们看到大量的快速反应工厂，武汉作为生产基地，正在迅速崛起；（4）在陕西武功，直播带货倒逼出新的仓储、物流等基础设施；（5）在广东四会，我们看到直播如何给珠宝行业带来机会；（6）我们还看到教育行业的新物种……

经过几次迭代，就有了现在的这本书。

2019年，我们公开出版了《被看见的力量——快手是什么》一书，其中个人案例比较多。我们意识到，新书和之前的书是一脉相承的，都是讲视频时代的生态。比起2019年，2020年的生态已经发生了很大变化，有了更多机构的加入，平台本身的功能也变得更加完善。

二

我们正在通往数字化世界的路上。视频是强大的数字化工具，较之图文，更多的事物、场景被更有力地连接起来，即时在线协同使沟通成本呈指数级下降。由人工智能开启的视频时代，是构建数字化世界的一个新阶段。

世界由交易构成，交易由信息和实物交付两个环节构成。视频代表的是信息交互环节效率的革命性提升，整个世界的交易自然会被改变（见图15.1）。

交通和通信的英文单词都是communication。每一次交通和通信技术的跃迁，都会极大降低交易成本，重构整个世界。京杭大运河、铁路、书信、电报、电话和今天的视频，莫不如是。

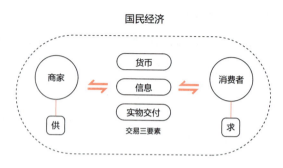

图 15.1　世界由交易构成

注：货币在本质上也是信息。所以，也可以称交易只有信息和实物交付两个部分。

而改变的过程，表现为商家与新工具的结合。因为有机会获得更高的投资回报，更多的商家被吸引进来。如此良性循环，生态日趋繁荣。

比如，2018 年 11 月 6 日，快手主播散打哥创造出 1.6 亿元的日交易额。我们在杭州与遥望网络的创始人谢如栋交流，他说自己就是因为散打哥才"杀"入直播电商的。

视频时代会改变一切。我们希望每个人都可以了解，因为这与每个人息息相关。

三

这本书的编排上，第一部分主要为各地的实践案例，第二部分为各行业的实践案例，第三部分和第四部分为快手生态，主要是基础设施演变和品牌成长。最后，我们讨论了视频时代的扶贫和就业。

整本书讲的是视频时代开发新大陆的波澜壮阔的故事，讲述在新的技术 – 经济范式下，商业如何重新建构，新供给和新需求呈现什么样貌。这是通向数字中国（其实也是数字地球）、智能社会、智能经济的必经之路。

案例是最好的学习途径。我们设想，政府、企业、高校、研究机构等各界人士，可以用最短的时间，看到有价值的鲜活案例，了解视频时代的轮廓，并对实践有所帮助。我们也配上了简洁而深刻的分析和提炼，让读者知道我们完整的思考过程，供有兴趣的朋友参考和指正。如果读者觉得其中有一两篇文章对自己有启发，我们的目的就达到了。

直播　｜附
时代　｜录

一、中国短视频、直播发展概况

1. 短视频、直播规模概况

中国拥有全世界最多的短视频用户，2019 年约占全球短视频平台用户数的 80%。

中国短视频平台的平均日活跃用户数于 2019 年已达 4.957 亿，到 2025 年预计将达 8.999 亿。

每位日活跃用户在平台的日均花费时长预计将从 2019 年的 67 分钟增至 2025 年的 110.2 分钟。

中国拥有全世界最多的直播用户，2019 年约占全球直播平台用户数的 50%。

中国直播平台的平均日活跃用户数于 2019 年已达 2.134 亿，到 2025 年预计将达 5.128 亿。

每位日活跃用户在直播平台的日均花费时长将从 2019 年的 33.2 分钟增至 2025 年的 51.9 分钟。

数据来源：艾瑞咨询

2. 直播电商规模概况

中国直播电商的商品交易总额预计将从 2019 年的 4 168 亿元增至 2025 年的 65 172 亿元，复合年增长率为 57.7%。

2019 年直播电商的商品交易总额占中国零售电商市场的 4.2%，该占比预计将在 2025 年达到 23.9%。

数据来源：艾瑞咨询

3. 快手直播电商相关数据

截至 2020 年 9 月 30 日的九个月，快手中国应用程序及小程序平均日活跃用户数达 3.05 亿，月活跃用户数达 7.69 亿。

截至 2020 年 9 月 30 日的九个月，快手电商 GMV 为 2 041 亿元人民币，根据艾瑞咨询，快手成为世界第二大直播电商平台。

快手电商 GMV2018 年为 9 660 万元，2019 年为 596 亿元，2020 年前 11 个月 GMV 为 3 326 亿元。

数据来源：快手招股说明书（2021 年 1 月）

截至 2020 年 5 月，快手电商日活跃用户数突破 1 亿，逾 100 万快手账户具有潜在的经营行为。

数据来源：快手（2020 年 5 月）

二、直播电商大事记

2020 年 4 月 20 日，在陕西考察的习近平总书记来到柞水县小岭镇金米村的直播平台前，点赞当地特产柞水木耳。他强调，电商不仅可以帮助群众脱贫，而且还能助推乡村振兴，大有可为。

2020 年

2020 年 1—11 月快手电商 GMV 为 3 326 亿元。

8 月，快手电商宣布 2020 年 8 月快手电商订单量超 5 亿。

截至 6 月 22 日，一年内在快手获得收入的用户数达 2 570 万，来自贫困地区的用户数达 664 万。

5 月 20 日，格力集团董事长董明珠在快手直播间带货，3 小时总成交额达 3.1 亿元。

5 月，快手电商日活跃用户数突破 1 亿，逾 100 万快手账户具有潜在的经营行为。

4 月 12 日，快手联合央视新闻举办公益直播活动，卖出 6 100 万元的湖北产品，创下为湖北公益直播卖货的新纪录。

2019 年

2019 年快手电商全年 GMV 为 596 亿元。

12 月，快手直播日活跃用户突破 1 亿，快手游戏直播日活跃用户数达到 5 100 万，游戏短视频日活跃用户数达到 7 700 万。

"双十一"期间在"快手卖货王"活动中，快手主播辛有志直播销售额破 4 亿元。

2018 年

11 月 11 日，淘宝主播薇娅开播两小时销售额达 2.67 亿元，全天直播间销售额超 3 亿元。

11 月 6 日，快手主播散打哥一天内带货超 1.6 亿元。

6 月，快手正式上线快手小店功能。

2017 年

10 月 10 日，淘宝主播薇娅在一场直播中，为一家店铺引导销售额达到 7 000 万元。

2016 年

5 月，淘宝直播正式上线。

4 月，快手上线直播功能。

A

1. AI（Artificial Intelligence）：人工智能，用于模拟、延伸和扩展人的智能。

2. A货：翡翠A货指纯天然且没有经过任何化学手段处理过的翡翠。

3. AR（Augmented Reality）：增强现实技术，指透过摄影机影像的位置及角度精算并加上图像分析技术，让屏幕上的虚拟世界能够与现实世界场景进行结合与交互的技术。

B

4. BA（Beauty Adviser）网红化：主要针对美妆行业新零售的应用场景，让美容顾问成为品牌的流量入口，帮助品牌做分享和"种草"。

5. 白牌：指一些厂商生产的没有品牌的产品。

6. 白胚：用白胚布（没有印染的白布）制作的没有版型的样衣。

7. 包流：一种生产方式，指衣服的裁片是以一包一包的形式在各个生产员工之间流动，直至做好成品。

8. 标品（标准产品）：有统一市场标准，如明确的规格、型号、材质，市场价格差距较小的产品。如手机贴膜。

9. B端：即商家、企业端。

10. B货：是指由天然的、质量比较差的翡翠经过酸洗、充胶后加工而成的翡翠。

11. B2C（Business to Consumer）：电子商务的一种模式，指企业绕过中间商，直接通过互联网为消费者提供一个新型的购物环境。如网上商店，消费者通过网络在网上购物。

12. 玻璃种：透明度非常高，无杂质的翡翠。

C

13. C2M（Consumer to Manufacturer）：是一种新型的工业互联网电子商务的商业模式，指消费者直接通过平台与工厂连接，工厂接受消费者的个性化需求订单，然后根据需求设计、采购、生产、发货。

14. C2网红2M：网红主播作为中介，将消费者的需求及时反馈给生产商。

15. C店：一般指淘宝C店，指个人店铺、集市店铺，除了天猫商城的店铺外，其他的店铺即淘宝C店。

16. C端：即消费者、用户端。

17. 垂类：即垂直分类，垂类主播指专注某一类目的主播，例如服装、食品、家电、玉石等类型的主播。

18. CPA（Cost Per Action）：是一种广告计费模式，以行为（如消费者订单量）作为指标来计费，而不限制广告投放量。

19. CPM（Cost Per Mille）：指广告展现给每一千个人所需花费的成本。

20. CPS（Cost Per Sales）：指以实际销售产品的数量来换算广告刊登金额。

21. CS（Cosmetic Store）渠道：指由化妆品店、日化店、精品店系统构成的日化产品销售终端网络系统。如屈臣氏、丝芙兰等大型的线下渠道。

D

22. 档口：通常指在批发市场中做批发生意的门店。

23. 单件流：指通过合理的生产标准和流程，安排好每道工序的人员量、设备量，使每道工序耗时趋于一致，以缩短生产周期、提高产品质量、减少转运消耗的一种高效管理模式。

24. 大 V：指在新浪、腾讯、网易等平台上获得个人认证（认证用户昵称后都会附有类似大写的英语字母"V"的图标），拥有众多粉丝的用户。

E

25. 二八定律：又称关键少数法则、帕累托法则等，是指在任何一组东西中，最重要的只占其中一小部分，约 20%，其余 80% 尽管是多数，却是次要的。

26. 二批：即二级批发商，指从厂家直接客户（分销商或直接批发商）处进货再销售的批发商。

27. ERP（Enterprise Resource Planning）系统：即企业资源计划，指建立在信息技术基础上，以系统化的管理思想为企业员工及决策层提供决策手段的管理平台。

F

28. 非标品（非标准产品）：指没有统一衡量标准和固定输出渠道，产品特性和服务形式相对个性化的产品。如女装。

29. 服务商：为客户提供各方面服务（如品牌定位、内容生产、流量运营）的商家或机构。

G

30. GIF（Graphics Interchange Format）：即图形交换格式，是一种公用的图像文件格式标准。

31. 公盘：翡翠拍卖的一种形式，即玉石原料集中公开展示，买家自行估价、出价、竞投的投标过程。

32. 供应链基地：指集成大量供应链，供主播选货并提供运营、售后、物流等服务的机构。

33. GMV（Gross Merchandise Volume）：指一段时间内的成交总额。

34. 公域流量：也叫平台流量，不属于单一个体，而是被集体所共有的流量。

H

35. 好物联盟：指由快手电商官方推出的品牌商品供应链联盟，目的在于降低达人的电商化门槛，为主播达人提供更多优质的商品。

36. 虹吸效应：指某一区域将其他区域的资源全部吸引过去，使得自身相比其他地方更加有吸引力，从而持续并加强该过程的现象。

I

37. IPO（Initial Public Offering）：即首次公开募股，指一家企业第一次将它的股份向公众出售。

38. IP（Intellectual Property）：即知识产权，指个人对某种成果的占有权。

39. ISV（Independent Software Vendors）：即独立软件开发商，特指专门从事软件开发、生产、销售和服务的企业，如微软。

J

40. JIT（Just in Time）：即准时生产体制，其基本思想是"只在需要的时候，按需要的量，生产所需的产品"，追求一种无库存，或库存量最小的生产系统。

K

41. KA（Key Account）：即关键客户、重点客户

42. 坑产：即坑位产出，坑产＝该商品单价 × 销量。（坑位指商品在

电商平台或直播间被展示的位置。)

43. K12（Kindergarten through Twelfth Grade）：教育类专用名词，是学前教育至高中教育的缩写，现在普遍被用来代指基础教育。

44. KOC（Key Opinion Customer）：即关键意见消费者，指能影响自己的朋友、粉丝产生消费行为的消费者。相对 KOL 影响力更小。

45. KOL（Key Opinion Leader）：即关键意见领袖，指拥有更多、更准确的产品信息，且为相关群体所接受或信任，并对该群体的购买行为有较大影响力的人。

46. 快反：即快速反应，指消费者提出需求，商家迅速给出反应进行生产。

47. 快品牌：在快手上火起来的品牌。

48. 买手：是指往返于世界各地，掌握流行趋势，且手中掌握着大批量订单的人。国内长期缺乏职业的服装买手，文中主要指服务于直播基地的采购人员。

M

49. MCN 机构：孵化、服务主播的网红运营机构，功能包括视频内容设计、流量运营等。

50. 秒榜：直播时，用户在短时间内给主播大量刷礼物，使自己在该直播间的礼物排行榜中排名第一。直播中或结束时，主播往往会引导粉丝为榜单第一的用户点关注、引人气。

51. 毛货：距离成品只差抛光那一步的翡翠。

O

52. ODM（Original Design Manufacturer）：俗称"贴牌生产"。在服装行业，指品牌方委托工厂生产产品，由工厂从设计到生产一手包办。品牌方直接贴牌并负责销售。

53. OEM（Original Equipment Manufacturer）：俗称"代工生产"。在

服装行业，指品牌方向工厂下生产订单，再将产品低价买断，并直接贴上自己的品牌商标。产品设计由品牌方完成，代工厂仅负责生产、提供人力和场地。

54. O2O（Online to Offline）：即线上到线下，指将线下的商务机会与互联网结合，让互联网成为线下交易的平台。

P

55. 排期：即安排日期，例如主播团队对近期每场直播的主题和品类进行安排。

56. PC(Personal Computer)：即个人电脑，包括台式机、笔记本电脑、平板电脑以及超极本等。

R

57. ROI（Return on Investment）：投资回报率。

S

58. SaaS（Software-as-a-Service）：软件即服务，即通过网络提供软件服务。

59. SC 认证：食品生产许可认证。

60. SKU（Stock Keeping Unit）：库存保有单位。在服装购买中，一件特定款式的粉红色 S 码衬衫（款式＋颜色＋尺码）就是一个 SKU。

61. 私域流量：指商家与粉丝建立"关系"后产生的相对封闭的信任流量。

62. SOP（Standard Operating Procedure）：即标准作业程序，指将某一事件的标准操作步骤和要求以统一的格式描述出来，用于指导和规范日常的工作。

63. S2B2C：S 即大供货商，B 指渠道商，C 为顾客。是一种集合供货商赋能于渠道商并共同服务于顾客的全新电子商务营销模式。

U

64. UP 主（Uploader）：指在视频网站、论坛、站点上传视频、音频文件的人。

V

65. VR（Virtual Reality）：即虚拟现实。

X

66. 小黄车：快手电商的卖货工具，用于放置直播间商品的链接。

Y

67. 云仓：是一种数字化、智能化的仓储系统。大数据平台即为云端，仓库通过与互联网大数据相连接，通过数据分析来整合、处理仓库的物资和相关信息。

68. 一批：即一级批发商，指直接从厂家进货的分销商或批发商。

Z

69. 账号矩阵：指以认证过的账号作为运营主体，然后再开设或者联动多个账号，使账号与账号之间相互引流，最终以账号组的形式实现营销效果的最大化。

70. 种水：指翡翠的种质和水头。通常种质越细腻、水头越透明，翡翠品质越高。

71. 走播：有多种含义。一种是主播在市场里边逛边直播的模式；另一种是主播不在固定的直播间，而是选择去商场专柜、供应链直播基地等做直播。

（索引整理：快手研究院研究助理蔡煜晖、田嘉慧）